„Wir wurden wie blödsinnig vom Feind beschossen"
Menschen und Schiffe in der Skagerrakschlacht 1916

Kathrin Orth und Eberhard Kliem

Für Dagmar Kliem und Dr. Wolf-Dieter Orth

„Wir wurden wie blödsinnig vom Feind beschossen"

Menschen und Schiffe in der Skagerrakschlacht 1916

Kathrin Orth und Eberhard Kliem

2016

Carola Hartmann Miles-Verlag

Bibliografische Information der Deutschen Nationalbibliothek
Die Deutsche Nationalbibliothek verzeichnet diese Publikation in der
Deutschen Nationalbibliografie; detaillierte bibliografische Daten sind
im Internet über www.dnb.de abrufbar.

© 2016 Carola Hartmann Miles-Verlag
www.miles-verlag.jimdo.com
email: miles-verlag@t-online.de

Umschlagbild: Felix Schwormstädt: Ausbringen eines Lecksegels auf
einem Torpedoboot in der Skagerrakschlacht, 1916.
(Sammlung Jörg-M. Hormann)

Herstellung: Books on Demand, Norderstedt
Printed in Germany

ISBN 978-3-945861-34-9

Inhalt

Vorwort

Das Gebiet, in dem es im Frühsommer 1916 zur Schlacht zwischen der deutschen Hochseeflotte und der britischen Grand Fleet kam, lässt sich leicht bestimmen: ein etwa 50 x 50 Seemeilen großes Quadrat im Skagerrak. Die geographische Länge und Breite sind jedoch die einzige Orientierung, die einem möglichen „Besucher" an die Hand gegeben wird. Dem „Schlachtfeld" selbst sieht man das dramatische Geschehen vom 31. Mai und 1. Juni 1916 nicht an. Nichts erinnert an das Zusammentreffen von fast 250 Schiffen und Booten. Kein Grabstein verweist an dieser Stelle auf die fast 8600 Gefallenen.

Ein Ort, an dem die Erinnerung an die Schlacht greifbar wird, ist der viele Seemeilen südlich gelegene Ehrenfriedhof in Wilhelmshaven, dem Heimathafen der Hochseeflotte. Dort wurden die Gefallenen und die an ihren Verwundungen verstorbenen deutschen Soldaten beigesetzt. Nachkommen finden hier einen würdigen Platz der Trauer und die interessierte Öffentlichkeit einen Ort des Gedenkens und der Erinnerung.

Kriegsschiffe aus jener Zeit, die dem Betrachter ein Bild von den Lebens- und Kampfbedingungen der Soldaten vermitteln könnten, gibt es in Deutschland und Großbritannien nicht mehr. Geblieben sind lediglich einzelne historische Objekte, wenige Fotos, Grabsteine und Denkmäler – und die Erinnerungen der Beteiligten.

Überlebende und Augenzeugen der Schlacht haben ihre Eindrücke und Erlebnisse aus verschiedenen Gründen festgehalten. So gab dieses bedeutende Ereignis Anlass, an Freunde und Verwandte zu schreiben. Im Rahmen von Gerichtsverhandlungen wurden Zeugenaussagen zum Untergang eines Schiffes eingeholt. Wieder andere Teilnehmer der Schlacht haben Jahre später im privaten Rahmen ihre Erinnerungen für die Familie aufgeschrieben. Einzelne Erlebnisberichte sind als Monographie oder in einem Sammelband veröffentlicht worden. So unterschiedlich die Form des Schriftstücks, so verschieden sind also auch die Intentionen des Autors und damit das angesprochene Publikum.

In der Auswertung der Quellen haben wir – soweit bekannt – auf die Entstehungsgeschichte der einzelnen Berichte hingewiesen.

Und wir sind uns bewusst, dass ein Autor mitunter versucht hat, sich selbst besonders herauszustellen oder dass sein Erinnerungsbeitrag zwei Jahrzehnte später von der Propaganda der Nationalsozialisten beeinflusst worden sein kann. Doch ungeachtet dieser politischen oder persönlichen „Färbung" stehen doch immer wieder die individuellen Eindrücke und Gefühle des Zeitzeugen im Mittelpunkt. Und das ist es, was wir dem Leser mit dieser Quellenedition an die Hand geben möchten. Die Quellensammlung liefert einen Einblick in die Gefühlswelt und Erinnerungskultur der Beteiligten an der Skagerrakschlacht. Sie vermittelt einen teils sehr subjektiven Eindruck vom Geschehen aus ganz unterschiedlichen Positionen an Bord.

Das 100. Jubiläum des Ersten Weltkrieges hat diese „Urkatastrophe des 20. Jahrhunderts" wieder verstärkt in den Blickpunk von Öffentlichkeit, Politik und Geschichtsschreibung gerückt. Es erscheinen neue Bücher, Filme und Fernsehsendungen. Ausstellungen, Konferenzen und Gedenkveranstaltungen erinnern an das damalige Geschehen. Dabei ermöglichen die Ereignisorte des Landkrieges mit ihren teilweise erhaltenen Schützengräben, Bunkern, Geschützstellungen sowie historischen Denkmälern und Friedhöfen eine unmittelbare Annäherung an die ehemaligen Schlachtfelder. Verdun ist nur eines von zahlreichen Beispielen.

Für eine Seeschlacht ist dies weitaus schwieriger, ja unmöglich. Das kann ein Grund dafür sein, warum sich das Interesse an dieser größten konventionellen Seeschlacht aller Zeiten auf deutscher Seite in Grenzen hält. Eine andere Ursache mag darin liegen, dass die Ereignisse des Ersten Weltkriegs – insbesondere des Seekrieges – von dem Geschehen und den Persönlichkeiten des Zweiten Weltkrieges in den Schatten gedrängt werden. Es gibt weitaus weniger Erinnerungsstücke zur Skagerrakschlacht. Auch die Tatsache, dass das Aufeinandertreffen der deutschen und der britischen Flotten keinen eindeutigen Sieger hervorbrachte und auf den weiteren Verlauf des Krieges kaum Auswirkungen hatte, wird dabei eine Rolle gespielt haben.

Lohnt sich also überhaupt eine erneute Beschäftigung mit dem 31. Mai 1916 und wie kann man sich aus heutiger Sicht der Schlacht nähern?

Vor genau zehn Jahren wurde diese Frage positiv beantwortet, als am 31. Mai 2006 im Reinbeker Schloss bei Hamburg eine wissenschaftliche Tagung „90 Jahre Skagerrakschlacht" durchgeführt wurde, organisiert vom damaligen Militärgeschichtlichen Forschungsamt der Bundeswehr in Potsdam.[1] Vizeadmiral Hans-Joachim Stricker, seinerzeit Befehlshaber der Flotte, formulierte etwas illusionslos im seinem Geleitwort zum Tagungsband die Frage: „Wie werden wir 2016 aus Anlass des hundertsten Jahrestages an die Skagerrakschlacht erinnern? … Vermutlich nicht." Folgerichtig schrieb er weiter, dass „ich aus Gründen der Tradition heute gewiss nicht daran denken würde, die mir unterstellten Einheiten – die Deutsche Flotte – aus Anlass des Jahrestages zu einem Abweichen von ihrer täglichen Routine anzuhalten."[2] Immerhin hoffte der Admiral auf eine weitere wissenschaftliche Beschäftigung mit diesem Thema.

Diese Skepsis wird sich nach den derzeit bekannten Planungen nicht bewahrheiten. So präsentiert das Deutsche Marinemuseum in Wilhelmshaven in Zusammenarbeit mit dem Royal Navy Museum in Portsmouth/Großbritannien die Ausstellung „Skagerrak. Seeschlacht ohne Sieger". Und die Deutsche Marine wird Gedenkveranstaltungen durchführen – mit dem Deutschen Marinebund am Marineehrenmal in Laboe bei Kiel und mit der Royal Navy auf den Orkney-Inseln.

Eine weitere Form der Erinnerung bieten wir mit dem vorliegenden Buch an. Dabei geht es nicht um eine detaillierte Wiedergabe der Ereignisse aus operativer oder taktischer Sicht oder um eine Diskussion der verschiedenen Aspekte der Schlacht, wie Vorgeschichte, politische Wahrnehmung, militärstrategische Erwartungen oder kulturelle Rezeption. Im Mittelpunkt unseres Interesses stehen vielmehr die persönliche und die teils sehr subjektive Wahrnehmung der Ereignisse durch die unmittelbar Beteiligten.

Das Zitat „Wir wurden wie blödsinnig vom Feind beschossen"[3] – gleichzeitig Titel unseres Buches – steht stellvertretend für vielen „schweigsam" gebliebene Teilnehmer.

---

[1] Skagerrakschlacht. Vorgeschichte – Ereignis – Verarbeitung. Im Auftrag des Militärgeschichtlichen Forschungsamtes hrsg. v. Michael Epkenhans, Jörg Hillmann und Frank Nägeler, München 2009.
[2] Ebda, S. VII
[3] Zitat aus dem Brief des Seekadetten Meendsen-Bohlken, der die Skagerrakschlacht an Bord der HESSEN erlebt, an seinen Bruder. Siehe Kapitel 5.

Besonders wichtig war uns bei der Auswahl der persönlichen Berichte, die verschiedenen Dienstgrade an Bord zu berücksichtigen, vom Admiral in höchster Führungsfunktion über weitere Ebenen der Verantwortung von Offizieren und Unteroffizieren bis zum blutjungen Matrosen im Wellentunnel eines Schlachtschiffes. Außerdem kam es uns darauf an, ganz persönliche Überlieferungen aus der Schlacht zu dokumentieren, so wie sie von Teilnehmern ihren Familien, Freunden, Kameraden, vorhergehenden oder nachfolgenden Generationen geschildert wurden. Manchmal widersprechen die Erzählungen den offiziellen, amtlichen Berichten und der Geschichtsschreibung. Doch eröffnen diese unterschiedlichen Sichtweisen und Eindrücke neue Aspekte in der historischen Betrachtung der Schlacht

Das Buch beginnt mit einer Einführung in die strategische Ausgangslage und die Operationspläne sowie einer Darstellung des Schlachtenablaufs. Die folgenden Kapitel mit den Erlebnisberichten gliedern sich nach den Tätigkeitsbereichen im Schiff, wie der Kommandobrücke, dem Geschützturm oder der Maschine. Weitere Kapitel widmen sich den menschlichen Verlusten, dem Schiffsuntergang sowie der medizinischen Betreuung. Und schließlich werden auch das Einlaufen nach der Schlacht und die darauf folgende, zumeist triumphale Begrüßung mit Ordensverleihungen und Tagesbefehlen, doch auch die Beisetzungen und die Trauerfeiern für die gefallenen Kameraden thematisiert.

Es wurde die jeweilige Schreibweise der Originalquelle bzw. der einzig vorliegenden Abschrift übernommen. Das gilt auch für die teils sehr unterschiedlich geschriebenen Datums- und Zeitangaben. Offensichtlich fehlende, einzelne Worte wurden ergänzt und in Klammern gesetzt. Lediglich die Schreibweise der Schiffsnamen wurde zur besseren Sichtbarkeit vereinheitlicht.

Die Zusammenstellung der Augenzeugenberichte war nur möglich durch die uneingeschränkte Hilfe der Marine-Offizier-Hilfe (MOV) Bonn, des Deutschen Marinebundes (DMB), der Marineschule Mürwik, des Zentrums für Militärgeschichte und Sozialwissenschaften der Bundeswehr (ZMSBw) in Potsdam und des Deutschen Marinemuseums (DMM) in Wilhelmshaven. Die Veröffentlichung einer entsprechenden Suchanzeige nach bisher unbekannten Augenzeugenberichten im „Marineforum" der MOV und in „Leinen los!" des DMB erbrachten wertvolle Hinweise.

Unterstützung in vielfältiger Hinsucht erhielten wir wiederum von unserem alten Freund Jörg Braun, Lt. Reg. Dir. a.D. aus München. Und danken wollen wir insbesondere Frau Carola Hartmann, Verlagsleiterin des Miles-Verlages, Berlin, die diese Publikation überhaupt erst möglich machte.

Kathrin Orth, M.A.
Eberhard Kliem, Fkpt a.D.
Berlin/Rastede im Frühjahr 2016

Kapitel 1
Zur Quellenlage

Für die Darstellung der deutschen Seekriegsführung in der Skagerrak-schlacht gilt das vom Marinearchiv herausgegebene Reihenwerk „Der Krieg zur See 1914-1918", hier Band 5 der Unterreihe „Der Krieg in der Nordsee", immer noch als Standardwerk.[4] Grundlage der Ausarbeitung des Autorenkollektives um Vizeadmiral Eberhard von Mantey waren neben den Aussagen von Zeitzeugen die umfangreichen Akten des Marinearchivs, die sich heute im Bundesarchiv-Militärarchiv befinden. Dazu gehören die Kriegstagebücher und Gefechtsberichte aller beteiligten Einheiten und Stäbe, der Immediatbericht des Flottenchefs, Presseberichte, Erfahrungsberichte, Attachémeldungen usw., aber auch Fotografien der Schiffsbeschädigungen und Kartenmaterial. Die Schilderungen im Admiralstabswerk sind sachbezogen, an den Fakten orientiert und damit nicht überholt. Ein kritischer Blick ist jedoch dort geboten, wo Autoren Bewertungen und Folgerungen einfügten. Von Marineoffizieren geschrieben, repräsentiert das Admiralstabswerk den Standpunkt der Marine, die streng darauf achtete, auch die Geschichtsschreibung in eigener Hand zu behalten. Außenstehende, unabhängige Historiker oder Fachleute waren an den Ausarbeitungen nicht beteiligt.[5]

Für das vorliegende Buch sind vor allem die Gefechtsberichte der Kommandanten, der Flottenchefs und des Sanitätspersonals sowie die Zeugenaussagen zu den Untersuchungen untergegangener Schiffe, wie ELBING und WIESBADEN, von besonderem Interesse.

Die Skagerrakschlacht war in den folgenden Jahrzehnten immer wieder Thema von Einzelpublikationen, Sammelbänden und Zeitschriftenaufsätzen. Oft gab das wiederkehrende Jubiläum Anlass für eine neue Veröffentlichung. In der wissenschaftlichen Fachliteratur seit 1945 sind vor allem das fünfbändige Werk „From the

---

[4] Groos, Otto: Der Krieg in der Nordsee. Von Januar bis Juni 1916, Bd. 1.5, Berlin 1925.

[5] Hillmann, Jörg: Die Seeschlacht vor dem Skagerrak in der deutschen Erinnerung. In: Skagerrakschlacht, hrsg. v. Michael Epkenhans, Jörg Hillmann und Frank Nägeler, S. 309-350, hier: 312f.

DREADNOUGHT to Scapa Flow" von Arthur J. Marder und „Jutland. An Analysis of the Fighting" von N.J.M. Campbell zu nennen, deren Autoren sich noch einmal umfassend mit dem archivalischen Quellenbestand beschäftigt haben.[6]

Auf deutscher Seite bilden die 2006 in Reinbek bei Hamburg stattgefundene Tagung zum 90. Jahrestag der Seeschlacht und der daraus resultierende Tagungsband einen vorläufigen Abschluss der wissenschaftlichen Beschäftigung mit dieser Episode des Ersten Weltkrieges.

Neben den offiziellen Dokumenten und der Sachliteratur gibt es den großen Fundus nichtamtlicher, persönlicher Erlebnisberichte. Diese Augenzeugenberichte nahmen in der öffentlichen Wahrnehmung von Anfang an einen wichtigen Raum ein. Erste Berichte wurden bereits 1916 in Zeitungen abgedruckt oder als kleine Schriften veröffentlicht. So erschien der Bericht „S.M.S. THÜRINGEN im Kampf am Skagerrak" des Marineassistenzarztes Hermann Katsch als Sonderdruck der Schwarzburg-Rudolfstädtischen Landeszeitung.[7] 1919 veröffentlichte Korvettenkapitän Fritz Otto Busch das Büchlein „Die Hochseeflotte ist ausgelaufen".[8] Diese Erinnerungsliteratur bot in den 1920er Jahren einen willkommenen Anlass, nach der Niederlages des Krieges an eine glorreiche Episode deutscher Marinegeschichte zu erinnern. Unter dem Titel „Auf See unbesiegt" gab Eberhard von Mantey 1921 einen Sammelband mit 30 Beiträgen von Marineangehörigen zum Seekrieg 1914-1918 heraus. Und zum 10. Jahrestag der Schlacht legte Georg von Hase, seinerzeit Erster Artillerieoffizier auf DERFFLINGER, das Buch „Die zwei weißen Völker! (Kiel und Skagerrak). Deutsch-englische Erinnerungen eines deutschen Seeoffiziers" vor, das anschließend zahlreiche Neuauflagen erfuhr.[9] Nach der Machtergreifung der Nationalsozialisten bestand das Ziel solcher

---

[6] Marder, Arthur J.: From Dreadnought to Scapa Flow. The Royal Navy in the Fisher era, 1904-1919, 5 Bde., Oxford 1961-1970; Campbell, N.J.M.: Jutland. Analysis of the Fighting, London 1986.

[7] Katsch, Hermann: S.M.S. THÜRINGEN im Kampf am Skagerrak, Sonderdruck der Schwarzburg-Rudolfstädtischen Landeszeitung, Rudolfstadt 1916.

[8] Busch, Fritz Otto: Die Hochseeflotte ist ausgelaufen, Berlin 1930.

[9] Hase, Georg von: Die zwei weißen Völker! (Kiel und Skagerrak). Deutschenglische Erinnerungen eines deutschen Seeoffiziers, Leipzig 1923.

Publikationen vor allem darin, an die Tradition der hier ruhmesreichen kaiserlichen Hochseeflotte anzuknüpfen und die Leser für die im Aufbau befindliche, neue Marine zu begeistern.[10] Bücher wie „Das Volksbuch vom Skagerrak" von Fritz Otto Busch, erschienen 1938, richteten sich dabei ganz bewusst an die breite Öffentlichkeit, insbesondere an junge Leser. Nicht unbedingt technische Details und taktischer Verlauf, sondern Emotionen, eine kämpferische Haltung und die Erlebnisse einfacher Soldaten standen im Mittelpunkt der Erzählung. Schriftsteller wie Busch nahmen dafür die Aussagen von Zeitzeugen auf und verwandelten sie in spannende, gut lesbare Prosa mit Einschüben in direkter Rede.[11] Immer wiederkehrende Erzählmotive sind Tapferkeit und Heldenmut, Disziplin und Selbstaufopferung.

In den 1950er bis 1970er wurde die Skagerrakschlacht gelegentlich wieder in Publikationen und Periodika behandelt, wie dem „SOS Schicksale deutscher Schiffe". Auch in der Marine-Memoiren-Literatur der Nachkriegszeit findet die Schlacht Erwähnung.[12]

Die meisten individuellen Erinnerungsberichte waren jedoch nie für eine Veröffentlichung gedacht. Dazu zählen die Hunderte von Briefen und Tagebucheinträgen der Teilnehmer der Schlacht, die nur dazu bestimmt waren, Familie, Freunden und Bekannten von diesem außergewöhnlichen Ereignis zu erzählen. Manch einer ist in späteren Jahren auf dieses Thema zurückgekommen – zum Beispiel beim Abfassen der eigenen Lebenserinnerungen.

Glücklicherweise haben sich einige dieser Zeitzeugnisse in Archiven und Institutionen, wie der Marineschule Mürwik und dem Deutschen Marinemuseum Wilhelmshaven, erhalten. Andere werden seit Jahrzehnten in den Familien verwahrt. Dazu gehört auch das Ta-

---

10 Busch, Fritz Otto: Die Schlacht am Skagerrak, Leipzig 1933; Kühlwetter, Friedrich von: Skagerrak! Ruhmestag der Deutschen Flotte, neu bearbeitet von H.O. Philipp, Bonn 1935; Jung, Hermann A.K.: Skagerrak. Mit Schlachtkreuzer LÜTZOW an der Spitze. Erlebnisbericht, Leipzig 1937. Schlegel, Karl: Stander Z vor! Erlebnisse als Torpedofunker vom Skagerrak bis Scapa Flow, Stuttgart, Berlin, Leipzig 1939.
11 Busch, Fritz Otto: Das Volksbuch vom Skagerrak. Augenzeugenberichte deutscher und englischer Mitkämpfer, Berlin 1938.
12 Raeder, Erich: Mein Leben, Bd. 1: Bis zum Flottenabkommen mit England 1935, Tübingen 1956.

gebuch des Matrosen Rupert Berger, das in jüngster Zeit von seiner Familie wiederentdeckt wurde.[13] Es ist die Hoffnung der Autoren dieses Buches, die Aufmerksamkeit der Nachgeborenen für den Wert solcher Erinnerungsstücke zu lenken und sie damit für die Nachwelt zu sichern, oder sogar erst einmal ausfindig zu machen.

Betrachtet man Lebenserinnerungen, Tagebücher und Briefe, so sind diese wie jede Quelle natürlich im Kontext ihrer Entstehung zu sehen – also der Zeit, in der sie geschrieben wurden, und der intendierten Leserschaft. So wird jeder Autor bewusst oder unbewusst von der gesellschaftlichen Situation beeinflusst, in der er lebt und schreibt. Bei einigen Erinnerungsberichten, die nach der Machtergreifung der NSDAP verfasst wurden, zeigt sich in Wortwahl und Grußformeln eine klare Befürwortung, ja enthusiastische Unterstützung des neuen Systems. Der Signalgast von der OLDENBURG, oder derjenige, der den ursprünglichen Text transkribierte, verabschiedet sich vom Leser mit einem „Sieg & Heil".[14]

In anderer Form zwar, aber ebenfalls nicht frei von „wohlmeinenden" Intentionen, sind die Memoiren von Großadmiral Erich Raeder. Ende der 1950er Jahre bestand das Interesse des Autorenkollektives unter der Leitung von Admiral a.D. Erich Förste darin, mit den Erinnerungen des 79jährigen Großadmirals eine Brücke zwischen den Generationen zu schlagen. Während der Skagerrakschlacht hatte dieser als Korvettenkapitän und I. Admiralstabsoffizier im Stab des Befehlshabers der Aufklärungsstreitkräfte gedient. Nach zwei verlorenen Kriegen und der Stunde Null 1945 wollte man nun der neuen Marine eine positive Identifikationsmöglichkeit bieten. Die damit verbundene Verklärung Raeders ließ den Anteil Admiral Hippers an der Schlacht „verblassen".[15]

Ungeachtet der genannten Einschränkungen – die bei der Bewertung jeder historischen Quelle zu beachten sind – verlieren diese Zeitzeugenberichte nicht an Wert für die Beschäftigung mit der Ska-

---

[13] Das Tagebuch besteht aus zwei Bänden. Sie wurden 2015 von Ernst Lahner, Traunstein, im Eigenverlag veröffentlicht.

[14] Unbekannt [Obersignalgast auf OLDENBURG]: Die Skagerrakschlacht (1916), o.J.

[15] Hillmann, Seeschlacht vor dem Skagerrak, S. 312. Vgl.: Raeder, Erich, Mein Leben, Teil 1: Bis zum Flottenabkommen mit England 1935, Tübingen, 1956, S. 110-112.

gerrakschlacht. Gerade, wenn es, wie in dem vorliegenden Buch, um die ganz persönlichen und subjektiven Eindrücke des Einzelnen geht.

Den beteiligten Soldaten wurde innerhalb weniger Tage klar, dass sie Augenzeugen eines bedeutenden und in der Öffentlichkeit viel beachteten Ereignisses geworden waren. Während sich das unmittelbare Erleben der Schlacht auf ihren eigenen, zumeist extrem kleinen Tätigkeitsbereich reduzierte, erfuhren sie durch Zeitungsartikel und offizielle Verlautbarungen sehr schnell vom Ablauf der Schlacht. Das zeigt sich bereits in den frühen Briefen von Zeitzeugen, aber umso mehr in Erinnerungsberichten, die erst Jahre später geschrieben wurden. Es ist also kaum anzunehmen, dass ein Heizer eines Schlachtkreuzers während der Schlacht wusste, welche Gefechtsordnung Admiral Scheer befohlen hatte oder wie die Torpedobootsangriffe verliefen. Indem er solche Beschreibungen in seinen eigenen Erinnerungsbericht einfließen lässt, gibt er seinen Lesern – ob Familie, Freunde oder Öffentlichkeit – einen Rahmen für seine eigenen, ganz individuellen Erlebnisse. Und diese sind es, auf die die Herausgeber dieses Buches die Aufmerksamkeit lenken möchten. Da geht es um Episoden, wie das Einschlagen von Granaten, die an Oberdeck liegenden Leichenteile oder die Ungewissheit, was sich außerhalb des eigenen kleinen „Kosmos" im Maschinenraum oder Verbandsplatz eigentlich abspielt. Und es geht um subjektive Eindrücke und Gefühle – Überraschung, Entsetzen, Freude, Hunger usw. Wie in einer „Geschichte von unten" sollen hier die „kleinen Leute" zu Wort kommen, auch wenn es sich dabei manchmal um Offiziere und Admiräle handelt.

Erzählschwächen, wie das Übertreiben oder Verschweigen von Details, wurden dabei bewusst in Kauf genommen, sind sie doch Teil der Quelle und geben ebenfalls Auskunft über die Einstellung des jeweiligen Autors.

Schlachtschiff SMS NASSAU – der erste deutsche „DREADNOUGHT"
– in der Wilhelmshavener Schleuse
(Sammlung Jörg Braun)

Kapitel 2
Die Kaiserliche Marine –
Strategische Ausgangslage 1914

Am 18. Januar 1871 wurde Wilhelm I. von Preußen im Spiegelsaal von Versailles zum Deutschen Kaiser proklamiert. Diesen Akt, der gleichzeitig die Gründung des Deutschen Reiches markierte, hielt der Maler Anton von Werner in einem Gemälde fest, das zu einer Ikone der deutschen Historienmalerei geworden ist. Alle dargestellten Militärs tragen die Uniform ihrer Regimenter – preußische Heeresuniformen sind deutlich in der Mehrzahl. Ein Offizier in Marineuniform findet sich auf dem Gemälde nicht.

Das Gemälde zeigt quasi in einer Momentaufnahme die damalige politische und militärische Situation. Denn am gerade beendeten Deutsch-Französischen Krieg von 1870/71 waren vor allem die preußischen und bayerischen Heeresverbände beteiligt; Seestreitkräfte hatten keine Rolle gespielt. Nun, nach der Gründung des Deutschen Reiches, kam es zur Zusammenfassung der Schiffe und Boote der preußischen Marine und der Norddeutschen Bundesflotte zur „Kaiserlichen Marine". Im Gegensatz zu den Heerestruppen – die weiterhin unter dem Befehl ihrer jeweiligen Landesherren standen – unterstand die neue Kaiserliche Marine dem Oberbefehl des neuen deutschen Kaisers Wilhelm I. Sie war damit eine der wenigen länder- und dynastieübergreifenden Institutionen des Kaiserreiches. Das bisherige preußische Marineministerium in Berlin wurde 1872 in „Kaiserliche Admiralität" umbenannt, der General der Infanterie Albrecht von Stosch zum ersten Chef der Admiralität ernannt. Er übte für den in Marineangelegenheiten unerfahrenen Kaiser den eigentlichen Oberbefehl aus. Die Tatsache, dass ein Heeresgeneral eine derartige wichtige Position besetzte, machte aber deutlich, dass die Marine des deutschen Kaiserreiches im Gegensatz zum preußischen Heer keine eigene Tradition besaß, und damit vorerst auch keine große Erfahrung und folgerichtig auch kein großes Gewicht im Spiel der politischen und militärischen Kräfte im neuen Staatsgebilde des Deutschen Reiches.[16]

Der Flottengründungsplan von 1873 sah die Hauptaufgabe der Marine in der Verteidigung der deutschen Küsten an Nord- und Ostsee und in dem Schutz des rasant wachsenden deutschen Seehandels. Geplant waren außerdem zwei Auslandsstationen in Ostasien und Westindien mit je einem Kanonenboot, dazu ein „fliegendes Auslandsgeschwader" mit mehreren Panzerfregatten und Korvetten als schnelle Eingreifmöglichkeit. Die Hauptstreitmacht sollte mit acht Panzerfregatten in der Nordsee und sechs Schiffen des gleichen Typs in der Ostsee stationiert werden. Damit verfolgte man ein defensives Konzept. Hinzu kam, dass die meisten Schiffe im Ausland gebaut werden mussten, weil die deutschen Werften im Kriegsschiffbau den modernen technischen Standards des Eisenschiffbaus hinterher hinkten. Der geplante Auf- und Ausbau der Marine erwies sich letztlich schwieriger als gedacht, denn vor allem die finanziellen Mittel wurden vom Parlament nicht wie erhofft bewilligt. Immerhin nahm die innere Struktur der Marine langsam Konturen an. Der Offiziersnachwuchs fühlte sich mehr und mehr der gemeinsamen Aufgabe verbunden. Der Tagesdienst an Bord und an Land wurde straff geregelt und das seemännische und artilleristische Können der Besatzungen verbesserte sich stetig. Auslands- und Forschungsreisen ermöglichten den Gewinn von Weltläufigkeit und Auslandserfahrungen. Hinsichtlich Auftreten und Selbstverständnis orientierte sich das Offizierskorps an der Royal Navy.[17]

Innenpolitisch kam der Marine zu Gute, dass die Begeisterung und der Gedanke an eine gesamtdeutsche Marine aus den Revolutionsjahren 1848/1849 insbesondere im Bürgertum lebendig geblieben waren. Die sich stetig entwickelnden Seestreitkräfte besaßen damit durchaus das Wohlwollen der öffentlichen Meinung. Innerhalb des Staatsgefüges und der politischen Meinungsträger fiel es der Ma-

---

[16] Zur organisatorische Entwicklung der Kaiserlichen Marine: Ehrensberger, Konrad:100 Jahre Organisation der deutschen Marine, Bonn 1993.
[17] Zur allgemeinen Entwicklung der Kaiserlichen Marine: Hermann, Carl Hans: Die bewaffnete Macht des Kaiserreiches in der Epoche des Imperialismus (1871-1918). In: Deutsche Militärgeschichte. Eine Einführung, München 1997; und Hubatsch, Walter: Die Kaiserliche Marine. Aufgaben und Leistungen, München 1975.

rine ungleich schwerer, sich einen nachhaltigen Einfluss zu verschaffen Das lag hauptsächlich an den Zwistigkeiten zwischen ihrem Oberbefehlshaber von Stosch und dem übermächtigen Reichskanzler Otto von Bismarck. Stosch resignierte schließlich und wurde 1883 zur Überraschung der Marineangehörigen erneut durch einen Heeresgeneral ersetzt – Leo von Caprivi. Unter dessen Führung verlangsamte sich der im Flottengründungsplan vorgesehene Aufbau der Marine. Der Admiralstab konnte sich nicht entscheiden zwischen dem Bau von größeren Panzerschiffen für eine Seeschlacht oder dem Bau von Kreuzern zum Handelskrieg auf den Weltmeeren oder einer kleinteiligen Küstenverteidigung. Die Entwicklung neuer Schiffstypen, wie die kleinen wendigen Torpedoboote, erschwerte diese Entscheidung zusätzlich. Hinzu kam, dass das Deutsche Reich ab 1884 in Afrika und im Pazifik Kolonien erwarb und später mit Kiautschou in China sogar einen kompletten Flottenstützpunkt einrichtete. Das erforderte die Aufstellung eines Kreuzergeschwaders und die zeitweilige Detachierung von Kreuzern, um bei der Sicherung der Kolonien und dem „Zeigen der Flagge" im Konzert der Großmächte mitzuspielen.

Und in der Nordsee wurde mit dem Eintausch von Helgoland gegen die Anerkennung des politischen Einflusses des britischen Empire im Bereich der Insel Sansibar und der gegenüberliegenden ostafrikanischen Küste ein vorgeschobener Stützpunkt erworben, der nun in die operativen Planungen der Marine einbezogen werden musste. Gleiches galt für den 1895 eröffneten Kaiser-Wilhelm-Kanal, der jetzt die Nord- und Ostsee zu einem Operationsgebiet verband. In Wilhelmshaven entstand ein bedeutender Reichskriegshafen mit Schleusen, Pieranlagen, Hafenbecken und einer großen Marinewerft.

Nach der kurzen Regentschaft Friedrichs III. bestieg 1888 dessen Sohn als Kaiser Wilhelm II. den deutschen Thron. Er war seit seiner Jugend marinebegeistert und besuchte oft Flottenstreitkräfte. Wilhelm II. übernahm den Oberbefehl über „Seine" Marine nicht nur nominell, sondern auch tatsächlich. Die zentrale und eigentlich bewährte Führung durch die „Admiralität" wurde beendet. Es entstanden drei miteinander konkurrierende Führungsbereiche: ein operatives Oberkommando, ein Reichsmarineamt für die Marinepolitik und die Verwaltung. Außerdem entstand ein dem Kaiser direkt zugeordnetes Marinekabinett, in dem Personalpolitik betrieben und die Weisungen des Kaisers an seine Marine entwickelt wurden. Alle Bereiche waren „immediat", das heißt, ihre jeweiligen Leiter konnten dem Kaiser also direkt vortragen Damit war eine klare Führung der Marine außerordentlich erschwert. Im Laufe der Zeit kamen weitere fünf Immediatstellen hinzu, die eine einheitliche Führung endgültig unmöglich machten.

1897 ernannte Wilhelm II. den damaligen Konteradmiral Alfred Tirpitz zum Staatssekretär des Reichsmarineamtes. Dieser zeichnete sich durch große Führungskraft, Ideenreichtum, Hingabe an seinen Beruf, Arbeitskraft, Ehrgeiz und Durchsetzungsvermögen aus. So gewann Tirpitz in den Jahren vor der Jahrhundertwende immer mehr an Bedeutung und Einfluss für die Marine. Er initiierte den Aufbau einer Hochseeflotte, forcierte deren regelmäßige Weiterentwicklung durch eine breite parlamentarische Zustimmung des Reichstages durch eine geschickte Vorlage der Gesetze, die er auch politisch und finanziell über einen längeren Zeitraum garantieren ließ. Das erste Flottengesetz vom 1. April 1898 sah den Bau eines Flottenflaggschiffes, zweier Geschwader zu je acht Linienschiffen, acht Küstenpanzerschiffe, sechs Große und 16 Kleine Kreuzer sowie zahlreiche Torpedoboote für die in deutschen Gewässern stationierte Hochseeflotte vor. Hinzu kamen für die Auslandsstationen drei Große Kreuzer und zehn Kleine Kreuzer. Materialreserven ergänzten das Schiffstableau.

Schiffbaulich wurde die bisherige Typenvielfalt vereinheitlich. Das Ziel war die Schaffung eines Einheitslinienschiffes, eines standardisierten Großen und Kleinen Kreuzers. Auch für den Bau von Torpedobooten gab es eindeutige Vorgaben für die Werften. Diese Vereinheitlichung führte zu einer wesentlichen Erleichterung der Seekriegsführung, da nun bestimmten Schiffstypen in einem Geschwaderverbund auch feste Aufgaben zugeordnet werden konnten. Das Deutsche Reich machte sich auf den Weg, eine Seemacht zu werden. Dabei folgte es der damals aktuellen politischen Leitlinie des „Navalismus". Deren Grundidee war vom amerikanischen Kapitän zur See Alfred Thayer Mahan entwickelte worden. Sie bestand darin, dass sich das politische Gewicht einer Nation und damit deren Einfluss in der

Weltpolitik maßgeblich an seiner Hochseeflotte – und hier an der Anzahl der Linienschiffe – bemessen ließen.[18]

Mit der Flotte, wie sie im ersten Flottengesetz konzipiert worden war, erlangte das Deutsche Reich keineswegs eine maritime Spitzenposition. In Großbritannien machte sich allenfalls leichte Verwunderung breit. Denn Preußen bzw. nun Deutschland war bisher vorwiegend als Landmacht wahrgenommen worden. Erst das zweite Flottengesetz von 1900 brachte die Kaiserliche Marine in eine zumindest von Teilen der deutschen und britischen Öffentlichkeit so gesehene Konkurrenzsituation zur Royal Navy und damit zum Britischen Empire. Es sah unter anderem eine Erhöhung der Hochseeflotte auf zwei Flottenflaggschiffe, vier Linienschiffgeschwader, acht Große und 24 Kleine Kreuzer vor. Hinzu kamen die Schiffe für den Auslandsdienst und eine deutliche Erhöhung der Materialreserve. Die Kaiserliche Marine entwickelte sich zu einem politischen Gewicht, das zur Abschreckung gegen einen – möglicherweise britischen – Gegner dienen konnte. Denkbar aber war auch die Nutzung als Unterpfand für eine Allianz mit Großbritannien gegen Russland oder Frankreich

Die 1904 zwischen Frankreich und Großbritannien beschlossene „Entente Cordiale" ließ aber erahnen, dass von nun an eher mit einer britischen Gegnerschaft gerechnet werden musste – sei es als Angriffsplan der Briten und Franzosen gegen das Deutsche Reich oder als Schutz beider Nationen vor einem weiter erstarkenden Deutschland.

Der Bau eines völlig neuen Großkampfschiffes – DREADNOUGHT[19] („Fürchte nicht") – durch Großbritannien im Jahr 1906 löste eine weitere Rüstungsspirale aus. Der neue Schiffstyp ließ nämlich durch seine Gesamtkonstruktion und schwere Artillerie alle bisher gebauten Linienschiffe schlagartig veraltet erscheinen. In einem möglichen Seekrieg hatten die alten Linienschiffe gegen die neuen Schlachtschiffe keine Chance. In Deutschland führte diese Entwicklung zum Bau gleichwertiger Schiffen der NASSAU-Klasse. Tirpitz als

---

[18] Mahan, Alfred Thyer: The influence of seapower upon history, London 1890.

[19] Zur technischen und militärischen Entwicklungsgeschichte dieses Schiffstyps und dessen politische Folgen siehe: Massie, Robert K.: Dreadnought. Britain, Germany and the Coming of the Great War, London 1992.

der unermüdliche Antreiber und geniale Propagandist seiner eigenen – aber vom Kaiser unterstützten – Flottenpolitik strebte ein Verhältnis von 2:3 zwischen deutscher und britischer Flotte an – nun bezogen auf die neuen Schlachtschiffe und später hinzu kommenden Schlachtkreuzer.[20] Die Idee war, dass bei einem derartigen Kräfteverhältnis ein Angriff Großbritanniens – gestützt auf sein Flottenpotenzial – auf das Deutsche Reich so risikoreich sein musste, dass damit bei ernsthafter Betrachtung durch Politiker und durch die britische Admiralität nicht zu rechnen war. Andererseits gab es immer noch die Möglichkeit, das sich nun entwickelnde Flottenpotential diplomatisch als Angebot eines „Junior Partners" für eine politische Verbindung, zumindest eine Kooperation mit dem Empire zu nutzen.[21] Ungeachtet dieser militärstrategischen Überlegungen war der Marineführung klar, dass eine solche Hochseeflotte eine lange Bauzeit benötigte, die notwendigen finanziellen Mittel nicht ohne Weiteres vom Parlament bewilligt werden würden und der angestrebte endgültige Fertigungsstand erst für Mitte der 1920er Jahre zu erwarten war. Mit dem ersten und zweiten Flottengesetz und den darauf folgenden Ergänzungen mussten auch wichtige organisatorische Grundelemente wie zum Beispiel die Anzahl von Schiffen pro Geschwader, die generelle Ergänzung für veraltete Schiffe und vieles mehr festgelegt werden, die als Basis für eine erfolgreiche Kriegführung erforderlich waren.

Die regelmäßige Beobachtung und Auswertung britischer Manöver machte deutlich, dass die ursprüngliche Annahme, nach einem Kriegsausbruch würde die gesamte britische Flotte sofort die Auseinandersetzung mit der deutschen Hochseeflotte in den deutschen Küstengewässern suchen, nicht mehr haltbar war. Auch die Vermutung, die Royal Navy würde umfangreiche leichte Seestreitkräf-

---

[20] Die Terminologie der Schiffstypen der Kaiserlichen Marine, die durch verschiedene amtliche Veröffentlichungen nicht immer eindeutig ist, wird im Weiteren so verstanden, dass die deutschen Großkampfschiffe ab der NASSAU-Klasse als „Schlachtschiffe" und ab der VON DER TANN-Klasse als „Schlachtkreuzer" bezeichnet werden. Der Begriff „Linienschiff" wird für alle älteren Linienschiffe genutzt, die vor der DREADNOUGHT gebauten wurden.

[21] Duppler, Jörg: Die Anlehnung der Kaiserlichen Marine an Großbritannien 1870 bis 1890, In: Rahn, Werner (Hrsg.) Die Deutschen Marinen im Wandel. Vom Symbol nationaler Einheit zum Instrument Internationaler Sicherheit, München 2005, S. 91-111.

te zu einer permanenten „Bewachung" der in den Küstengewässern der Nordsee stationierten deutschen Geschwader einsetzen und deren Auslaufen rechtzeitig melden, traf nicht mehr zu. Vielmehr begann die britische Marine schon vor 1914, in den eigenen Küstengewässern umfangreiche Sicherungsmaßnahmen einzuleiten und durch die Stationierung leichter Seestreitkräfte deren Verteidigung zu stärken. Offensichtlich bestand auf britische Seite eine gewisse Furcht vor deutschen Anlandungen, sogenannten „Raids", gegen eigene Küstenstädte und Stützpunkte. Die eigentliche „Grand Fleet" mit ihren schweren Einheiten lag in Bereitschaft im Firth of Forth und dem Moray Firth.[22]

Es galt nun auf deutscher Seite, strategische Optionen zu entwickeln und die vorhandenen deutschen Seekriegsmittel, insbesondere die schweren Einheiten der Hochseeflotte in der Nordsee, in optimaler Weise für eine möglichst große Schädigung des Gegners einzusetzen. Entscheidend blieb hierbei immer noch die Grundüberzeugung, in einer offenen Freiwasserschlacht den Gegner unter eigenen günstigen Bedingungen erfolgreich zu bekämpfen. So gab es die Überlegungen, die britischen „Bewachungsverbände" durch offensive Aktionen vor deren eigene Küste zurückzudrängen, sodass ihnen Teile der Grand Fleet von Norden zur Hilfe kommen mussten. Diese könnten dann in einer Schlacht gestellt und besiegt werden. Die permanente Bereitschaft der „Bewachungsverbände" und deren so erzwungenes ständiges Ein- und Auslaufen mit hohem Kohleverbrauch musste zudem zu einer immensen Abnutzung dieser Einheiten führen.

Die Furcht vor „Raids" gegen die britische Küste, deren erfolgreiche Beschießung zudem einen hohen propagandistischen Erfolg für die Deutschen versprach, war ständig vorhanden. Auch militärisch war ein solcher Angriff schwer abzuwehren, da durch die weit entfernte Stationierung der britischen schweren Verbände auch nach deren Alarmierung noch Stunden vergehen würden, um auf dem Gefechtsfeld zu erscheinen.

---

[22] Güth, Rolf: Und was tun Sie, wenn sie nicht kommen? In: Schiff und Zeit, 1999, H. 10, S. 51-95.

Bei dieser Betrachtung der deutschen seestrategischen Ausgangslage erschienen die Aussichten der Hochseeflotte trotz der Stationierung der britischen Flotte in einer „weiten" Blockade zwischen Schottland, den Orkney- und Shetlandinseln zumindest für einen Erfolg gegen Teile der Grand Fleet so schlecht nicht. Andererseits waren die Nachteile auf deutscher Seite nicht zu übersehen: die zahlenmäßige Unterlegenheit an modernen schweren Schiffen im Vergleich zum britischen Gegner, die missliche geographische Ausgangslage in der einengenden Deutschen Bucht und die konstruktiven Einschränkungen bei den deutschen Schiffen, die auf Grund ihrer begrenzten Treibstoffvorräte nur bis zur Themsemündung im Süden und bis auf die Höhe von Bergen/Norwegen im Norden operieren konnten. Ein Einsatz gegen die britischen Blockadestreitkräfte zwischen den Orkney-Inseln und Schottland war definitiv nicht möglich.

Die deutsche Geschichtsschreibung hat lange Zeit den in ihren Augen exzessiven Ausbau der Hochseeflotte des Deutschen Reiches beginnend etwa um 1900 als eine unbedachte und unnötige Herausforderung der britischen Seemacht eingeordnet, die letzlich darauf ausgerichtet war, Großbritannien als führende Nation der Welt abzulösen und zu beerben. Eine solche Sichtweise war insbesondere in den Jahren nach 1900 mit einem tatsächlich ansteigenden deutschen Flottenausbau in der britischen veröffentlichten Meinung nicht gerade unpopulär. Die britische Admiralität sah bei Abwägung und Betrachtung der deutschen strategischen Möglichkeiten und der Ausgangsposition die deutschen Chancen für eine tatsächliche Überflügelung der Grand Fleet in einem Seekrieg in der Nordsee ohne Panik oder Furcht weitaus nüchterner. Gewiss musste der eigene Flottenausbau vorangetrieben und technisch gleichwertige, wenn nicht überlegene Schiffe gebaut werden. Das geschah; und mit dem Wechsel von einer engen Blockade der Deutschen Bucht zu einer weit entfernten bei den Orkney Inseln wurde auch der grundsätzliche Kriegsplan entsprechend geändert. Die späteren Kriegsereignisse haben diese Einschätzung bestätigt.

Mittlerweile ist die bisherige, nahezu unumstößliche Annahme einer deutschen Kriegsschuld hinsichtlich der Gründe, die zum Kriegsbeginn führten, in der historischen Erforschung durchaus von anderen Vorstellungen und Überlegungen abgelöst worden. Besonders die angelsächsische Geschichtsschreibung sieht in der deutschen Flottenrüstung keinen besonders wichtigen oder gar entscheidenden Grund für den Kriegseintritt Großbritanniens.[23]

Gleichwohl wurde bei Kriegsausbruch ziemlich bald klar, dass alle Überlegungen Tirpitz' hinsichtlich der politischen und strategischen Möglichkeiten einer deutschen Hochseeflotte im nun eingetretenen Kriegsfall nicht stichhaltig waren. Weder war ein Seekrieg mit Großbritannien verhindert worden noch hatte das Deutsche Reich einen maritimen Verbündeten von einigem Gewicht. Eine geplante und durchaus hoffnungsvolle strategische Zusammenarbeit im Mittelmeer mit der Habsburgischen k.u.k. Marine und der italienischen Flotte erwies sich als unmöglich, da Italien unerwartet seine Neutralität erklärte.[24] Die Grand Fleet konnte sich damit fast ausschließlich auf eine Kriegsführung in der Nordsee konzentrieren, zumal die wenigen deutschen Auslands- und Hilfskreuzer relativ schnell versenkt wurden.

---

[23] Ferguson, Nial: Der falsche Krieg. Der erste Weltkrieg und das 20. Jahrhundert, Stuttgart 1999, und Clark, Christopher: Wilhelm II. Die Herrschaft des letzten deutschen Kaisers, München 2008.
[24] Schiel, Rüdiger: Die vergessene Partnerschaft. Kaiserliche Marine und k.u.k. Kriegsmarine 1871-1914, Bochum 2014.

Schlachtschiff FRIEDRICH DER GROSSE – *Flottenflaggschiff in der*
Skagerrakschlacht
(Sammlung Jörg Braun)

Kapitel 3
Operationspläne, Schiffe und Besatzungen zu Kriegsbeginn 1914

Auf der Grundlage der angenommenen politischen, strategischen und militärischen Möglichkeiten, die der umfangreiche und ambitionierte Ausbau der Kaiserlichen Marine bieten konnte, musste zur gleichen Zeit eine operative Einsatzplanung entwickelt werden, die der Hochseeflotte im strategischen Einsatzkonzept aller bewaffneten Kräfte des Deutschen Reiches eine militärische Aufgabe zuwies, die zudem noch mit der des preußischen Heeres und der Heere der anderen deutschen Staaten koordiniert und abgestimmt sein sollte. Dem mittlerweile zum Großadmiral beförderten Staatssekretär im Reichsmarineamt Alfred von Tirpitz gelang es schließlich, nach intensiven und kontroversen Diskussionen seine operativen Vorstellungen weitgehend durchzusetzen. Demnach sollte die Marine im Kern aus einer schlagkräftigen und modernen Hochseeflotte bestehen, deren Hauptaufgabe im direkten Kampf gegen die britische Grand Fleet bestand. Ihre Geschwader, bestehend aus Schlachtschiffen und Schlachtkreuzern und unterstützt durch Kreuzer und Torpedoboote, mussten so zusammengesetzt sein, dass sie in der angestrebten Seeschlacht im günstigsten Fall die britische Flotte besiegen, ihr aber zumindest so starke Verluste zufügen konnte, dass danach die maritime Vormachtstellung des Empire deutlich geschwächt oder verloren war.[25]

Der Operationsplan sah eine „rangierte" Schlacht in der Nordsee vor. Unter diesem Begriff verstanden die Seestrategen der damaligen Zeit den Aufmarsch beider Flotten in einer bestimmten Form, zumeist geschwader- oder flottillenweise in einer Kiellinie oder anderer Formationen. Durch „Rangieren", also „Verschieben", der Geschwader oder Flottillen auf dem Gefechtsfeld konnten dann die jeweiligen Flottenführer den Gegner in taktisch nachteilige Positionen bringen, ihn im Artilleriekampf besiegen bzw. zum Verlassen des Ge-

---

[25] Oberkommando der Marine: Taktische und strategische Dienstvorschriften, Nr. IX: Allgemeine Erfahrungen aus den Manövern der Herbstübungsflotte, Berlin 16.6.1894, BA-MA, Signatur RM 4/176.

fechtsfeldes zwingen. Diese „Ordnung" einer Seeschlacht war an die Führung von Heeresstreitkräften in einer Landschlacht angelehnt.

Unweit der Insel Helgoland wollte man die Grand Fleet zur Schlacht stellen, unter deren schützende Küstenartillerie man sich im Notfall zurückziehen konnte. Auch die deutschen Flussmündungen sollten als Rückzugsgebiet nicht allzu weit entfernt sein, um beschädigte Schiffe notfalls noch einbringen zu können. Auf diese eher geringen geographischen Entfernungen waren auch die Antriebsanlagen und Brennstoffvorräte – zuerst Kohle, später Heizöl – und damit der Aktionsradius der deutschen Schiffe ausgelegt. Bei den modernen Linienschiffen und Schlachtkreuzern bedeutete dies bei etwa 20 Knoten Durchschnittsgeschwindigkeit eine Fahrstrecke von rund 2000 Seemeilen, abzüglich eines Wertes von ca. 15-20 Prozent Kraftstoff für Verhältnisse unter Kampf- und Gefechtsbedingungen. Bei Kleinen Kreuzern und Torpedobooten lag der Aktionsradius noch weit niedriger. Er reichte aus, um damit bis zur britischen Küste und in die Themsemündung und zurück zu kommen. Ebenso konnte ein Vorstoß bis auf die Höhe von Bergen in Norwegen und bis in den englischen Kanal gemacht werden. Aber die Atlantikzugänge, die Shetlands oder die Islandstraße blieben unerreichbar.[26]

Bei all diesen Überlegungen ging man in der deutschen Admiralität davon aus, dass die britische Flotte wie in allen vorherigen Seekriegen gegen europäische Gegner offensiv bis in deren Küstengewässer vordringen würde. Es musste also zwangsläufig zu der vorgedachten und vorgeplanten Seeschlacht kommen. Alle Planungen, seestrategischen Überlegungen, Manöver, Übungen und Ausbildungsabschnitte waren deshalb auf diese Situation ausgerichtet. Nahezu unberücksichtigt – zumindest in den offiziellen Äußerungen der Seekriegsleitung – blieb dabei die geographische Situation der Hochseeflotte, die im „nassen Dreieck" der Nordsee zwischen Wilhelmshaven als ihrem Hauptstützpunkt, Helgoland und der Elbemündung „eingesperrt" war. Ließ sich der Gegner in diesem Seegebiet nicht blicken und verweigerte die Schlacht, war die Hochseeflotte zumindest mit ihren großen Schiffen zur Untätigkeit verdammt.

---

[26] Alle Angaben nach: Gröner, Erich: Die deutschen Kriegsschiffe 1815-1945, Bde. 1 u. 2, München 1966.

28

Schiffbautechnisch entsprachen die nach dem „DREAD-NOUGHT-Sprung" von 1906 gebauten Schiffen der Hochseeflotte dem neuesten Stand. Die vier Einheiten der NASSAU-Klasse hatten ein Deplacement von 18 900 Tonnen und lagen damit um 43 Prozent über dem der zuletzt gebauten Linienschiffe der DEUTSCHLAND-Klasse. Die schwere Artillerie bestand aus sechs 28 cm Doppel-Türmen, deren Aufstellung jedoch als ungünstig angesehen wurde, da die vier an Steuerbord bzw. Backbord stehenden Türme nur jeweils nach ihrer Seite feuern konnten. Die traditionelle Mittelartillerie mit 15 cm Geschützen wurde beibehalten. Man hatte insbesondere Lehren aus dem Russisch-Japanischen Krieg von 1904/05 gezogen und dabei einen konstruktiven Schwerpunkt auf die Sinksicherheit der Schiffe durch den Einbau zahlreicher wasserdichter Schotten gelegt. Insbesondere der Einbau von zwei Längsschotten schuf Räume, die – entweder leer oder mit Treibstoff gefüllt – die ungeheure Explosionsenergie von Torpedos oder Minentreffern absorbieren sollten. Zudem wurden die wichtigen, unterhalb der Wasserlinie liegenden Abteilungen wie Antriebsanlagen, Munitionskammern und die elektrischen Versorgungsbereiche nochmals durch besondere Schotten abgesichert. Derartige schiffbauliche Anordnungen nutzten die Konstrukteure bis zum Ende des Schlachtschiffbaus. Sie haben sich hervorragend bewährt. Bezogen auf das Kaliber der schweren und mittleren Artillerie mit 28 cm bzw. 15 cm Geschützen waren die deutschen Schiffe den vergleichbaren britischen Gegnern leicht unterlegen. Diese verwendeten bei der schweren Artillerie das Kaliber 30,5 cm. Die Nutzung von Panzersprenggranaten, eine zentrale Feuerleitung und besseren Optiken zur Beobachtung und Messung konnten diesen Nachteil jedoch weitgehend ausgleichen.

Die folgende ebenfalls aus vier Schiffen bestehende OST-FRIESLAND-Klasse war der NASSAU-Klasse sehr ähnlich, doch etwas größer. Hier verwandte man schwerere 30,5 cm Türme, allerdings in der gleichen ungünstigen Aufstellung.

Die ab 1909 gebaute KAISER-Klasse mit fünf Schlachtschiffen hatte nur fünf Türme, die aber nach allen Seiten feuern konnten, da die beiden achtern Türme überhöht angeordnet waren. Zu dieser Aufstellung gelangte man erst nach längeren Versuchen. Lange Zeit erschien es wegen des hohen Gasdruckes beim Feuern zu risikoreich, über einen darunter liegenden Turm hinweg zu schießen. Die durch den Wegfall des sechsten Turmes erlangte Gewichtsersparnis nutzte man zu einer Verstärkung des Gürtelpanzers auf nun mehr 350 mm

Bei der KÖNIG-Klasse standen alle schweren Türme in der Mittschiffsachse des Schiffes und hatten damit die günstigste Aufstellung gefunden. Das Kaliber lag immer noch bei 30,5 cm, während die Briten inzwischen Kaliber bis zu 35,5 cm nutzten Von den 15 Kesseln des Schiffsantriebes wurden drei erstmals mit Ölfeuerung betrieben, was zu einer deutlichen Verbesserung bei Dampfhaltung und Dauergeschwindigkeit führte. Die britischen Schlachtschiffe besaßen jedoch insgesamt in fast allen Klassen im Bereich der Spitzengeschwindigkeit einen leichten Vorteil gegenüber den vergleichbaren deutschen Schiffen.

Die Großen Kreuzer – im allgemeinen Sprachgebrauch Panzerkreuzer genannt – wurden schon vor Kriegsbeginn zu Schlachtkreuzern weiter entwickelt und bildeten damit eine eigene Schiffsklasse. Neben den Linienschiffen – nun Schlachtschiffe genannt, in bewusster Abgrenzung zu den älteren Linienschiffen – waren sie die zweite Gruppe von schweren Einheiten, die im Seekrieg entscheidende Bedeutung erlangte.

In der Hochseeflotte wurden sie den Aufklärungsstreitkräften zugeordnet, die, vor dem eigentlichen Gros stationiert, den Gegner offensiv aufklären und dessen Aufklärungsstreitkräfte bekämpfen sollten. Vom schiffbaulichen Gewicht her nahezu genauso groß wie die Schlachtschiffe, waren sie jedoch schwächer gepanzert und im Bereich der schweren Artillerie auch schwächer armiert. Dafür besaßen sie im Bereich der Spitzen- und Dauergeschwindigkeit deutliche Vorteile.

Die Hochseeflotte führte zu Kriegsbeginn die Schlachtkreuzer VON DER TANN, MOLTKE, SEYDLITZ und DERFFLINGER in ihren Schiffslisten. Hinzu kam bis zur Skagerrakschlacht noch die LÜTZOW. DIE GOEBEN war schon vor Kriegsausbruch in das Mittelmeer verlegt worden. Die HINDENBURG trat erst 1917 zur Flotte.

Die älteren Schiffe hatten als schwere Artillerie noch bis zu fünf der bewährten 28 cm Doppeltürme. Die neueren Schiffe der DERFFLINGER-Klasse hingegen wiesen vier Doppeltürme mit dem

Kaliber 30,5 cm auf, von denen vorne und achtern je zwei überhöht aufgestellt waren und so die günstigsten Bedingungen für das erwünschte geschlossene Breitseitenfeuer erreichten. Außerdem besaßen sie als erste deutsche Schiffe dieser Größe einen reinen Turbinenantrieb mit 18 Wasserrohrkesseln, der eine hohe Spitzengeschwindigkeit von 28 Knoten ermöglichte. Von Fachleuten werden die Schlachtkreuzer dieser Klasse als schiffbaulicher Höhepunkt und genial gelungene Konstruktion eingeordnet.[27]

Zusammenfassend kann festgestellt werden, dass man damals das Hauptaugenmerk auf Überwassereinheiten mit einer möglichst großen Anzahl von schweren Geschützen legte. Ihre Feuerkraft in Verbindung mit der Nutzung von Sprenggranaten mit einem hohen Zerstörungspotential sollte das schlachtentscheidende Mittel sein, das den Gegner im direkten Feuerkampf Schiff gegen Schiff zum Sinken oder zum Verlassen des Gefechtsfeldes bringen sollte. Die Formation, die die schweren Geschütze am besten zum Einsatz brachte, war die Kiellinie. Parallel zum Gegner fahrend wurde dieser auf 15 bis 20 Kilometer Entfernung beschossen. Von großer Bedeutung waren die Qualität der optischen Entfernungsmessgeräte und die schiffsinterne Organisation der zentralen Steuerung, insbesondere der schweren Geschütztürme.

Die Kleinen Kreuzer der Hochseeflotte mit einem Deplacement von 4500 bis 6000 Tonnen waren als Aufklärungsschiffe im Flottenverband vorgesehen, sowie in Sonderfunktionen als Führungsschiffe für Torpedobootsverbände. Sie besaßen nur eine schwache Panzerrung, konnten zudem in ihrer Haupt-Artillerie nur bis zu zwölf 10,5 cm Einzelgeschütze zum Einsatz bringen. Schon in den ersten Gefechten zu Kriegsbeginn zeigte sich, dass sie damit ihren britischen Pendants mit deren 15,0 cm Geschützen deutlich unterlegen waren. Erst mit den Schiffen der MAGDEBURG-Klasse, die ab 1911 zur Flotte traten, ergaben sich erkennbare Verbesserungen. Die Panzerung der Schiffsseiten mit 60 mm Platten wurde zum Standard, und der Schiffskörper selbst durch ein Längsspantensystem tragfähiger konstruiert. Durch den Einbau eines Klipperbuges konnte die bei der

---

[27] Siehe zu diesem Themenbereich: Strobusch, Erwin: Deutsche Marine. Kriegsschiffbau seit 1848, Bremerhaven 1977.

ursprünglichen Bugform bei hoher Geschwindigkeit chronisch nasse Back mit ihren zwei Buggeschützen nun auch als Gefechtsplattform genutzt werden. Der Bau aller nachfolgenden Kleinen Kreuzer folgte diesen Prinzipien. Auch sie erhielten nach und nach 15,0 cm Einzelgeschütze.

Alle modernen Torpedoboote der Hochseeflotte waren in Torpedobootsflottillen mit insgesamt je 11 Booten organisiert, bestehend aus 10 Einsatzbooten und einem Führerboot mit dem Flottillenchef an Bord. Zugeteilt waren sie entweder den Aufklärungsstreitkräften oder den Linienschiffs- später Schlachtschiffsdivisionen.

Ihr Antrieb bestand aus einer gemischten, aus Öl- und Kohlekesseln bestehenden Anlage. Nachteilig bei diesen Antriebsanlagen war, dass die Boote der Germania Werft (G-Klasse) ab einer Geschwindigkeit von 18-21 Knoten „funkten", das heißt aus den Schornsteinen entwich ein heftiger und weithin sichtbarer Funkenflug. Die Boote der Vulkan Werft (V-Klasse) entwickelten diese Eigenschaft erst ab 25 Knoten. Für einen Nachteinsatz – und dies wurde im Laufe des Krieges der Normalfall – erwies sich dieser Funkenflug als ein gefährlicher Nachteil, da er dem Gegner die Position und den Kurs der Boote verriet. Die britischen Torpedoboote besaßen eine reine Ölfeuerung, die ihnen eine hohe Dauergeschwindigkeit und eine schnell erreichbare Höchstgeschwindigkeit sicherte – im Seekrieg ein bedeutender Vorteil. Außerdem hatte man es geschafft, durch technische Maßnahmen den „Funkenflug" zu unterbinden.

Die Angriffstaktik der Torpedoboote bestand vor 1914 darin, sie als geschlossene Gruppe mit mehreren Booten in „Feuer-Lee" der Kiellinie der großen Linienschiffe zu positionieren, also auf der dem gegnerischen Feuer abgewandten Seite. Dort waren sie von der gegnerischen schweren und mittleren Artillerie einigermaßen abgeschirmt. Auf das Flaggensignal „Z vor" – ein roter gezackter Doppelstander – brachen die Boote in breiter Phalanx geschlossen durch die Kiellinie der eigenen Linienschiffe und stießen in Höchstgeschwindigkeit von etwa 34 Knoten auf die feindliche Kiellinie vor. Dies war der gefährlichste Augenblick, denn die gesamte feindliche Artillerie konzentrierte ihr Feuer bei rasch geringer werdender Entfernung auf die heranjagenden Boote. In etwa drei Seemeilen (etwa sechs Kilometer) Entfernung zum Gegner schossen die Boote je zwei bis vier Torpedos auf die feindlichen Schiffe, drehten ab und suchten mit Höchstfahrt wieder in den Schutzbereich hinter den eigenen Linienschiffe zu gelangen. Wurde eines der Boote im Seegebiet zwischen den eigenen und den gegnerischen Linien getroffen, war sein Schicksal meist besiegelt, denn bewegungsunfähig konzentrierte sich die gesamte gegnerische Feuerkraft auf das havarierte Boot. So ein Torpedobootsangriff bedurfte umfassender Ausbildung und langer Übung. Er erforderte höchstes seemännisches Können von allen Kommandanten. Sie mussten ihre Boote seemännisch auf engstem Raum und unter schwerem Beschuss, bei Nacht und schlechten Sichtverhältnissen und unter den psychischen Herausforderungen der Seeschlacht sicher führen, nahe an den Gegner bringen und waffentechnisch optimal den Torpedoschuss ansetzen. Schon der Durchbruch durch die eigene Linie, knapp hinter dem Heck des vorderen Linienschiffes, aber nur wenige 100 Meter vor dem heranrauschenden Bug des nächsten Stahlkolosses, erforderte gute Nerven und ein geschultes Auge. Nicht selten kam es schon hier zu folgenschweren Kollisionen. Die Fahrvorschrift für Torpedoboote betonte in Ziffer 207 mit aller Deutlichkeit: „Der Torpedobootskommandant trägt die volle Verantwortung für das Durchbruchsmanöver. Das Vorschiff der Torpedoboote ist beim Durchbruch zu räumen. Auf den Schiffen sind die Schotten zum Evolutionieren zu schließen.“[28]

Die Torpedowaffe der Boote war bei Kriegsbeginn technisch modern und entsprach dem internationalen Standard. Anders sah es bei der artilleristischen Bewaffnung aus. Drei Geschütze mit dem Kaliber 8,8 cm konnten in keiner Weise ein längeres Artilleriegefecht mit einem vergleichbaren britischen Gegner erfolgreich durchhalten.

Die Lage verbesserte sich im Laufe des Krieges deutlich durch den Einbau von Geschützen des Kalibers 10,5 cm. Die deutschen Torpedoboote blieben den britischen Zerstören als vergleichbarem Gegner artilleristisch jedoch weiterhin unterlegen. Schiffbautechnisch erwiesen sich die deutschen Boote als robust und widerstandsfähig, hinsichtlich ihrer Tonnage jedoch als zu klein und deswegen in der

---

[28] Siehe zu diesem Themenkomplex: Fock, Harald: Z- Vor. Internationale Entwicklung uns Kriegseinsätze von Zerstören uns Torpedobooten 1914-1939, Herford 1976.

meist rauen Nordsee schnell in den Bereichen, in denen ein Waffen-einsatz kaum mehr erfolgreich möglich war. Schlimmstenfalls musste der Einsatz abgebrochen werden, weil die Boote Sturm und Seegang nicht mehr standhalten konnten.[29]

Das Personal der Marine setzte sich bezogen auf Herkunft, Ausbildung und Dienstzeit aus drei Hauptgruppen zusammen.

Die Seeoffiziere, Marine-Ingenieure, Deckoffiziere, bestimmte Unteroffiziere und Spezialisten wurden als „Berufspersonal" bezeichnet. Alle Soldaten dieser Gruppe dienten entweder als Lebensberuf oder weit über die normale Dienstpflicht hinaus bei der Marine.

Beim „Berufsunterpersonal" handelte es sich vor allem um länger dienende Unteroffiziere und Mannschaften. Man unterschied zwischen dem seemännischen und dem technischen Bereich. Der Nachwuchs des seemännischen Bereiches wurde vor allem über die marineinterne Schiffsjungenausbildung und über Seeleute aus der Handelsschifffahrt gewonnen, während bei der Rekrutierung für den technischen Bereich auf Männer mit entsprechender Berufserfahrung im Zivilleben gesetzt wurde.

Zum dritten Bereich gehörten die Wehrpflichtigen, die zu einer dreijährigen Dienstpflicht einberufen worden waren. Sie machten circa 70 Prozent des Personals auf den Schiffen und Booten der Flotte aus.[30]

Grundsätzlich kann festgestellt werden, dass das fahrende Personal der Kaiserlichen Marine, ihre Offiziere, Unteroffiziere und Mannschaften gut ausgebildet und zu Kriegsbeginn voll einsatzfähig waren. Sie hatten diesen hohen Ausbildungsstand durch kontinuierliche und realistische Übungen in See in allen seemännischen, technischen, navigatorischen und waffentechnischen Bereichen erreicht. Insbesondere im Nachtkampf und auch bei schlechtem Wetter sollten sie sich ihren britischen Gegnern später deutlich überlegen zeigen.

Bei Kriegsausbruch spürte man in den beiden großen Reichs-kriegshäfen Kiel und Wilhelmshaven nur wenig von der so oft beschriebenen Kriegsbegeisterung. In den Wilhelmshavener Casinos

---

[29] Dienstvorschrift Nr.11, Die Verwendung der Torpedowaffe im Schlachtkreuzer-gefecht auf der Doggerbank und in der Skagerrakschlacht, Berlin 1930.
[30] Toeche, Siegfried (Hrsg.): Die deutsche Kriegsflotte 1914, 3. Jg., Berlin 1914.

herrschte eine „ruhige, gleichmütige, abgeschlossene Stimmung", gesprochen wurde vom „blutigen Ernst" und von „einem Krieg, der allen Anzeichen nach der blutigste werden wird, den die Menschheit je erleben wird … wenn die Leute doch nur bei Verstand blieben."[31] So erinnert sich der spätere Journalist Karl Silex, der im August 1914 als Seekadett auf dem Schulschiff VINETA: diente „Der Kommandant gab die Kriegserklärung Großbritanniens an Deutschland bekannt, die drei Hurras klangen schwächer, schweigend schlich die Mannschaft unter Deck. … Auf einmal fühlten wir uns mit der großen britischen Seemacht konfrontiert, jetzt erst lastete der Ernst der Lage auf dem Schiff."[32]

Der Grund für diese ernste und bedrückte Stimmung in der Hochseeflotte war das Wissen um die zahlenmäßigen Überlegenheit der Grand Fleet. Den 24 britischen Schlachtschiffen standen nur 16 vergleichbare deutsche Schiffe gegenüber. Ähnlich sah es bei den Schlachtkreuzern sowie den Großen und Kleinen Kreuzern aus. Und um diese Einheiten ging es, wenn – nach den damaligen Vorstellungen von einem Seekrieg – Erfolg und Misserfolg abgewogen wurden. Bei den Torpedobooten – der klassischen Waffe des zur See schwächeren Kontrahenten – konnte zwar ein zahlenmäßiger Gleichstand erreicht werden, doch waren die britischen Boote den deutschen in Größe, Bewaffnung und Dauergeschwindigkeit überlegen.

---

[31] Zitiert nach: Wolz, Nicolas: Das lange Warten. Kriegserfahrungen deutscher und britischer Seeoffiziere 1914 bis 1918, Paderborn, München, Wien und Zürich 2008, S. 96.
[32] Silex, Karl: Mit Kommentar. Lebensbericht eines Journalisten, Frankfurt a.M. 1968, S. 57.

Üben für die Schlacht – deutsche Schlachtschiffe in Kiellinie
(Sammlung Jörg Braun)

Kapitel 4
Die Schlacht. Beginn. Verlauf. Ergebnisse

Mit dem Ausbruch der Feindseligkeiten am 4. August 1914 begann für die deutsche Hochseeflotte in der Nordsee ein von ihr mit hoher Motivation geführter Seekrieg. Der generelle Operationsbefehl ihres Oberbefehlshabers Kaiser Wilhelm II. lautete wie folgt: „Seine Majestät der Kaiser haben für die Kriegführung in der Nordsee befohlen: Ziel der Operationen soll sein, die britische Flotte durch offensive Vorstöße gegen die Bewachungs- und Blockadestreitkräfte der Deutschen Bucht sowie durch eine bis an die britische Küste getragene rücksichtslose Minen- und wenn möglich U-Bootoffensive zu schädigen. Nachdem durch diese Offensive ein Kräfteausgleich geschaffen ist, soll nach Bereitschaft und Zusammenfassung aller Kräfte versucht werden, unsere Flotte unter günstigen Umständen zur Schlacht einzusetzen. Bietet sich schon vorher eine günstige Gelegenheit zum Schlagen, so muss diese ausgenutzt werden."[33]

Das war eher eine Anweisung zu einer defensiven Seekriegsführung. Die schweren Einheiten der Hochseeflotte blieben auf Reede oder im Hafen. Umso intensiver kamen Bewachungs- und Aufklärungseinheiten zum Einsatz, die in einem vierfachen Ring vom Feuerschiff ELBE 1 und der Festung Helgoland gerechnet, das mögliche und erwartete Eindringen der britischen Flotte in die Deutsche Bucht rechtzeitig melden sollten. Der Bedarf an Schiffen, Booten und Personal war weit höher als ursprünglich angenommen. Hinzu kamen die offensiven Minenlegeoperationen – ausgeführt durch Kleine Kreuzer unter dem notwendigen Schutz von Torpedobooten.

Am 28. August brachen die Briten tatsächlich mit überlegenen Streitkräften in die Deutsche Bucht ein. Trotz heftiger Gegenwehr erlitten die deutschen Schiffe eine Niederlage, mit dem Untergang von drei Kleinen Kreuzern und einem Torpedoboot. Es gab hohe Personalverluste. Die auslaufenden schweren Einheiten hatten das Gefechtsfeld nicht mehr rechtzeitig erreicht. In den folgenden Wo-

---

[33] Marinearchiv (Hrsg.): Der Krieg zur See 1914-1918, Bd.1: Der Krieg in der Nordsee. Vom Kriegsausbruch bis zum September 1914, Berlin 1920, S. 54.

chen machte sich auf den Schlachtschiffen und Schlachtkreuzern erster Unmut breit, weil die erhoffte und prognostizierte Seeschlacht ausblieb und von der deutschen Seekriegsführung auch offenbar nicht angestrebt wurde. Die britische Flotte verblieb auf ihren Wartepositionen hoch im Norden bei den Orkney-Inseln. Ende 1914 lief die gesamte deutsche Hochseeflotte dennoch zwei Mal aus: Am 2. November zur Beschießung der britischen Hafenstadt Great Yarmouth und am 16. Dezember zur Beschießung von Hartlepool, Whitby und Scarborough. Ein Zusammentreffen mit der britischen Grand Fleet kam nicht zustande, da der deutsche Flottenchef Admiral Friedrich von Ingenohl sehr vorsichtig und zurückhaltend operierte.

Das Jahr 1915 begann mit einer neuen Enttäuschung. Ein Vorstoß der Aufklärungsstreitkräfte unter Admiral Franz Hipper am 15. Januar nach Westen bis zur Doggerbank führte zum Verlust des Panzerkreuzers BLÜCHER. Der britische Nachrichtendienst hatte den deutschen Operationsplan frühzeitig entschlüsselt und überlegene Streitkräfte in Position gebracht. Mit Glück und Können entzog sich Hipper den überlegenen britischen schweren Einheiten durch einen schnellen Rückzug Richtung Helgoland. Weitere deutsche Schlachtschiffe liefen zu spät aus oder waren erst gar nicht in Bereitschaft versetzt worden. Der Flottenchef wurde abgesetzt.

Doch auch nach diesem Wechsel sollte sich die Situation der Hochseeflotte in den kommenden Monaten nicht grundlegend ändern. Ausbildungsstand und Effektivität auf fast allen Einheiten hatten im Vergleich zum Kriegsbeginn stark nachgelassen. So führten viele schwere Einheiten seit Monaten kein Kaliberschießen der schweren Artillerie mehr durch. Und bei den Torpedobootsflottillen unterblieb das übungsmäßige Abschießen von Torpedos. Neue Kommandanten und Flottillenchefs mussten sich erst mit ihren Aufgaben vertraut machen. Der neue Flottenchef Admiral Hugo von Pohl weigerte sich unter diesen Umständen, mit der Hochseeflotte offensiv gegen den Gegner vorzugehen. Zudem entwickelte sich ein Streit darüber, ob die Flotte nicht sowieso strategisch sinnvoller nur als „Fleet in Being" zu verwenden sei. In einer solchen „Warteposition" könne die Seeherrschaft in der Ostsee gegen einen defensiven russischen Gegner behauptet und die britische Flotte von einem Eindringen in die Ostsee abgehalten werden. Durch die tatsächliche Stärke der Hochseeflotte würden zudem jegliche Landungsversuche an deutschen Küsten vereitelt, das Landheer damit entlastet und für weitere offensive Aufgaben verfügbar. Da die Reichsführung immer noch mit einem kurzen Krieg rechnete, wäre zudem eine unversehrte und intakte Flotte ein wichtiges Unterpfand für kommende Friedensverhandlungen. Der Meinungsstreit wurde weder durch Kaiser Wilhelm als Oberstem Kriegsherrn noch durch eine verantwortungsfreudige Marineführung entschieden, sondern blieb im Ungefähren.

Als Folge plante man die wenigen Einsätze der Hochseeflotte stets so, dass Operationen im freien Seeraum der Nordsee nie länger als zwei Tage dauerten und ein Zusammentreffen mit dem Gegner möglichst vermieden wurde. Beginnend mit einem ersten Flottenvorstoß vom 17. bis 19. April 1915 in Verbindung mit einem Minenunternehmen nördlich des Einganges zum Ärmelkanal folgte dann ein weiterer Einsatz von nur einem Tag in die nördliche Nordsee am 22. April und am 17. bis 18. Mai wiederum ein Vorstoß mit einem Minenunternehmen bis zur Doggerbank. Fast alle Unternehmungen – im Flottenalltag verächtlich als „Pohl-Dreiecke" und „Pohl-Kreisel" bezeichnet – wurden vorzeitig abgebrochen, da entweder eine Mine, ein Unterseeboot, ein Flugzeug oder sonst ein vermeintlicher Gegner gemeldet worden war. Im Sommer und Herbst führte von Pohl noch drei weitere sehr ähnliche Operationen durch, die alle keinen Kontakt zum Gegner erbrachten. Zumindest besserte sich der Ausbildungstand langsam, aber merklich.

In der Flotte, besonders auf den großen Schiffen, begannen sich aber wegen der andauernden Untätigkeit heftige Missstimmung und Unmut auszubreiten. Die Reaktivierung des bereits pensionierten Admiral Henning von Holtzendorff als Chef des Admiralstabes brachte keine grundsätzliche Klärung der Situation, da sich Kaiser Wilhelm weiterhin zu keiner eindeutigen Entscheidung hinsichtlich des Einsatzes der Flotte durchringen konnte. Im Januar 1916 starb plötzlich Flottenchef von Pohl an einer unheilbaren Krankheit, sein Nachfolger wurde der Kommandeur des mit den modernsten Schlachtschiffen ausgerüsteten III. Geschwaders, Vizeadmiral Reinhard Scheer.

Unter seiner Führung begann eine deutlich offensivere Einsatzplanung der Flotte. Man suchte nun bewusst den lange vermiedenen Kampf mit Teileinheiten der Grand Fleet. Der neue Chef der Operationsabteilung, Kapitän zur See Magnus von Levetzow, entwickelte neue Methoden der koordinierten Kampfführung in der Flotte, unterstützt von einem energischen Chef des Stabes, Kapitän zur See Adolf von Trotha. Offiziere und Mannschaften empfanden die Amtsübernahme von Admiral Scheer als Erlösung. Neue Hoffnung und neuer Schwung beseelte die Hochseeflotte. Ein Vorstoß der Flotte im März ging weit in die Nordsee; ein weiterer im April führte bereits vor die britische Küste zu einer Beschießung der Stützpunkte Lowestoft und Great Yarmouth. Für den 30. Mai war eine Operation der gesamten Flotte nach Norden in das Seegebiet westlich des Skagerrak vorgesehen.[34]

Beim Auslaufen der Vorhut unter Admiral Hipper wusste dieser noch nicht, dass die britische Grand Fleet unter Admiral Joe Jellicoe schon mehrere Stunden zuvor aus ihrem Stützpunkt Scapa Flow auf den Orkneyinseln ausgelaufen war. Gleichzeitig verließen das britische II. Schlachtschiffgeschwader unter Admiral Martyn Jarram den Firth of Moray und die Aufklärungsgruppe unter dem Befehl von Vizeadmiral David Beatty im Firth of Forth Richtung Südosten. Da kurz nach Mitternacht die Hauptstreitmacht der deutschen Flotte ebenfalls in See stach, befanden sich am 31. Mai nahezu die gesamten britischen und deutschen Seestreitkräfte in See. Die Deutschen wollten Handelskrieg vor dem Skagerrak führen und hofften dabei, vielleicht Teile der britischen Flotte zum Kampf stellen zu können. Die Briten wiederum hatten das Ziel, auf die gesamte deutsche Hochseeflotte zu treffen und erwarteten einen entscheidenden Sieg wie ihn Horatio Nelson 1805 gegen die Franzosen erringen konnte. Die beiden Flottenführer Jellicoe und Scheer verfügten nur über vage Erkenntnisse über den jeweiligen Gegner, keiner wusste vom Auslaufen der jeweils anderen Flotte. Die Wetterverhältnisse waren ideal; es herrschte ruhige See und sehr gute Sicht. Mittags passierte die deutsche Flotte die Insel Sylt im Abstand von 30 Seemeilen. Dabei war die Kiellinie der mit 14 Knoten Geschwindigkeit vorandampfenden Flotte 13 Seemeilen lang. Hippers Vorhut stand um 14.00 Uhr nachmit-

---

[34] Kommando der Hochseestreitkräfte, Operationsbefehl Nr. 6 v. 28.5.1916. BA-MA, RM 8/878, Bl. 35-39.

tags ungefähr 50 Seemeilen vor dem eigenen Gros, als eigene Torpedoboote und Kleine Kreuzer am linken Flügel mit den Aufklärungsstreitkräften der sich von Westen nähernden britischen Schlachtkreuzergeschwader unter Beatty in ein kleines Gefecht gerieten. Daraus entwickelte sich in kurzer Zeit die von deutscher Seite lang herbeigesehnte Schlacht zwischen sechs britischen und fünf deutschen Schlachtkreuzern.

Hipper eröffnet um 15.48 Uhr das Feuer auf eine Entfernung von 130 hm (13.000 m). Die Sichtverhältnisse waren für die Deutschen günstig, da sich die britische Kiellinie klar von dem westlichen Horizont abhob. Schon nach drei Minuten explodierte unter dem konzentrierten Feuer des deutschen Schlachtkreuzers VON DER TANN die britische INDEFATIGABLE – nur zwei Mann überlebten den Untergang. Keine 20 Minuten später ereilte QUEEN MARY das gleiche Schicksal. Ein Augenzeuge berichtete: „Zuerst zuckte im Vorschiff eine grelle rote Flamme auf. Danach erfolgte im Vorschiff eine Explosion, der eine viel gewaltigere Explosion im Mittelschiff folgte, schwarze Bestandteile des Schiffes flogen durch die Luft und gleich darauf wurde das ganze Schiff von einer ungeheuren Explosion erfasst. Eine riesige Rauchwolke entwickelte sich. Die Masten stürzten nach der Mitte zusammen, die Rauchwolke verdeckte alles und stieg immer höher."[35] Auf der Brücke seines Flaggschiffes LION sagt Beatty zum Kommandanten des Schiffes: „Irgendetwas scheint mit unseren besch... Schiffen schief zu gehen." Doch das Blatt wendete sich. Mittlerweile war das V. britische Schlachtschiffgeschwader mit den fünf hochmodernen Schlachtschiffen der QUEEN ELIZABETH-Klasse soweit an die Deutschen herangekommen, dass sie auf 174 Hm (17.400 m) das Feuer mit schweren 38,1 cm Geschützen eröffnen konnte. Innerhalb weniger Minuten wurden mehrere deutsche Schiffe schwer getroffen.

Gegen 17.00 Uhr hatten sich die beiden Hauptstreitkräfte soweit angenähert, dass Scheer auf eine Entfernung von 190 hm (19.000 m) das Feuer zuerst auf die Schiffe des V. Schlachtschiffgeschwaders, dann auf die gesamte sich von Norden nähernde britische Flotte er-

---

[35] Frost, Holloway: Grand Fleet und Hochseeflotte im Weltkrieg, Berlin 1930, S. 138.

öffnen ließ. Doch die Situation für die Deutschen verschlechterte sich weiter. Die Sichtverhältnisse waren so, dass die deutschen Schlachtschiffe gegen die tief stehende Sonne auf den Gegner schießen mussten, der zudem durch den Rauch und den Qualm brennender Schiffe mehr und mehr verdeckt wurde, während sich die deutschen Schiffe klar vor dem östlichen Horizont abhoben. Nun machte sich auch die zahlenmäßige Überlegenheit der britischen Schiffe bemerkbar, die zudem mit schwererem Geschützkaliber als die meisten deutschen Schiffe bestückt waren. Das Flaggschiff Hippers, die LÜTZOW, wurde schwer getroffen, ihre gesamte Funktelegraphie-Anlage fiel aus, so dass die Führung nur noch über Flaggen und Scheinwerfer erfolgen konnte. Die Gefechtsentfernung sank zeitweise auf 100 hm (10.000 m) – ein für Großkampfschiffe sehr geringer Abstand. In dieser schwierigen Phase errangen die deutschen Schlachtkreuzer noch einen großen Erfolg, denn sie versenkten den britischen Schlachtkreuzer INVINCIBLE – das Flaggschiff von Konteradmiral Horace Hood, der mit seinem Schiff unterging.

Um 18.30 Uhr änderte sich die Lage grundlegend. Jellicoe hatte mittlerweile seine gesamte Schlachtflotte in eine Position gebracht, in der sie quasi quer zur deutschen Kiellinie stand. Damit konnten alle seine Schiffe mit nahezu allen schweren Türmen ihrer Breitseiten auf die Deutschen feuern, während jene nur mit ihren Spitzenschiffen und dann auch nur mit ihren Bugtürmen das Feuer erwiderten. Es ist dies die bei jeder Schlacht angestrebte, sehr günstige Stellung des „Crossing the T" – den Strich über dem „T" ziehen. Die Hochseeflotte geriet damit unter schwerstes Feuer und begann, ihre geschlossene Formation zu verlieren. Im Vertrauen auf das taktische und seemännische Können seiner Kommandanten befahl Scheer die in einer Schlachtsituation hoch riskante „Gefechtskehrtwendung nach Steuerbord". Dabei drehen – beginnend mit dem letzten Schiff der Linie – alle Schiffe über den Steuerbordbug um 180 Grad auf Gegenkurs. Das Manöver gelang glänzend und Scheer konnte sich dadurch dem Feuer des Gegners vorerst entziehen. Denn die Gefechtsentfernung vergrößerte sich nun schnell und machte zielgenaues Schießen unmöglich. Doch damit war die Schlacht nicht zu Ende.

Obwohl die Sicht immer schlechter wurde und ein Erfolg im Artillerieduell damit fragwürdiger, entschloss sich Scheer, durch eine abermalige „Gefechtskehrtwendung über Steuerbord" den Gegner erneut anzugreifen. Ausschlaggebend für diesen Entschluss war die Situation des Kleinen Kreuzers WIESBADEN, der schwer getroffen und hilflos zwischen den gegnerischen Linien trieb. Ihm wollte Scheer zur Hilfe kommen, gleichzeitig aber durch eine eigene Initiative das Heft des Handels wieder an sich reißen. Erneut gelang das schwierige Manöver und die britischen Befehlshaber sahen zu ihrer großen Verblüffung die deutsche Hochseeflotte mit Nordkurs wieder auf Angriff gehen. Doch Scheers mutiger Entschluss zahlte sich nicht aus. Seine Spitzenschiffe wurden mit mörderischem Feuer überschüttet und auch der Versuch, die Besatzung von WIESBADEN durch Torpedoboote abbergen zu lassen, erwies sich als undurchführbar. Jetzt wurden nochmals die Schlachtkreuzer mit der Signalflagge „Richard" zum Angriff befohlen: „Ran an den Feind. Voller Einsatz." lautete der Befehl. Auch die VI. und XI. Torpedobootsflottille bekamen den lang erwarteten Angriffsbefehl „Z vor". Mit dem roten Doppelstander im Mast rasten insgesamt 29 Boote auf die britische Linie zu. Ein Führerbootskommandant berichtete später: „In breiter Front brachen wir vor, ohne den Feind zunächst zu sehen – aber als wir den Rauchwall vor uns durchstoßen hatten, lag vor uns wie ein gewaltiger feuernder Ring die britische Flotte – ein unvergesslicher Anblick. Das gesamte Artilleriefeuer aller Kaliber bis zum 38 cm ging sofort auf uns über, lag aber meist etwas zu weit. Wie auf dem Manöverfeld erfolgte der Angriff, laufend kam die Entfernung vom Messstand, da wir befehlsgemäß bis auf 65 hm (6500 m) an den Feind sollten. Kurz bevor wir diese Entfernung erreichten, schlug eine 15 cm Granate in die Back (Vorschiff) meines Bootes spitz von vorne ein, durchschlug nach unten das Vorschiff, so dass es Wasser machte; die Masse der Sprengstücke aber durchsiebte die Kommandobrücke. Tote gab es zum Glück nicht, aber die Zahl der Verletzten war groß. Wie beim Manöver hatten wir durchgehalten und die befohlene Entfernung zum Gegner erreicht. Der Flottillenchef gab den Befehl zum Abdrehen und Feuererlaubnis, gleichzeitig klatschten die Torpedos ins Wasser, nahmen Kurs auf den Feind, welcher abstaffelte und seine günstige

Position zur deutschen Flotte aufgab. Unter Legen einer künstlichen Rauchwand liefen wir zurück."[36]

Mit dem konzentrierten Angriff der Schlachtkreuzer und der Torpedoboote auf die britische Gefechtslinie, aber auch durch die einbrechende Dunkelheit ging die Gefechtsberührung vorerst verloren, das Feuer schlief langsam ein, da ein Gegner nicht mehr auszumachen war. Die Deutschen gingen gegen 21.00 Uhr endgültig auf Südkurs, denn sie wollten ihre Einlaufpositionen in die Jade, Weser und Elbe unbedingt erreichen. Das versuchten die Briten zu verhindern. Ihr Ziel war es, die deutsche Flotte im Morgengrauen des nächsten Tages vor der „eigenen Haustür" bei Hornsriff nochmals anzugreifen. Scheer befahl der gesamten Flotte: „Kurs SSO (Süd Süd Ost), 16 Knoten Fahrt. Durchhalten. Flottenchef." Zu diesem Zeitpunkt hatten weder der deutsche noch der britische Flottenchef eine klare Vorstellung davon, wo der Gegner tatsächlich stand. Die britische Flotte hielt ebenfalls Südkurs. Die deutschen Schiffe sahen den möglichen Nachtgefechten durchaus optimistisch entgegen, denn sie hatten diese Art der Gefechtsführung intensiv geübt. In den nächsten Stunden griffen britische Sicherungsstreitkräfte immer wieder überraschend die deutsche Kiellinie an. Im Licht der Scheinwerfer der deutschen Schlachtschiffe wurden sie jedoch zumeist unter eigenen Verlusten abgewehrt, doch das alte deutsche Linienschiff POMMERN erhielt einen Torpedotreffer, explodierte und sank mit der gesamten Besatzung. In den unübersichtlichen Nachtgefechten verloren die Briten zwei alte Panzerkreuzer, die gänzlich überraschend auf die deutsche Kiellinie gestoßen waren und innerhalb weniger Minuten durch schweren Artilleriebeschuss auf kürzeste Entfernung versenkt wurden. Gegen Mitternacht kreuzte die Spitze der britischen Flotte in nur fünf Seemeilen Abstand das deutsche Spitzenschiff WESTFALEN, ohne dass es beide Seiten bemerkten. Mit divergierenden Kursen wurde nun der Abstand zwischen den Kiellinien immer größer. Eine lenkende Führung gab es in dieser unübersichtlichen Situation auf beiden Seiten nicht mehr. Unter der navigatorischen Führung der WESTFALEN versuchte jedes Schiff, Anschluss an den Vordermann zu halten. Bei Angriffen der britischen Zerstörer und Torpedoboote

---

[36] Boehm, Hermann: Persönliche Erinnerungen. Nur für die Familie, o.J., S. 126.

mussten die Kommandanten auf engstem Raum Ausweichmanöver fahren, die nicht immer erfolgreich verliefen. So wurde der Kleine Kreuzer ELBING durch das eigene Linienschiff POSEN gerammt und musste später im Morgengrauen von der eigenen Besatzung versenkt werden, da bei Annäherung von britischen Schiffen eine Verteidigung sinnlos gewesen wäre.

Insgesamt bewährten sich jedoch die Besatzungen der deutschen Schiffe und Boote sehr gut. Der befohlene Kurs wurde gehalten, der Zusammenhalt der Flotte bewahrt. Entgegen den Befürchtungen der Deutschen stand der Gegner nicht bei Hornsriff, um die Schlacht fortzusetzen. Am nächsten Morgen gab Scheer gegen 04.00 Uhr den Befehl zum Einlaufen. Insbesondere bei den Besatzungen der Torpedobootsflottillen machte sich Enttäuschung breit. Hier hatte man den Eindruck, dass der Gegner – zerstreut und unkoordiniert – ein geeignetes Ziel für einen Überraschungsangriff wäre. Für den Schlachtkreuzer SEYDLITZ gestaltete sich die Rückfahrt besonders schwierig. Das Schiff hatte während der Schlacht 22 schwere Artillerietreffer und einen Torpedotreffer erhalten. Mit über 5000 Tonnen Wasser im Schiff konnte es die Geschwindigkeit der Flotte nicht halten. Der Bug sank immer tiefer, so dass es schließlich über das Heck gesteuert wurde. Die Besatzung kämpfte ununterbrochen um den Erhalt ihres Schiffes. Erst fünf Tage später, am 6. Juni, erreichte es mit Schlepperhilfe und über den Achtersteven Wilhelmshaven.

Die Offiziere und Mannschaften der einlaufenden Schiffe und Boote hatten den Eindruck, einen historischen Sieg über die Royal Navy errungen zu haben. Dieses Gefühl schien sich zu bestätigen, als Personal- und Materialverluste beider Seiten bekanntgegeben wurden. Demnach hatten die Briten – gerechnet nach Tonnage – doppelt so hohe Verluste wie die Deutschen erlitten, und auch ihre Personalverluste waren weit höher als die der Hochseeflotte. Wilhelm II. gratulierte den angetretenen Besatzungen bei seinem Besuch in Wilhelmshaven am 5. Juni mit den Worten: „Die englische Flotte wurde geschlagen! Der erste gewaltige Hammerschlag ist getan, der Nimbus der britischen Weltherrschaft herabgerissen, die Tradition von Trafalgar in Fetzen gerissen. Wie ein elektrischer Funke ist die Nachricht durch die Welt geeilt und hat überall, wo deutsche Herzen schlagen ... beispiellosen Jubel ausgelöst."[37]

Tatsächlich konnten die Besatzungen der Hochseeflotte und auch ihre Führung stolz auf ihre Leistung sein. Zu jeder Zeit hatten sie sich den schweren Anforderungen einer mit höchster Intensität laufenden Seeschlacht gewachsen gezeigt. Dabei waren sie Stunden auf ihren Gefechtsstationen in den Geschütztürmen, vor den Kesseln der Maschinenanlagen sowie in den Operations- und Navigationsräumen ohne Ablösung in Einsatz gewesen. So schrieb zum Beispiel der Kommandant der LÜTZOW in seinem Gefechtsbericht unter anderem: „Das Verhalten der Mannschaft während der Schlacht, der Nachtfahrt, der Arbeiten zur Erhöhung der geringen übrig gebliebenen Gefechtskraft und der Sicherungsarbeiten im Innenschiff hat an allen Stellen über alles menschliche Erwarten Taten höchster Tapferkeit, Selbstverleugnung und Begeisterung für Kaiser und Reich gezeigt."[38]

Die Kommandanten und Geschwaderkommandeure zeigten sich sicher in der taktischen und operativen Führung ihrer Einheiten und erkannten auch in unübersichtlichen Lagen und ohne direkte Befehlsgebung die übergeordneten Zielvorstellungen ihrer Vorgesetzten. Das deutsche Konzept des „Führens durch Auftrag" mit der nötigen Entscheidungsfreiheit der Unterführer hatte sich bewährt. Diese positive Erfahrung sollte für die deutschen militärischen Führer auf allen Ebenen die Grundlage späterer militärischer Erfolge sein.

In der schiffbaulichen Konstruktion erwiesen sich die deutschen Kriegsschiffe hinsichtlich Sinksicherheit und Anfälligkeit gegenüber Explosionen deutlich besser als ihre britischen Konkurrenten. Trotz schwerster Beschädigung wurde die SEYDLITZ eingebracht und die LÜTZOW ging nur verloren, weil das schwer getroffene Schiff bei der Annäherung britischer Schiffe schließlich selbst versenkt werden musste. Kein modernes deutsches Schiff explodierte durch Treffer in die Munitionskammern – ein Grund für die deutlich geringeren Personalverluste auf deutscher Seite.

---

[37] Zitiert nach Epkenhans, Hillman, Nägeler: Skagerrakschlacht, S. 189
[38] KTB, SMS Lützow, 1.16.1916, S.10, BA.-MA, RM8/880 Bl. 181.

Auch psychologisch fühlten sich die Deutschen als Sieger. Seit Trafalgar war es das erste Mal, dass eine britische Flotte nicht als Sieger in den Heimathafen zurückkehrte. Die deutsche Hochseeflotte war nach der „Battle of Jutland" – so die britische Bezeichnung der Schlacht – einsatzbereit und weiterhin ein ernst zu nehmender Bedrohungsfaktor. Entsprechend missmutig war die Reaktion der britischen Presse und Öffentlichkeit. Sowohl Jellicoe als Beatty wurden für ihre Gefechtsführung getadelt, auch wenn die Kritik bisweilen kleinlich und ohne Sachkenntnis ausfiel. Nach der Skagerrakschlacht erlahmte auf britischer Seite das Interesse an einer neuen Auseinandersetzung, um schließlich fast ganz einzuschlafen. Man kehrte zur weiten Blockade zurück, mit der Folge, dass es zu keiner weiteren Schlacht, ja noch nicht einmal zu kleineren Gefechten zwischen größeren Einheiten der Hochseeflotte und der Grand Fleet kam.

Bei der deutschen Seekriegsführung wiederum kehrte nach der Euphorie des zumindest taktischen Sieges schnell die Wirklichkeit des Krieges zurück. Admiral Scheer als verantwortlicher Flottenchef legte mit Datum vom 4. Juli 1916 dem Kaiser seine Bewertung des Unternehmens in Form eines Immediatberichtes vor. Nach der Schilderung des Schlachtablaufes schrieb er unter der Überschrift „Die weitere Seekriegsführung" folgendes: „Euer Majestät melde ich zum Schluss alleruntertänigst, daß die Hochseeflotte Mitte August bis auf DERFFLINGER und SEYDLITZ zu neuem Schlagen bereit sein wird. Bei günstigem Verlauf der dann einsetzenden Operationen wird der Gegner zwar empfindlich geschädigt werden können, trotzdem kann kein Zweifel daran bestehen, dass selbst der glücklichste Ausgang einer Hochseeschlacht Großbritannien in diesem Krieg nicht zum Frieden zwingen wird. Die Nachteile unserer militärgeographischen Lage gegenüber dem Inselreich und die große materielle Übermacht des Feindes werden durch die Flotte nicht in dem Maße ausgeglichen werden können, dass wir der gegen uns gerichteten Blockade oder des Inselreiches selber Herr werden können, auch nicht, wenn die Unterseeboote für militärische Zwecke voll verfügbar sind."[39]

---

[39] Immediatbericht des Kommandos der Hochseestreitkräfte über die Seeschlacht vor dem Skagerrak vom 4.7.1916, BA-MA, RM 5/4754, Bl. 6-36.

*Felix Schwormstädt: Auf der Kommandobrücke eines Torpedobootes während
einer nächtlichen Aufklärungsfahrt, 1915
(Sammlung Eberhard Kliem)*

Kapitel 5
Im Kommandoturm

Zu Beginn des 20. Jahrhunderts änderten sich Konstruktion und Bau von Kriegsschiffen in bisher unbekannter Radikalität und Schnelligkeit. Der Fortschritt in nahezu allen Bereichen der Technik war enorm. Als Baumaterial wurden Holz und Eisen durch den harten Siemens-Martin Stahl ersetzt, die Dampfmaschinen des Schiffsantriebes wurden immer zuverlässiger und die Nutzung der Elektrotechnik ermöglichte den Gebrauch von leistungsfähigen Befehls- und Meldeanlagen, von Steuereinrichtungen und Navigationsanlagen.

Die Artillerie benutzte nicht mehr runde Geschosse, sondern Sprenggranaten, die die Schiffswände durchschlugen und erst dann im Schiffsinneren mit großer Schadwirkung explodierten. Folgerichtig legten die Konstrukteure nun großen Wert auf die Panzerung aller für die Gefechtsführung besonders wichtigen Teile des Kriegsschiffes.

Dazu gehörte neben der Artillerie der Kommandoturm des Schiffes, in dem alle Elemente der Schiffsführung untergebracht waren. Von hier führte der Kommandant das Gefecht, hier befanden sich die Gefechtsposition des Rudergängers und die Bedienung der Maschinentelegraphen, der Steuerkompass und der Arbeitsbereich des Navigationspersonals. Im Kommandoturm liefen auch die Befehls- und Meldesysteme zusammen, mit deren Hilfe der Kommandant alle Bereiche des Schiffes informieren bzw. von ihnen informiert werden konnte. Von dieser Stelle wurden auch Flaggen- und Lichtsignale an die unterstellten Einheiten, Geschwader und Flottillen gesendet, die deren Verhalten, Position, Kurse und Fahrt in einem Gefecht bestimmten. Mit der Entwicklung der „Funkentelegraphie" kam auch der Funkraum mit allen Verschlüsselungsgeräten und Signalbüchern hinzu.

Der Kommandoturm als die wichtigste Führungszentrale des Kriegsschiffes war schwer gepanzert, denn ein Ausfall des Führungspersonals bzw. der Führungsmittel hätte das Kriegsschiff schlagartig führungslos gemacht. In der Skagerrakschlacht hielten die Kommandotürme der schweren deutschen Einheiten auch direkten oder Nahtreffern stand.[40] Mit der Entwicklung einer zentralen Feuerleitung für die schweren Geschütztürme wurde auf den Kommandoturm noch eine Artilleriezentrale aufgesetzt, in der der Artillerieoffizier mit seinem Personal über besondere Sehrohre und leistungsfähige Optiken den Artilleriekampf führte.[41]

Die Kommandozentrale besaß schmale Sehschlitze, die jedoch den Überblick über das Gefechtsfeld einschränkten. Kommandanten und Brückenoffiziere führten deswegen den Kampf bisweilen auch von der offenen Brücke, wo sie allerdings der gegnerischen Waffeneinwirkungen ausgesetzt waren. Das galt auch in besonderem Maß für das Signalpersonal, das beim Lesen oder Absetzen von Flaggensignalen oder bei beim Morseverkehr auf die offene Brücke treten mussten.[42]

Schwere Kriegsschiffe, die zur Aufnahme eines Flottenführers oder Geschwaderkommandeurs vorgesehen waren, besaßen noch eine sogenannte Admiralsbrücke, die dem Admiral selbst und seinem Stab zur Wahrnehmung seiner speziellen Aufgabe diente.[43]

Kapitänleutnant Ernst von Weizsäcker

Ernst von Weizsäcker trat im April 1900 in die Kaiserliche Marine ein. Nach der Ausbildung zum Seeoffizier und verschiedenen Kommandos diente er September 1909 bis September 1912 als Flaggleutnant und Adjutant im Admiralstab des III. Geschwaders der Hochseeflotte. Nachdem Vizeadmiral Scheer die Position des Flottenchefs übernommen hatte, holte er im Februar im Zuge der Zusammenstellung seines Stabes den Kapitänleutnant von Weizsäcker durch eine persönliche Intervention auf den Dienstposten des Adjutanten und Flaggleutnant im Stab der Hochseeflotte. In dieser Dienststellung

---

[40] Breyer, Siegfried: Schlachtschiffe und Schlachtkreuzer 1905-1970, München 1970 S. 83.

[41] Die Artilleriezentrale des Flottenflaggschiffes FRIEDRICH DER GROSSE hatte nach vorn eine Panzerung von 30 cm, an der Hinterseite 20 cm.

[42] Auszug aus dem Kriegstagebuch von SMS KÖNIG VOM 31.5.1916 um 08.38 Uhr: „Treffer auf der Decke des Kommandostandes, Geschoß gleitet ab, detoniert etwa 50 m von Schiff entfernt. Geschwaderchef leicht verwundet." BA-MA, RM 8/879, Bl. 164.

[43] Siehe hierzu Strohbusch, Erwin: Kriegsschiffbau seit 1848, Bremerhaven 1977.

nahm von Weizsäcker damit an allen dienstlichen Besprechungen des Flottenstabes teil. Den folgenden Bericht seiner Erlebnisse und Eindrücke schrieb er am 6. und 11. Juni „nach wenigen Notizen" nieder. Er vermittelt ein Bild davon, was man zum Zeitpunkt des Geschehens auf dem Flottenflaggschiff über den Gesamtverlauf der Schlacht erkannt hat und was der Führung verborgen blieb.[44]

Bericht des Kapitänleutnants Ernst von Weizsäcker auf SMS Friedrich Der Grosse (Auszug)

Der Flottenstab schiffte sich am 30. Mai 1916 gegen Abend auf Friedrich Der Grosse ein. Die Flotte versammelte sich auf Schillig Reede. Am 31. um 3 Uhr früh brachen die Kreuzer auf, die Linienschiffe um 4 Uhr. […] Wir alle glaubten nicht, erhebliche Streitkräfte des Gegners zu treffen. Es war am Vormittag des 31. Maireisenstimmung. […]

Wir waren froh, daß wir alle Verbände noch zusammen hatten. Die Kreuzer konnten kaum 30 sm vor dem Gros stehen. Es war nämlich ein erheblicher Streitpunkt gewesen, ob wir mit den Linienschiffen nicht viel später folgen sollten. Der starke Widerspruch der unteren Geister im Stab gegen Levetzow[45], der für weitere Trennung (ca. 100 sm) war, hatte gesiegt. Zum Glück, denn diese Idee wäre ein völliges Desaster gewesen. […]

Von 3 bis ½ 4 Uhr legte ich mich auf ein Sofa und schlief als Vorbereitung für die Nacht. Ich war noch nicht sehr lang wieder auf der Brücke, als verschiedene Funkmeldungen einliefen, die nach meiner Vorstellung gleichzeitiges Zusammentreffen der Kleinen und Grossen Kreuzer mit zwei verschiedenen feindlichen Gruppen andeuteten, erst leichte, dann schwere englische Kreuzer sowie Zerstörer. Ich holte den Flottenchef, der auf dem Mitteldeck der Friedrich Der Grosse in der Sonne seinen Nachmittagsspaziergang machte.

Die Panzerkreuzer holten anscheinend bald die Kleinen Kreuzer heran und führten ein Ferngefecht mit feindlichen Panzerkreuzern auf SO-Kurs, um uns, das Gros, schnell mit heranzubringen. Das ent-

---

[44] Original im Bundesarchiv Koblenz, Signatur NL 273/40, veröffentlicht von Gerhard Granier, In: Marineforum, 1996, H. 12, S. 20-23.
[45] Kapitän zur See und Chef des Stabes im Kommando der Hochseestreitkräfte.

sprach ganz der ausgegebenen Absicht. Ob das Gefecht sehr ernst war, konnte man bei uns nicht beurteilen, da keine Meldungen einliefen. Man war bei uns auf der Kommandobrücke etwas im Zweifel, ob nicht vielleicht überhaupt eine Loslösung stattgefunden habe. Die Stimmung war darum gegenüber der Kreuzerführung etwas gereizt. Wir befürchteten, der Braten würde uns entgehen. Das Gros ging nach einiger Zeit auf höhere Fahrt als 14 kn und schloß auf. Mir persönlich ging das nicht schnell genug. Statt des N-Kurses wurde NW gewählt, um eventuell den Gegner zwischen uns und die Kreuzer zu bekommen. Dabei war der Wind ungünstig.

Eine kurze Schwenkung auf W brachte offenbar nicht genügend Annäherung, also wurde wieder N gesteuert. Wir behielten dadurch die Leestellung bei dem schwachen nordwestlichen Winde. Viel mehr Überlegungen wurden nicht angestellt. Das Gros fuhr in langer Schlange N/S. An ein Umlegen der Linie wurde nicht gedacht; es war ja auch vom englischen Gros nichts bekannt, und wie man auf die feindlichen Panzerkreuzer stoßen würde, war nicht genau vorauszusagen. Die Beratungen des Flottenstabes waren auch etwas unruhig und vom Chef des Stabes nicht zentralisiert. Jedermann redete dem Flottenchef in die Ohren. Als wir die feuernden Parteien in Sicht bekamen, machte das Bild sich wie folgt: [...]

Das Gefecht nahm nun bei den Kreuzern und bei unserem III. Geschwader wieder einen hitzigeren Charakter an, und ich hatte den Eindruck, daß da vorne die Sache nicht ganz günstig war. [...] Unsere Panzerkreuzer standen nicht mehr ordentlich vorgeschoben, sie waren etwas aufgelöst, und unsere Linienschiffsspitze fing an, sich nach steuerbord umzubiegen wie ein gegen einen Stein geschlagener Nagel.

Eine Zeitlang ging das noch so weiter; in der Spitze des III. Geschwaders fiel ein Schiff aus der Reihe, es konnte die Linie nicht mehr recht halten. Störend war der Anblick eines wracken Kleinen Kreuzers, den wir für einen deutschen hielten und der unter schwerstem Feuer stand. Dieser Moment war ungünstig, man mußte die Flotte aus dem Sack nach hinten herausziehen. Es wurde kehrtgemacht. Die Feuerwirkung wurde geringer, und nun kam die Reue, daß man den Kleinen Kreuzer, der für WIESBADEN gehalten wurde, auf diese Weise im Stich ließ. Diese erklärliche, wenn auch taktisch von späteren Kritikern sicher angreifbare Gemütsregung veranlaßte erneutes Kehrtmachen und erneuten Stoß in das Loch, in den Hexenkessel hinein. Wir auf FRIEDRICH DER GROSSE bekamen dabei keinerlei Treffer, und für die Führung war dies sicher von größtem Wert, moralisch und technisch. Die Schiffe des III. Geschwaders und die leichten Streitkräfte wurden nun aber wieder sehr heftig von verschiedenen Seiten beschossen. Die Spitze bog von neuem um und drohte zur Schneckennudel zu werden.

Es war höchste Zeit, die Linienschiffe durch neue Kehrtwendung wieder herauszuziehen. […] Im Manöver würde man eine solche Lage von „Blau" als miserabel bezeichnet haben; aber sie bot Gelegenheit zum Torpedobootsangriff. Die Flottillen wurden vorgeschickt. Von ihren Erfolgen hörten wir freilich nichts. Jedoch begann das Schlachtfeld sich durch Rauch und Pulverqualm und namentlich durch den von unseren Torpedobooten absichtlich mit den dafür vorhandenen Apparaten gemachten Nebel stark zu verschleiern. Die Flotte zog sich nach westlicher Richtung aus dem Feuer und begann, sich neu zu rangieren.

Es war spät geworden, man mußte an den Rückmarsch deken, um möglichst nah an der Heimat zu sein, wenn, wie zu erwarten, am nächsten Morgen die ganze englische Flotte die Schlacht erneuern sollte. […]

Die Aufrechnung bei Eintritt in die Nacht war nicht übermäßig günstig. Wir hatten selbst nur das Versinken zweier Zerstörer und eines älteren Panzerkreuzers gesehen; von eigenen Verlusten war uns bekannt geworden: WIESBADEN, ELBING lahm, die Panzerkreuzer offenbar stark mitgenommen, LÜTZOW, das Flaggschiff des Kreuzeradmirals Hipper, lahm (15 kn). In der Nacht konnte noch allerhand passieren. Hatte dies den Einsatz gelohnt? Konnte man etwas anderes tun, als einzulaufen und auf den Nachterfolg der Flottillen noch etwas zu hoffen? Es war ja keine Niederlage, aber auch kein Sieg. Eigentliche Zufriedenheit kam bei mir nicht auf. […]

Als erste Aufmunterung kam dann etwa um 12 Uhr an Backbord ein in Brand geschossener, Kieler-Woche-artig illuminierter Zerstörer vorbei. Das war eine Auffrischung; eine Stunde später kam eine größere. Auf etwa 1000 m Passierabstand mit Gegenkurs näherte sich uns ein hoher englischer Panzerkreuzer, von unseren Vorder-leuten stark beschossen. Als er in unsere Nähe kam und auch von FRIED-RICH DER GROSSE schwere Salven erhielt, glich das Schiff einem Kra-ter. Es war ein unbeschreiblich großartiges Bild! Lange dauerten die Feuergarben nicht mehr. Es gab eine Explosion, und das Schiff sank einige Meilen hinter uns. Dann folgte der dritte: Es schien ein Kleiner Kreuzer zu sein; er war weiter ab. Ihm war ebenso sehr zugesetzt worden; er brannte und machte einen kläglichen Eindruck. Mir war bei ihm nicht gleich wohl zu Mut; es fehlte mir der unzwei-deutige Anhalt, daß es ein Engländer war. Doch allmählich mehrten sich die Merkmale.

Unser Marsch nach Süden ging ordentlich voran; immerhin standen wir noch so nördlich, daß wir bei Hellwerden, was gegen ¾ 4 Uhr eintreten mußte, noch sehr wohl zu einer Entscheidungsschlacht gezwungen werden konnten. Mit Recht drängte der Flottenchef auf den kürzesten Weg. Unsere Stimmung war durch die Erfolge der Nacht gehobener, als uns gemeldet wurde, daß LÜTZOW zurückblieb und sich nicht mehr bei der Flotte halten konnte. Ich sah in der Mor-gendämmerung nach hinten, erkannte ziemlich weit in der Gegend des II. Geschwaders eine hohe Feuergarbe. Später erfolgte ein dump-fer Stoß. Dort mußte etwas passiert sein. Von vorne kam die Mel-dung, daß NASSAU seit einem Torpedobootangriff fehle. Sollten zwei Linienschiffe verloren sein? Das wäre hart. Man war im Ungewissen, bis POMMERN als mit Mann und Maus verloren gemeldet wurde. Die NASSAU fand sich später wieder.

Immerhin wäre es nicht ehrlich, wenn ich hier nicht niederleg-te, daß ich eine Zeitlang auf der Brücke allein spazieren ging und mir unsere früheren Entschlüsse noch einmal durch den Kopf gehen ließ und mich fragte, ob eigentlich der ganze Tag zu verantworten sein würde. Viel anders ging es den anderen schwerlich. […] Belebung trat erst wieder ein, als eine Gefangenenaussage uns das Sinken der INDE-FATIGABLE meldete. Dies war für mich der Moment, wo ich das Zünglein an der Waage zu unseren Gunsten sich neigen fühlte. […] Weitere englische Verluste, die gemeldet wurden, ließen auch das Sin-ken der LÜTZOW (unter Rettung der ganzen Besatzung) und den Ver-lust von ROSTOCK verschmerzen. […]

Als wir die Jade erreichten, konnten wir die Ergebnisse so weit übersehen, daß wir mit Freude ein Glas Champagner tranken; und erhebend war der Eindruck auf Wilhelmshaven Reede, als die Schiffe Hurras ausbrachten und als die Torpedoboote einliefen mit Besatzungen der LÜTZOW und der ROSTOCK und mit gefangengenommenen Engländern an Bord.

Diese Schilderung des „Sieges" mag eigentümlich klingen; ich will mir aber nicht die objektive Erinnerung verwischen lassen durch die nachträglichen günstigeren Eindrücke. Es ist nicht das erste Mal in einer Seeschlacht, daß beide Führer sich – hinter dem Ohr kratzend – trennen und das Ergebnis keineswegs erkennen.

Groß war die Wirkung unserer Granaten. Die englischen Schiffe, die Treffer hatten, brannten fast durchweg. Groß war anscheinend auch die Wirkung unserer Torpedos. Gut war die Schwimmkraft unserer Schiffe. Bewundernswert waren die Begeisterung der Leute und zugleich ihre Ruhe. Gut hat es vor allem die Vorsehung mit uns gemeint.

Nachtrag: […] Bei den Besprechungen der Disposition für die Nacht war wieder Uneinigkeit im Stabe, wie weit das Gros von den Kreuzern zu trennen sei. Ich stimmte stark für engen Anschluß. Das Zusammentreffen mit dem Feind überhob uns der weiteren Diskussion. […]

Als unsere Kreuzer den Gegner getroffen hatten und meldeten, sie steuerten SO-Kurs, hieß es bei uns im Stab: die Kreuzer beißen wieder nicht recht an (wie bei Lowestoft), Hipper drängt wieder nach Hause usw. In Wirklichkeit stimmte das nicht. Es war vielmehr sehr vorteilhaft, denn die Linienschiffe kamen auf diese Weise den Kreuzern schnell näher, und als man dies erkannte und merkte, daß der Gegner gleichfalls SO steuerte, war man geneigt, die Kreuzerführung wegen ihres zweckmäßigen Verhaltens wieder zu loben. […]

Der Anmarsch der Linienschiffe ging zu langsam. Unsere Beratungen waren etwas unruhig. Man stand vor der Karte, ohne recht zum Entschluß zu kommen. Bezeichnend ist, daß plötzlich auch der Steuermann Reding beim Flottenstab, ein subalternes Faktotum, anfing, dem Flottenchef Ratschläge zu geben. Mir zuckte es in den Fingern, ihm eine Ohrfeige zu verpassen.

Um diese Zeit und im späteren Verlauf des Tages vermißten wir sehr die Aufklärung; Luftschiffe waren nicht da, die Aufklärungsschiffe standen in schwerem Kampf. Die Aufmarschrichtung des Gros war daher ein reines Glücksspiel, und sie erwies sich später auch als nicht besonders glücklich. Sie wird sicherlich noch stark kritisiert werden, ebenso die einheitliche Führung der langen starren Linie. Ihr Vorteil lag nur in der bequemen Angabe und Änderung der Gesamtgefechtsrichtung. Im übrigen wäre größere Selbständigkeit der Geschwader am Platz gewesen. Die Übersicht über das Kampffeld war auf dem Flottenflaggschiff bald ganz ungenügend; im Kommandostand selbst war fast gar nichts zu sehen. Man war also fast immer draußen. Der Flottenchef übertrieb das freie Stehen.

Seekadett Wilhelm Meendsen-Bohlken

Wilhelm Meendsen-Bohlken trat am 1. Januar 1915 in die Kaiserliche Marine ein. Nach einer kriegsbedingt verkürzten Ausbildung wurde er als Seekadett auf HESSEN eingeschifft und nahm so in einer nicht näher zu erkennenden Funktion auf der Brücke dieses Schiffes an der Skagerrakschlacht teil.[46] Zwei Wochen nach der Schlacht schreibt Meendsen-Bohlken seinem Bruder Franz von seinem Erleben der Schlacht.[47]

Bericht des Seekadetten Wilhelm Meendsen-Bohlken auf SMS HESSEN

SMS HESSEN, den 15. Juni 1916

Lieber Franz!

Vielen Dank für Deinen lieben Kartenbrief vom 8. Juni. Ich bin gern bereit, Dir nach bestem Wissen und Können den Verlauf der Seeschlacht zu beschreiben. Unser Plan war der, wir wollten nach Norden mit unserer Hochseeflotte vorstoßen, um im Skagerrak richtiggehenden Handelskrieg zu führen. Schon beim Auslaufen wurde sehr heftiger feindlicher F.T. Verkehr[48] beobachtet. Erst in der letzten Mi-

---

[46] Als Vizeadmiral der Kriegsmarine des Deutschen Reiches war Meendsen-Bohlken vom April 1944 bis zum Mai 1945 deren letzter Flottenchef und damit einer der Nachfolger von Admiral Scheer, unter dem er am 31. Mai 1916 gekämpft hatte.
[47] Zitiert aus: Marineforum, 1986, H. 5, S. 29f.
[48] F.T. Verkehr = Funkentelegraphie-Verkehr

nute entschloß sich der Flottenchef, das zweite Geschwader mitzunehmen. Am 31. Mai morgens um 4 Uhr gingen wir in See, und bald ging es mit hoher Fahrt nach Norden rauf. Vor der Flotte fuhren Torpedoboote und Kleine Kreuzer zur Aufklärung. So ging es bis nachmittags um 5 Uhr, als plötzlich das Signal kam: Klar Schiff zum Gefecht. Ich kann Dir sagen, das war vielleicht solch' eine Begeisterung im ganzen Schiff, als der Generalmarsch angeschlagen wurde. Denn jetzt hieß es ja, daß wir gegen den so langersehnten Feind kämpfen sollten. Gegen 6 ½ Uhr eröffneten wir das Feuer. Bald sahen wir schon an B.B. und St.B. je einen Kleinen Kreuzer mit Mann und Maus untergehen. Unsere Panzerkreuzer hatten schon längere Zeit im Gefecht gestanden. Die feindlichen Schiffe versuchten sich durch hohe Fahrt aus dem Staube zu machen, aber sie wurden so glänzend durch unser Feuer eingedeckt, daß sie gezwungen waren, das Gefecht weiterzuführen. Wir fuhren noch immer Kurs Nord, als ein Kleiner Kreuzer mehrere Linienschiffe und Schlachtkreuzer an St.B. von uns mit hoher Fahrt Kurs Süd laufend meldete, während doch die anderen feindlichen Schiffe an unserer B.B. Seite gestanden hatten. Um nun natürlich nicht den Engländern in die Arme zu fahren, gab der Flottenchef den Befehl: Verbandsweise 8 Strich nach B.B. schwenken. Jetzt wurde für einige Zeit das Feuer eingestellt, weil die Entfernung vom Feinde zu groß war. Aus diesem Grunde fuhren wir bald wieder Kurs S.O., um wieder näher an den Feind ran zu kommen, was uns auch für einige Zeit gelang. Allerdings hatte der Feind jetzt die günstigere Lage. Er konnte uns nämlich glänzend sehen, während wir von ihm nur die Masten und Schornsteine sahen oder auch gar nichts, was eigentlich während der längsten Zeit der Fall war. So war es abends gegen 11 Uhr. Wir wurden wie blödsinnig vom Feinde beschossen, während wir nichts von ihm sahen. Er hatte sich sehr bald auf unsere Panzerkreuzer eingeschossen und dabei sehr gute Treffer erzielt, so daß die Panzerkreuzer, die bisher 1000-1500 m entfernt an B. Seite vom II. G. standen, gezwungen waren, vor uns rum zu gehen und an unserer St.B. Seite Schutz zu suchen. Bald schlugen vor und hinter uns, weit und kurz, die 34 u. 38 cm Granaten ein, daß es nur so knackte, aber wir blieben unbeschädigt. Ich verstehe heute noch nicht, daß wir dabei nichts abbekommen haben. Ich kann Dir sagen, es ist ein schmerzliches Gefühl, vom Feinde beschossen zu werden und nicht wieder schießen zu können, weil wir nichts von ihm sahen, als nur das Mündungsfeuer. Na, jedenfalls hielt das II. Geschwader auf Befehl unseres Geschwaderchefs im heftigen Granatfeuer durch, und wir fuhren sogar noch näher ran, um den Feind eventuell noch sehen zu können; aber alles war vergebens. Wegen der Dunkelheit mußte allerdings der Feind bald das Feuer einstellen. – Für das tapfere Durchhalten unseres Geschwaders hat der Geschwaderchef ein dickes Lob vom Flottenchef bekommen und außerdem noch einen dicken Orden. – Die ganze Nacht durch kam immer der Feind wieder in Sicht, aber er wurde in die Flucht geschossen. Unsere Torpedoboote wurden sehr häufig zum Angriff angesetzt, und sie haben ja augenscheinlich großen Erfolg erzielt. Um Dir nur ein Beispiel zu geben, wie blödsinnig die Engländer durcheinander gefahren sein müssen, so versuchte doch der englische Panzerkreuzer BLACK PRINCE in unsere Kiellinie einzuscheren. Er wurde natürlich gleich als Feind erkannt und heftig beschossen – auf 1000 m. Drei Salven genügten nur, und von dem stolzen Schiff waren nur noch Trümmerreste zu sehen.

Andauernd wurden jetzt auch feindliche Zerstörer gemeldet. Gegen 4.05 Uhr morgens geschah ja die schreckliche Sache mit der POMMERN. Ich stand vor dem vorderen Kommandostand, als ich plötzlich auf der POMMERN, die 500 m entfernt vor uns fuhr, ein helles Aufflammen in der Höhe des vorderen Turms sah. Ich dachte noch im Geiste, Donnerwetter, wohin schießt denn nur die POMMERN? Im nächsten Augenblick erfolgte aber schon eine ungeheure Explosion, und eine mächtige Feuergarbe in einer Höhe von 200 m stieg gen Himmel. Von der stolzen POMMERN war hernach nur noch das klägliche Heck zu sehen. Ich kann Dir sagen, es war wirklich ein schreckliches Gefühl. Jeder dachte doch sicherlich, so geht es uns auch gleich. Aber wir sind vor diesem Unheil bewahrt geblieben.

Kaum 10 Min. später sehe ich an B.B. zwei Zerstörer. Mir fiel schon gleich der eine wegen seiner komischen Bauart auf. Wir rufen ein Boot an, das auch richtig antwortete. Im nächsten Augenblick begann auch schon eine wahnsinnige Schießerei zwischen den beiden Booten. Dann erfolgte eine heftige Explosion auf dem Boot, welches mir gleich wegen seiner Bauart auffiel, und es sackte mit dem Heck zuerst in die Tiefe, während der Bug noch einige Augenblicke aus dem Wasser sah. Es ist höchst wahrscheinlich das Boot gewesen, das die POMMERN erledigte. [...]

Am 1. Juni nachmittags waren wir wieder im Heimathafen. Wir hatten sicher gehofft, der Feind würde uns nochmals angreifen, aber er hat scheinbar so schwer gelitten, daß er es nicht mehr wagen konnte. Für heute will ich schließen.

Leutnant zur See Hans Langsdorff

Hans Langsdorff trat im April 1912 in die Kaiserliche Marine ein. Nach der normalen Friedensausbildung innerhalb seiner Crew wurde er im September 1915 auf das Schlachtschiff GROSSER KURFÜRST versetzt, das in Wilhelmshaven dem III. Geschwader zugeordnet war. An Bord wurde er als Adjutant eingesetzt. Fast drei Wochen nach der Skagerrakschlacht schrieb er seiner Familie am 20. Juni 1916 einen 10-seitigen, ausführlichen Brief, in dem er seine Eindrücke der Schlacht schilderte.[49]

Bericht des Leutnants zur See Hans Langsdorff auf SMS GROSSER KURFÜRST (Auszug)

In dieser Zeit fürchteten die Engländer, dass es uns gelingen könnte, die WIESBADEN unter den Schutz des Gros zu retten. Aus diesem Grunde setzte der feindliche Flottenführer seine älteren Panzerkreuzer an, um dem lahm geschossenen Schiff völlig den Garaus zu machen. Obwohl die Entfernung höchstens 100 hm betrug, gingen die Engländer mit hervorragendem Schneid an die Aufgabe heran. Der Zweck wurde freilich nicht erreicht, denn ganz unvermutet ließ plötzlich das deutsche Spitzenschiff, KÖNIG, und das zweite Schiff von vorne, GROSSER KURFÜRST, seinen Gegner ganz los und konzentrierte sein Feuer auf die englischen Panzerkreuzer, die die WIESBADEN angriffen. Der Erfolg kam dann auch prompt: 9 Minuten später flog unser persönlicher Gegner, ein Panzerkreuzer der ACHILLES-Klasse, vor unseren Augen in einer Entfernung von nur 74 hm in die Luft Er war gleich von Anfang an von den hohen Wassersäulen der zu kurz

---

[49] Die Autoren danken Hans-Jürgen Kaack, Berlin, für die Zurverfügungstellung dieses Briefes.

oder zu weit gehenden schweren Granaten eingedeckt, nach der 7. Salve erschien mitten zwischen den hohen Wassersäulen ein riesiger Feuerstrahl und als die Wassersäulen zusammen fielen, war er verschwunden. [...]

Inzwischen hatten sich die Spitzenschiffe des feindlichen Gros vor unsere Spitze geschoben und konzentrierten ihr Feuer auf unsere vordersten 3 Schiffe KÖNIG, GROSSER KURFÜRST und MARKGRAF. Sie waren jetzt unsere Spitzenschiffe im Verhältnis 1:3. Der Anblick war, trotzdem wir ja eigentlich die Dummen bei der Geschichte waren, ganz großartig. Man muß bedenken, daß eine 38 cm Granate, wenn sie auf das Wasser aufschlägt, detoniert und dabei eine Wassersäule von etwa 150 m Höhe aufwirft. Die Engländer schossen nun mit einer Salvenfolge von etwa 30 Sek. Es schlugen also alle 10 bis 20 Sekunden 5-10 derartige Wassertreffer um uns ein. Die Torpedoboote, die etwas von uns entfernt standen, haben uns hinterher erzählt, daß sie nie geglaubt hätten, daß wir da noch lebend heraus kämen. Trotzdem passierte uns in dieser Nacht verhältnismäßig wenig. [...]

Die Nacht war ganz außergewöhnlich dunkel, dazu brannte kein Lichtchen, sodaß die Linienschiffe vollständig im Dunkeln fuhren. Trotzdem gelang dem ersten englischen Zerstörer gegen 12.30, Anschluß zu finden. Freilich nützte ihm das nicht viel, denn ehe er zum Angriff überging, war er bereits in Brand geschossen. Da lag er nun und brannte in aller Seelenruhe ab und beleuchtete das deutsche Gros ganz wunderbar. Die Folgen zeigten sich denn auch sofort: Es folgte nun mit kurzer Unterbrechung ein Angriff nach dem anderen. Wir passierten und erblickten in dieser Zeit 6 brennende Schiffe. Den Engländern gelang es nicht, ein Schiff zu torpedieren. [...] Gegen 1.50 trat dann eine kurze Ruhe ein, die englischen Zerstörer hatten uns augenscheinlich verloren. [...]

Im Augenblick waren die Scheinwerfer wieder geblendet und nun feuerten plötzlich drei deutsche Linienschiffe mit ihrer schweren Artillerie auf den gänzlich verblüfften Engländer. Auf die kurze Entfernung hat natürlich jeder Schuß gesessen: Die INDOMITABLE war zusammengeschossen, ehe sie selbst einen Schuß abgegeben hatte. Es war ein wunderbarer Anblick, das Riesenschiff in dunkler Nacht abbrennen zu sehen. Alle Eisenteile gerieten in Weißglut und nach etwa 5 Minuten flog sie mit Donnergekrach in die Luft. [...]

Noch mehrfach wurden vor uns Schiffe in Brand geschossen, wir selbst blieben unbehelligt, da auf einmal in der Morgendämmerung – wir dachten schon die Hauptgefahr wäre vorbei – wurden wir selbst von 6 Zerstören angegriffen, die plötzlich in 1440 m Abstand vor uns auftauchten. Da dachte wohl jeder, daß nun Schluß sei, aber der liebe Gott „hielt den Daumen dazwischen". Kein Torpedo traf, der am nächsten gewesen ging knapp 20 m vorn vorbei. [...]

Am Nachmittag des 1. Juni gegen vier Uhr liefen wir dann wieder in die Jade ein.

Erst da kam es uns zu Bewußtsein, wieviel wir selber abbekommen hatten. Ich darf darüber natürlich nicht schreiben, aber alles das macht doch nicht die Riesenfreude wett über diese erste Seeschlacht und der ersten großen Seesieg. [...]

Nun muss ich noch etwas über die Besatzung sagen. Von Lampen- oder Schlachtenfieber (Sausen der ersten Granaten) habe ich bei keinem einzigen etwas gemerkt. Es mag die Hauptursache dafür der Kommandant sein, der mit einer wahren Bierruhe das Schiff in der Schlacht und in der Nacht führte. Dabei war er von morgens 4 Uhr vom 31. V. bis zum Nachmittag des 1. VI. 4 Uhr ununterbrochen auf der Brücke mit einer kleinen Pause am Vormittag des 31.V.

Mir selbst ging es natürlich nicht viel anders, aber noch nie ist mir die Zeit so schnell um gegangen wie in dieser Zeit, nur die Nacht war etwas länglich. Man dachte immer, es sollte Tag werden oder die Preußen kämen.

Kapitänleutnant Hermann Boehm

Herman Boehm trat im April 1903 als Seeoffiziersanwärter in die Kaiserliche Marine ein. Nach der normalen Friedensausbildung wurde er vorrangig bei der Ausbildung der Schiffsjungen (Unteroffiziere) und Offiziersanwärter eingesetzt. Im April 1910 erfolgte auf eigenen Wunsch die Versetzung zur VI. Torpedobootsflottille, wo er als Wachoffizier ausgebildet wurde. 1912 übernahm er als Kommandant das Torpedoboot S 96 und später folgten weitere Boote. Während des Krieges nahm er an unzähligen Kampfeinsätzen in Nord- und Ostsee teil; in der Skagerrakschlacht führte er das Torpedoboot G 41.[50] Seine Eindrücke von der Schlacht schrieb er in seinen „Persönlichen Erinnerungen. Nur für die Familie" nieder, deren Ausarbeitung er um 1947 begann. Sein phänomenales Gedächtnis, aber auch frühere Aufzeichnungen, Briefe und offizielle Dokumente haben sicherlich zu der authentischen Schilderung beigetragen.[51]

Bericht des Kapitänleutnants Hermann Boehm auf G 41 (Auszug)

Die erhöhte Tätigkeit unter Admiral Scheer führte unsere Flotte mit allen fahrbereiten Schiffen und Booten am 30. Mai 1916 hinaus in der Richtung nach dem Skagerrak und zu der danach benannten grössten Schlacht moderner Flotten.

Bereits in der Nacht vom 30. zum 31. Mai 1916 lief die VI. Flottille gemeinsam mit den modernsten Kreuzern der II. A.G. [Aufklärungsgruppe] aus, um noch vor den Schlachtkreuzern einen Sicherungsgürtel zu bilden, wobei mein Boot G 41 bei dem Kreuzer WIESBADEN in vorderster Linie stand, so dass ich alle Phasen der Schlacht von Beginn an erleben konnte. Auf die erste Meldung über das Sichten des Feindes sammelte die II. A.G. für sich, die VI. Flottille nach den Schlachtkreuzern hin, um sich planmässig an deren Spitze zu setzen.

Noch bevor diese Position erreicht war, jedoch in Sicht unserer und der feindlichen Schlachtkreuzer, eröffneten erstere das Feuer, – ein gewaltiger Anblick; die Schlacht begann. So hatten wir, an der Linie aufdampfend, die Möglichkeit, die erste klassische Phase der Schlacht, in der Hipper den Feind nach Süden auf das eigene Gros zog, aus unmittelbarer Nähe zu betrachten. Wir sahen die Einwirkung des feindlichen Feuers auf unsere Schiffe in unmittelbarer Nähe, – wir

---

[50] Boehm wurde 1938 Flottenchef der Kriegsmarine. Zuvor war er bereits Befehlshaber der Aufklärungsstreitkräfte (B.d.A.) gewesen, und damit sowohl Nachfolger von Admiral Hipper als auch von Admiral Scheer. Er war kein Anhänger der sogenannten Tirpitzschule, sondern entwickelte als B.d.A. die Kampfgruppentaktik, mit der die Kriegsmarine ihre Aufgaben im Krieg zu erfüllen suchte.
[51] Boehm, Hermann: Persönliche Erinnerungen. Nur für die Familie geschrieben, Marutendorf, Eutin, o.J., S. 51-54.

erlebten aber vor allem mit begeisterter Genugtuung das Ergebnis deutschen Könnens, indem 5 Schlachtkreuzer binnen einer Kampfstunde von den 6 englischen bereits 2 vernichteten, QUEEN MARY und INDEFATIGABLE. [...]

In dem nun folgenden zweiten Hauptabschnitt der Schlacht, dem Kampf der Linien, war es unser Bestreben, wieder den Platz an der Spitze der [deutschen] Schlachtkreuzer zu gewinnen. So einfach dies klingt, so schwierig war dies auf dem durch Witterungseinflüsse und Pulverqualm immer unübersichtlicher werdenden Kampfplatze mit seinem Durcheinander der Schiffe. Fahrtechnisch stellte dies höchste Anforderungen an uns, denen wir nur durch unsere vorzügliche Schulung gewachsen waren. [...]

Der sinkende Tag brachte für die kämpfenden Linien und damit auch für uns den Höhepunkt der Schlacht. Es ist bekannt, wie die deutsche Linie durch Ungunst der schlechten Sichtverhältnisse, die überlegene Zahl der feindlichen Geschwader und eigenen Angriffsgeist in die nachteilige Position kam, so dass ihre Spitze vom Gegner umklammert war und schwer litt, und wie Scheer durch seine historisch berühmte Kehrtwendung im feindlichen Feuer die deutsche Flotte aus dieser Lage herausriss, während wir, die beiden „Angriffsflottillen", den Gegner zum Abstaffeln zwangen. „XI. und VI. Flottille Z vor", – das so oft in Friedenszeiten gesehene Angriffs-Signal wurde jetzt zu schwerem Ernst. In breiter Formation brachen wir vor, ohne den Feind zunächst zu sehen, – aber als wir den Rauchwall vor uns durchstossen hatten, lag vor uns wie ein gewaltiger feuernder Ring die gesamte englische Flotte – ein unvergesslicher Anblick! Das gesamte Artilleriefeuer aller Kaliber bis zum 38 cm ging sofort auf uns über, lag aber meist etwas zu weit. „Hast'n fliegen sehen?" sagte Max Schultz, wenn ein solches Geschoß grössten Kalibers, deutlich sichtbar, über uns hinwegfegte und hinter uns zerbarst. Wie auf dem Manöverfelde erfolgte der Angriff, laufend kam die Entfernung vom Messstand, da wir befehlsgemäss auf 65 km heran an den Feind sollten. Kurz bevor wir diese Entfernung erreichten, schlug eine 15 cm-Granate in die Back meines Bootes spitz von vorn ein, durchschlug nach unten das Vorschiff, so dass es Wasser machte; die Masse der Sprengstücke durchsiebte die Kommandobrücke. Eine grosse Zahl von Gefechtsposten fiel aus, dem A.O. wurde der rechte Arm zerschmettert, dem T.O. ein Stück Fleisch aus einem Bein herausgerissen. Er hielt sich am Zielpfahl fest und schoss seine zwei Torpedos, ehe er umsank. Tote gab es zum Glück nicht, aber die Zahl der Verletzten war groß.

Wie beim Manöver hatten wir durchgehalten und die befohlene Entfernung zum Gegner erreicht. Der Flottillenchef gab den Befehl zum Abdrehen und Feuererlaubnis, gleichzeitig klatschten die Torpedos ins Wasser, nahmen Kurs auf den Feind, welcher abstaffelte und so seine günstige Stellung zur deutschen Flotte aufgab. Der taktische Zweck des Angriffs war erreicht. Unter Legen einer künstlichen Rauchwand liefen wir zurück. Wir hatten kein Boot verloren, bei der IX. Flottille wurde S 35, Kommandant mein Freund Fritz Ihn, von einer 38 cm-Granate getroffen. Ihn hatte vorher in der ersten Gefechtsphase die Besatzung eines anderen untergegangenen Bootes gerettet, – von beiden Besatzungen blieb jetzt kein Mann am Leben. – Lachend schlug mir den Flottillenchef beim Ablaufen auf die Schulter: „Das haben wir gut gemacht!" Als er sich umwandte, stand hinter ihm sein Bursche, ein Tablett mit dem Abendbrot in der Hand.

Torpedo-Obermatrose Wilhelm Kessler

Wilhelm Kessler tat 1916 Dienst auf dem Torpedoboot G 41. Mit Beginn der Kämpfe übernahm er seine Position als Gefechtsrudergänger. Seine Bemerkungen ergänzten den vorherigen Bericht des Kommandanten Hermann Boehm. Kesslers Erinnerungsbericht erschien 1938 in dem Sammelband „Das Volksbuch vom Skagerrak. Augenzeugenberichte von deutschen und englischen Mitkämpfern", herausgegeben von Fritz Otto Busch.[52]

Bericht des Torpedo-Obermatrosen Wilhelm Kessler auf G 41 (Auszug)

Ich war damals Gefechtsrudergänger an Bord des Flottillenfahrzeuges der VI. Torpedobootsflottille, Chef Korvettenkapitän Max Schultz, Kommandant Kapitänleutnant Hermann Boehm. Mit der 2. Rotte[53]

---

[52] Busch, Fritz Otto: Das Volksbuch vom Skagerrak. Augenzeugenberichte von deutschen und englischen Mitkämpfern, Berlin 1938, S. 46-48, hier: 47.
[53] Rotte: Zwei Boote im gemeinsamen Einsatz.

der 11. Halbflottille waren wir dem Kreuzer WIESBADEN zugeteilt, mit dem wir in Steuerbordstaffel vormarschierten. Gegen vier Uhr Nachmittag ruft der Kommandant: „Kessler ans Ruder!" Au Backe – wenn dieser Ruf erscholl, da war's schon immer so ein bisschen dicke Luft. Und richtig, wie ich auf die Brücke komme, herrscht schon lebhafter Betrieb. Leichtes Geschützfeuer rechts voraus. Hiasl, mein bayerischer Freund und Maschinentelegraphenposten sagt: „Hoffentlich is dös net bloß a Fischdampfer." Da meldet sich auch schon die rechts voraus stehende FRANKFURT: „Befinde mich im Gefecht mit feindlichen Leichten Kreuzern". Nun aber Klar Schiff zum Gefecht, Alarm und auf Gefechtsstationen. WIESBADEN erhöht die Fahrt auf „Äußerste Kraft". Aber ach – wir kommen nicht näher.[54] Korvettenkapitän Schultz rief: „Winkspruch an WIESBADEN. Flottillenchef (Fch.) an Kommandant (K). Bitte vorbeilaufen zu dürfen, um schneller an den Feind zukommen." Antwort von WIESBADEN: „Bitte sehr, ich kann es Ihnen nachfühlen!" Wir hätten alle Hurra schreien mögen.

Besatzungsmitglieder auf G 41

Die Ereignisse im Skagerrak fand in der deutschen Presse ein großes Echo. In den Folgetagen erschienen in zahlreichen Zeitungen und Wochenblättern Berichte über die Schlacht, wie hier in der „Kölnschen Volkszeitung", Nr. 173, von Sonntag, dem 11. Juni 1916. Nach einem Gespräch mit drei Besatzungsmitgliedern von G 41 gibt der Redakteur ihre Eindrücke mit seinen eigenen Worten wieder.

Bericht von Besatzungsmitgliedern auf G 41 (Auszug)

Die Seeschlacht am Skagerrak.

Z vor!

Eigener Bericht der Köln. Volkszeitung.

Verbandssteuermann W. von einer Torpedobootsflottille, Obersteuerbordmaat G. von einem Boot der gleichen Halbflottille und der Signalmaat W. St. des Torpedobootes, dass seiner Zeit den KING

---

[54] WIESBADEN lief an Höchstgeschwindigkeit 27,5 Knoten, die begleitenden Torpedoboote konnten maximal 33,5 Knoten erreichen.

STEPHEN sprengte, erzählen mir ihre Erlebnisse und Eindrücke aus der Skagerrakschlacht: [...]

Da endlich kam der 31. Mai, und da fuhren wir wie so oft, aus. Wir dachten, es sei abermals eine gewöhnliche Uebungsfahrt, obgleich die großen Schiffe mit ihren dicken Brummern auch mitgenommen wurden. Wir fuhren an der Küste aufklärend voran. Da nachmittags gegen vier Uhr sichteten wir kleine englische Kreuzer. Wie eine Freudenbotschaft lief die Nachricht von Mann zu Mann. [...] Endlich kann es losgehen! Alles klar zum Angriff, obwohl die Kreuzer in großer Entfernung liefen. Aber leider rissen die Engländer gleich mit Volldampf aus. [...]

„Z vor!"-Signal ging hoch. Und jeden packte es bis ins innerste Herz, Torpedoboote klar zum Gefecht. Darauf haben wir zwei Jahre lang gewartet. Aus den englischen Panzerkreuzern flogen bereits die großen 38-Zentimeter-Granaten um das Boot, wie dicke Fliegen im Hochsommer um den Speck. Keine einzige traf uns. Da steigerte sich die Begeisterung fast bis zum Uebermut. Die Kaltblütigkeit unserer Kommandanten steckte uns an. Mit eisiger Ruhe gaben sie Befehle. Nur durch geschicktes und schnelles Manövrieren konnten wir den englischen Salven ausweichen.

Es war keine Kleinigkeit, denn hageldicht fielen die Geschosse, und minutenlang sah man nichts vor Rauch, Dampf und Wasser. Torpedoboot schoß an Torpedoboot vorbei, die kleinen Kreuzer kamen dazwischen. Aber mitten in diesem Höllenbetrieb verzehrten wir seelenruhig Abendbrot, denn es war inzwischen sieben Uhr geworden, und wir hatten gewaltigen Hunger. In der einen Hand die Pulle, in der anderen das Glas, in der einen Hand die Boulliontasse, in der anderen den Stift zum Einzeichnen der Kurse, mit einer Hand beim Essen, mit der anderen beim Dienst. So hatten wir es beim Manöver gemacht, so trieben wir es jetzt mitten in der Schlacht.

Das Wetter nach Westen war diesig und die großen Engländer waren zwischendurch nur als Schattenrisse zu erkennen. „Fahrt doch direkt heran, damit wir sie mit Kartoffeln schmeißen können," riefen unsere Leute einander zu, „ihr trefft ja sonst doch nichts!" Die Leute scherzten und ödeten in wahrem Uebermut. [...]

Etwa 9000 Meter weit waren die Engländer von uns ab. Ran an den Feind. Erst 8600 Meter, dann 8000 Meter rückten wir auf, immer näher. Aber da ging das Spektakel von drüben los. Ein Seitenfeuer von allen Kalibern überschüttete uns.

„Mein Flottillenchef," erzählte der zweite, „ließ sich vergnügt seine Bouillon nach oben bringen, trank sie und teilte sie mit den anderen Leuten."

„Meiner rauchte ruhig seine Zigarette, wie ich selber mein schlechtes Kraut weiter rauchte," erzählte der Dritte.

Wir waren gerade ziemlich nahe herangekommen, da flog gerade beim Abdrehen zum Torpedoschuss ein Treffer mittleren Kalibers vorne gegen die Back und durch die Wandung. Unter Deck wurde niemand verletzt.

Oben an Deck sah es ziemlich übel aus, bis die Leute den gelben Pulverschleim aus den Augen gewischt hatten und wieder klar sehen konnten. Der Torpedooffizier hatte eine schmerzliche, schwere Fleischwunde am Bein erhalten, der Artillerieoffizier am Arm. Andere waren am Kopf „angekratzt", wieder andere hatten ein paar Beulen weg, wie ich selber auch, und dem Heizer, der eben die Boullion gebracht hatte, riß ein Splitter den Arm auf.

Der Torpedooffizier aber achtete zuerst auf seine Verwundung garnicht. Er hatte sie beim Abschuß des ersten Torpedos erlitten. Jetzt beim zweiten Torpedo wollten ihn der Schmerz und der Blutverlust überwältigen, aber er schüttelte nur den Kopf und erklärte: „Nein, erst muß auch der dritte Torpedo heraus." Dann erst ließ er sich verbinden und ins Kartenhaus tragen.

Ich habe keinen Schmerzenslaut, kein Jammern von einem Verwundeten gehört, höchstens ein ärgerliches Bedauern, daß er jetzt nicht mehr mit helfen könne.

Wie er es gelernt, kam nach dem Treffen plötzlich der Maschinenmaat auf Deck und machte vorschriftsmäßig, ganz wie im Manöver seine Meldung: „Treffer im Vorschiff. Boot macht kein Wasser, Leck wird gedichtet." Um das Leck aber kümmerte sich keiner weiter.

Ein anderes Boot hatte einen Treffer in den Heizraum erhalten. Es war eine 15-Zentimeter-Granate. Sie riß ein gewaltiges Loch.

Der Dampf strömte aus. Wieder sah es einen Augenblick lang oben böse aus. Auf Deck waren die Nächststehenden vom Luftdruck zu Boden geschleudert worden.

Unser Kommandant aber, erzählte der Maat, erhob sich, schaute verwundert nach hinten und nach vorn und erklärte einfach: „Der Kahn läuft ja noch!" Und als ob nichts geschehen, kommandierte und fuhr er weiter.

Der Heizer kam nach oben. Die Leute aber krochen mitten im Gefecht durch das Granatloch und ein Heizer hatte erzählt, daß die Granate unten im Schiffboden liege. Wirklich, wir fanden die „Dicke", wie sie unten eingeklemmt und nicht krepiert war. Mit dem 15er im Leibe fuhren und kämpften wir weiter, als wenn einer einen kleinen Dorn in die Hand bekommen hätte.

Unser Torpedobootsangriff hatte Erfolg. Die Engländer drehten ab. So deckten und schützten wir unsere eigenen Kreuzer. Der Erfolg der Schacht war damit entschieden, und stolzen Herzens folgten wir nachts um 11 Uhr dem Befehl zum Sammeln."

Korvettenkapitän Erich Raeder

Erich Raeder trat 1894 in die Kaiserliche Marine ein. Als Bester seines Jahrganges besetzte er stets Spitzenpositionen an Bord und an Land. Seine Stärken lagen auf dem Gebiet des Admiralstabsdienstes. Während der Skagerrakschlacht diente er im Rang eines Korvettenkapitäns als I. Admiralstabsoffizier (I. Asto) im Stab des Befehlshabers der Aufklärungsstreitkräfte (B.d.A.) und war damit einer der unmittelbaren und einflussreichen Berater des Befehlshabers. Nach der Schlacht wurde er mit dem Hohenzollernschen Hausorden mit Schwertern ausgezeichnet.[55] Im ersten Band seiner 1956 geschriebenen Lebenserinnerungen „Mein Leben" schildert er seine Eindrücke aus der Schlacht. Diese Memoiren entstanden mit Hilfe eines Autorenkollektivs unter der Leitung von Admiral a.D. Erich Förste. Zum Quellenmaterial merkte Raeder an: „Meine zahlreichen Niederschriften aus früheren Zeiten gaben mir aber die Möglichkeit, die zurückliegenden Ereignisse, Entwicklungen und Gedanken – einschließlich der Irrtü-

---

[55] Von Oktober 1928 bis Januar 1943 war Raeder Oberbefehlshaber der Reichs- und Kriegsmarine.

mer, die wir heute erkennen – aus der damaligen Sicht niederzulegen.«[56]

Bericht des Korvettenkapitäns Erich Raeder auf SMS Lützow (Auszug)

Ich meldete Vizeadmiral Hipper, daß wohl der Augenblick gekommen sei, auf einen anderen Schlachtkreuzer überzusteigen, um die Führung des Verbandes in der Hand zu behalten. Es entsprach der ritterlichen Einstellung meines Befehlshabers, wenn er zunächst unwirsch äußerte, er dächte nicht daran, sein Flaggschiff zu verlassen. Da ich seine Art genau kannte, erwiderte ich zunächst nichts, wies ihn aber nach einigen Minuten auf die ständig größer werdende Entfernung des Verbandes der eigenen Schlachtkreuzer hin, deren Führung ihm obliege. Von Lützow aus wäre dies schon deswegen nicht möglich, weil die Funkentelegraphie des Schiffes ausgefallen sei.

Vizeadmiral Hipper stimmte nun sofort zu. Die unter Führung von Korvettenkapitän Conrad Albrecht stehende I. Torpedoboots-Halb-flottille wurde herangerufen. Vier ihrer Boote wurden dem havarierten Schlachtkreuzer zur Begleitung und zum Einnebeln zugeteilt, während das Führerboot G 39 mit dem Chef der Halbflottille Befehl erhielt, längsseits zu kommen. Mitten im schweren feindlichen Feuer und heftig schlingernd machte das Torpedoboot unter sicherer Führung seines Kommandanten, Oberleutnant zur See von Loefen, ein glattes Anlegemanöver, so daß der B.d.A.-Stab von Lützow auf G 39 überwechseln konnte. Nach der späteren Schilderung von Korvettenkapitän Albrecht hat es auf die Besatzung seines Führerbootes einen tiefen Eindruck gemacht, wie Admiral Hipper im Höhepunkt der Schlacht frisch und gelassen von der Schanze des Schlachtkreuzers auf die Back des Torpedobootes übergestiegen sei und in voller Ruhe den Befehl erteilt hätte, der I. Aufklärungsgruppe zu folgen. Die Führung des Verbandes hatte inzwischen der älteste Kommandant, Kapitän zur See Herzog, von Derfflinger aus übernommen. Im Augenblick, als G 39 ablegte, erhielt Lützow einen wei-

---

[56] Raeder, Erich: Mein Leben, Bd. 1: Bis zum Flottenabkommen mit England 1935, Tübingen 1956, Vorwort, S. 11; Zitate zur Skagerrakschlacht, S.116-118.

teren schweren Treffer in einen Geschützturm, wodurch die Pulver-munition mit heller Stichflamme abbrannte.

Die nun folgenden zwei Stunden, die wir mit dem B.d.A.-Stab auf der Torpedobootsbrücke vom G 39 verbrachten, gehören zweifel-los trotz der freundlichen Aufnahme und der sehr erwünschten Stär-kung durch Speise und Trank zu den ungemütlichsten der ganzen Kriegszeit. Denn eine verantwortliche Tätigkeit konnten wir während dieser Stunden nicht ausüben. G 39 hatte Befehl, den Anschluß an die Schlachtkreuzer so schnell wie möglich zu erreichen. Es mußte dabei aber den zum Angriff anlaufenden deutschen Torpedobootsflottillen aus dem Weg gehen und kam dadurch vielfach in feindliches Feuer, ohne doch irgendwie selbst kämpfen zu können. Wir erlebten in die-ser Weise die Phase der nochmaligen Kehrtwendung der Flotte auf den Gegner zu, sowie die der endgültigen Abwendung unter Ansatz der Schlachtkreuzer und Torpedobootsflottillen auf die englische Ge-fechtslinie.

Das den Schlachtkreuzern vom Flottenchef gegebene Signal „R" – d.h. „Ran an den Feind, voller Einsatz" – schien uns zunächst nicht der Lage zu entsprechen, da einmal die Schlachtkreuzer bereits stark gelitten hatten und eine erheblich Artilleriewirkung nicht mehr ausüben konnten und andererseits ein Einbruch in die verhältnismä-ßig noch intakte feindliche Linie kaum Erfolg versprach. Wie wir uns richtig vorstellten, entsprang dieser Befehl der impulsiven Art des Flottenchefs, der damit bewirken wollte, daß die Schlachtkreuzer den Angriff der Torpedobootsflottillen energisch unterstützen sollten. Das sehr bald folgende Gefechtssignal „T" – d.h. „Auf die feindliche Spitze operieren" – gestattet dann den Schlachtkreuzern, wieder auf parallelen Kurs zur feindlichen Linie zu gehen und nach Beendigung des Torpedoangriffs mit den Flottillen Anschluß an das eigene Gros zu suchen. Nun endlich war es unserem Torpedoboot möglich, in die Nähe der I. Aufklärungsgruppe zu kommen, die bei dem letzten Vor-stoß wiederum stark gelitten hatte.

Nun endlich war es unserem Torpedoboot möglich, in die Nähe der I. Aufklärungsgruppe zu kommen, die bei dem letzten Vor-stoß wiederum stark gelitten hatte.

Durch Winkspruch ließ der B.d.A. feststellen, welches der Schiffe nach dem Zustand seiner Funkentelegrafieanlage und Fahrbereitschaft sich am besten als Flaggschiff eignen würde. MOLTKE schien am ehesten dafür in Frage zu kommen. Der Verband, der im Begriff war, mit hoher Fahrt an die nunmehrige Spitze der Flottengefechtslinie zu gelangen, bekam Befehl zum Stoppen. Als unser Torpedoboot gerade längsseits der MOLTKE gehen wollte, richtete sich erneut Geschützfeuer gegen den gestoppt liegenden Verband, der daraufhin sofort wieder auf hohe Fahrtgehen mußte. [...] Erst danach gelang das Übersteigen auf MOLTKE , die sich an die Spitze der Gruppe setzte und auf Befehl des B.d.A. das Torpedoboot G 39 bei sich behielt, das seine Funkeinrichtungen noch intakt hatte, während diese auf MOLTKE, wie sich inzwischen herausstellte, doch nicht mehr einwandfrei arbeitete.

Felix Schwormstädt: Im 30,5-cm-Geschützturm eines neuen Großkampfschiffes
während des Gefechts, 1915 (Ausschnitt)
(Sammlung Eberhard Kliem)

Kapitel 6
Im Geschützturm

Die Indienststellung des neuen „schnellen Linienschiffes" vom Typ
DREADNOUGHT in der britischen Royal Navy führte bei allen vergleichbaren seefahrenden Nationen ebenfalls zu ähnlichen konstruktiven und baulichen Bemühungen.[57] Sie alle hatten das Ziel, ein
gleichwertiges, vielleicht sogar besseres – in diesem Fall ein noch
kampfkräftigeres – Schiff zu schaffen. Im Mittelpunkt dieser Bestre-
bungen stand die Kampfwertsteigerung der schweren Artillerie, denn
eine Seeschlacht wurde nach damaliger Ansicht durch den effektiven
Einsatz der schweren Artillerie entschieden. Die Seeschlacht von
Tsushima zwischen der russischen und der japanischen Hochseeflotte
am 27./28. Mai 1905 hatte dies eindeutig bewiesen, denn der aller-
größte Teil der russischen Flotte war der schweren Artillerie ihrer
japanischen Gegner zum Opfer gefallen. Es galt also, bei diesem neu-
en Schiffstyp – auch „All-big-gun-ship" genannt – sowohl die Anzahl
der schweren Geschütze, ihr Kaliber und ihre Reichweite deutlich zu
steigern. Hinzu kam die Nutzung geeigneter Munition, ihre ausrei-
chende Bevorratung an Bord und ihre sichere Lagerung in Munitionskammern unter dem Panzerdeck. Um all diese Vorteile effektiv zu
nutzen, waren insbesondere auch entsprechende Beobachtungsopti-
ken, Feuerleitanlagen und Schießverfahren notwendig, die von den
Schiffsbesatzungen intensiv eingeübt werden mussten.

Auch die Kaiserliche Marine entwickelte schnelle Schlachtkreuzer und Schlachtschiffe, deren Hauptartillerie kontinuierlich sowohl hinsichtlich der Anzahl der Türme und Rohre als auch im Kaliber bis zum Zeitpunkt der Skagerrakschlacht bis auf 30,5 cm verbes-
sert worden war. Auf den neuesten Schlachtschiffen der britischen
Grand Fleet wurde allerdings bereits das Kaliber 38,0 cm verwendet –
im direkten Duell ein gewaltiger Vorteil gegenüber den deutschen
Schlachtschiffen.

---

[57] Zur Entwicklung des neuen Schiffstyps siehe: Massie, Robert, K.: Dreadnought.
Britain, Germany and the coming of the war, London 1991.

Auf dem Schlachtkreuzer DERFFLINGER gehörten – bei einer Gesamtbesatzung von ca. 1400 Mann – zum gesamten Bereich der schweren Artillerie mit insgesamt vier Doppeltürmen mit zusammen acht Geschützen des Kaliber 28 cm und zehn Einzeltürme des Kaliber 15 cm: elf Offiziere, zehn Fähnriche und Deckoffiziere und insgesamt 750 Unteroffiziere und Mannschaften.[58]

Die schwere Artillerie wurde aus dem „vorderen Artillerie-Leitstand" geleitet. Dieser war leicht erhöht an den hinteren Teil des eigentlichen Kommandoturms angebaut und bestand in Gänze aus schwer gepanzertem 350 mm starken Nickelstahl. Von hier leitete der 1. Artillerieoffizier den Einsatz der schweren Türme. Dazu standen ihm im Panzerstand insgesamt 23 Soldaten verschiedenster Dienstgrade zur Verfügung. Von großer Bedeutung war das sogenannte „Krähennest" – eine Beobachtungsplattform im Vormars (dem größeren Mast hinter der Brücke) des Schiffes, die wesentlich höher als der eigentliche Leitstand lag und deren Bemannung damit auch Messergebnisse über den Gegner ermitteln konnte, den der ca. 30 Meter tiefer liegende Leitstand – bisweilen auch in Rauch, Qualm und Abgasen gehüllt – nicht ermitteln konnte.

Korvettenkapitän Richard Foerster

Richard Foerster trat am 12. April 1899 in die Kaiserliche Marine ein und durchlief erfolgreich die normale Ausbildung eines Seeoffiziersanwärters. Schon früh spezialisierte er sich auf dem Gebiet der Artillerie und diente auf verschiedenen Kleinen Kreuzern und Panzerkreuzern als II. bzw. I. Artillerieoffizier. Am 22. Mai 1913 übernahm er den Dienstposten des I. Artillerieoffiziers auf dem Schlachtkreuzer SEYDLITZ, auf dem er auch an der Skagerrakschlacht teilnahm. Allgemein galt er in der Hochseeflotte als der beste Offizier seines Faches. SEYDLITZ war das Flaggschiff des Befehlshabers der Aufklärungsschiffe, Admiral Hipper. Der Bericht mit dem Titel „Die Seeschlacht vor dem Skagerrak am 31. Mai 1916" befindet sich als maschinengeschriebenes Manuskript in der Bibliothek der Marineschule Mürwik. Er ist undatiert, muss aber in dieser Version frühestens im

---

[58] Angaben nach Gröner, Erich: Die deutschen Kriegsschiffe 1815-1945, München 1966

November 1916 geschrieben worden sein, da Foerster in der Überschrift seinen Dienstposten mit Reichsmarineamt Berlin angibt. Dorthin war er am 16. November 1916 versetzt worden.[59]

Bericht des Korvettenkapitäns Richard Foerster auf SMS SEYDLITZ (Auszug)

Der 31. Mai war klar und schön. Es wehte eine frische Brise aus Nordwest, die leider die Verwendung unserer Luftschiffe als Aufklärer unmöglich machte. Aber unserer Flottenchef, Admiral Scheer, wollte nicht noch länger auf Luftschiffwetter warten, er wollte „raus und ran". [...] Ich saß kurz vor 4 Uhr mit meiner Steuerbordwache in der Messe, und wir sprachen über die Möglichkeit, dass wir nun doch wohl wieder Kehrt machen und unverrichteter Sache nach Hause fahren würden. Da rasselte plötzlich unsere Rudermaschine auffällig hastig und andauernd unter uns; das hieß, es wurde schnell hart Ruder gelegt, es musste also irgendetwas Besonderes geschehen sein. Ich lief an Deck und sah, dass die Panzerkreuzer nach Backbord abgedreht hatten und mit äußerster Kraft nach Nordwest liefen. Da musste also etwas gesichtet oder gemeldet sein. Mit Windeseile ging es auf die Kommandobrücke; auf dem Wege dorthin klang mir auch schon das Signal von Trommel und Horn entgegen: „Klar Schiff zum Gefecht." Im Nu war alles in Bewegung und in wenigen Sekunden liefen die telephonischen Meldungen von allen Stellen im Artilleriekommandostand ein:

„Turm A (Anna) ist klar"; „Backbordkasematte ist klar"; „Munitionstransport ist klar"; „Gefechtreparaturstellen sind klar"; „Turm C (Cäsar) ist klar" usw.

Gleich darauf konnte ich dem Kommandanten die gesamte Artillerie „Klar zum Gefecht" melden. Der Kommandant besprach nun mit den älteren Offizieren die Lage nach den eingegangenen Funksprüchen. [...]

---

[59] Foerster, Richard, Die Seeschlacht vor dem Skagerrak am 31. Mai 1916, Manuskript, Marineschule Mürwik (WGAZ), Inv. Nr. 22395.

Inzwischen waren wir mit brausender Fahrt immer näher an die feindlichen Streitkräfte herangekommen und sichteten nun, bei dem klaren Wetter auf noch nicht messbare Entfernung, mehrere feindliche Großkampfsschiffe. [...]

Als wir in günstiger Stellung zum Feinde waren, drehten wir nach Süden ab, um die feindlichen Schlachtkreuzer im laufenden Gefecht auf parallelen Kursen auf unser im Anmarsch befindliches Gros zu ziehen. Hinter den englischen Panzerkreuzern bemerkten wir Linienschiffe, die wir als Schiffe der MALAYA-Klasse ausmachten; wir mussten also von vornherein mit einer doppelten Übermacht rechnen. Auf dem südlichen Kurse kamen sich beide Panzerkreuzerlinien immer näher. Mein Entfernungen, 200 hm, 190 hm, 180 hm, 170 hm, 160 hm; na, will denn keiner Feuer eröffnen? Von unserer Seite aus konnte ich es ja verstehen, denn uns lag daran, möglichst nahe an den Gegner heranzukommen, da dann die Wirkung unserer Geschosse auf den verhältnismäßig schwachen Panzer der englischen Schiffe sicherer war, aber der Engländer war doch bisher nicht so zurückhaltend!

150 hm – Signal vom Flaggschiff: „Feuer eröffnen!" Noch ein „Drauf SEYDLITZ!", die Schlachtparole des alten Reitergenerals, die auch wir zu unserer Schlachtparole gemacht hatten, dann das Kommando „Salve feuern", und „rumms" sausen unsere 28 cm-Granaten mit einem Ruck zugleich aus den Rohren.

Unser Ziel war, der taktischen Stellung in der eigenen Linie entsprechend, das dritte Schiff der feindlichen Linie, das ich als die QUEEN MARY erkannte. Sie war sozusagen unser englisches Schwesterschiff: Zur selben Zeit gebaut, fast am demselben Tage in Dienst gestellt, ungefähr gleich groß, und der Stolz der englischen Flotte.

Unmittelbar, nachdem wir unsere erste Salve gefeuert hatten, sah ich auch bei unseren Gegnern das Aufblitzen des Mündungsfeuers, und kurz darauf kamen denn auch die ersten freundlichen Grüße bei uns an. Und nun ging das Toben der Schlacht los, ein ohrenbetäubender Lärm, das Donnern des eigenen Geschützfeuers und das der übrigen Schiffe der eigenen Linie, vermischt mit dem Krachen der um uns herum im Wasser zerberstenden Granaten. Das Meer schien in weitem Umkreise zu kochen, die Oberfläche war aufgewühlt von dem Einschlagen der unzähligen Granatsplitter, hin und wieder stieg eine turmhohe Wassersäule, durch ein detonierendes schweres Geschoß aufgeworfen, senkrecht empor. Wir hatten unsern Gegner, die QUEEN MARY, schnell in der Gabel, d. h. eine Salve weit, die nächste Salve kurz, und hielten sie nun in schnellem Salvenfeuer fest. Da, etwa 10 Minuten nach dem Eröffnen des Feuers, meldet mir Häbler durchs Telefon: „Turm Cäsar gibt keine Antwort, aus den Sprachrohren von Turm Cäsar dringt Rauch in die Artilleriezentrale." Das war wörtlich genau dieselbe Meldung, wie ich sie am 24. Januar auf der Doggerbank bekommen hatte, auch gleich nach Beginn des Gefechts. Ich wusste also, was diese Meldung zu bedeuten hatte. Die Kartuschen waren in Brand geraten, der Turm war außer Gefecht gesetzt.

Fast mechanisch gab ich den Befehl: „Kammern Turm C fluten", das heißt unter Wasser setzen, dann ging das Schießen weiter. Die Salven saßen gut, wenn auch auf die Riesenentfernung – 130 bis 140 hm (also 13-14 km) die Wirkung von Treffern im Einzelnen nicht zu erkennen war. Plötzlich sehe ich auf unserm Gegner im Achterschiff eine Stichflamme auflodern, sie wächst zusehends, und nun bietet sich dem Auge ein Schauspiel, wie es wohl erschütternder nicht gedacht werden kann. In einer ungeheuren Rauchwolke scheint sich das Schiff aus dem Wasser zu heben, es zerbricht in der Mitte, Teile fliegen umher, das ganze Bild ist eingerahmt von einem blauroten Feuerschein. In meinem Gefechtsprotokoll finde ich verzeichnet: „6^{22} Uhr unser Gegner fliegt in die Luft Richtung 88°, 130 hm." Einen Augenblick stockt der Betrieb, überallhin im Schiff geht durch Telefone und Sprachrohre die Meldung „Unser Gegner fliegt in die Luft"; „Drauf SEYDLITZ" ist die Antwort, und mit doppelter Begeisterung geht's an die Arbeit. „Zielwechsel rechts auf das nächste Schiff der feindlichen Linie", kommandiere ich, und der Zweikampf geht mit dem neuen Gegner weiter.

Gegen 6^{30} Uhr durchbrechen die englischen Zerstörer ihre Linien und brausen zum Angriff auf uns los; da kriegte der zweite Artillerieoffizier Ariel Löwe was zu tun für seine Mittelartillerie, und die sinkenden und angeschossenen Zerstörer werden manche Seydlitz-Granate geschluckt haben. Als Quittung auf den englischen Zerstörerangriff setzen wir einen Angriff unserer Torpedoboote; das war eine wilde Schlacht der Boote zwischen den beiden Kreuzerlinien, ein wunderbar schönes Bild einer modernen Seeschlacht. Doch für Betrachtungen wird einem im Gefecht keine Zeit gelassen; plötzlich gibt es einen Riesenknall in unmittelbarer Nähe des Kommandoturms, ich fliege hoch, stoße mit dem Kopf oben irgendwo gegen, mir erschient es rot vor den Augen; das Schiff legt sich hart nach einer Seite über und richtet sich nur langsam wieder auf. Was war da nur passiert? Ich glaubte zunächst, eine schwere Granate hätte den Kommandostand getroffen und musste an die Hammel denken, die wir im Frieden bei unseren Schießversuchen gegen Kommandostände an den wichtigen Stellen der Stände, das heißt an den Plätzen der leitenden Offiziere, unterzubringen pflegten. In den Berichten über das Ergebnis der Versuche hieß es meistens: „Beschädigungen so und so, der Hammel lebt". Wir lebten auch, dieses tröstliche Gefühl hatte ich, aber ich fürchtete, meinen Augen sei etwas passiert, denn ich hatte einen scharfen Stoß in die Gegend der Augen bekommen. Ich überzeugte mich mit einem Blick durchs Beobachtungsglas, dass beide Augen in Ordnung waren, der rote Schimmer stammte von Blut, das aus einer Stirnwunde gerade über das Auge lief. Es konnte also weitergehen. Die englischen Linienschiffe waren inzwischen so nahe herangekommen, dass sie in das Gefecht eingreifen konnten; die ersten 38 cm-Geschosse dieser Schiffe sausten auf uns hernieder, wir lagen im konzentrierten Feuer der doppelten Anzahl Schiffe mit erheblich schwererer Artillerie, es fing an, ungemütlich zu werden. Da kam im Süden eine schnurgerade Linie großer Schiffe in Sicht, unser Groß, das mit äußerster Kraft zum Eingreifen in den Kampf herandampfte. Dieser Anblick veranlasste den englischen Führer, seinen Verband mach Norden herumzuwerfen. Wir drehten vor die Spitze unseres Gros und setzen das Gefecht auf nördlichem Kurse fort.

Wie ich später erfuhr, war die Ursache des Krachs ein Torpedotreffer in unser Vorschiff gewesen; er hatte uns nicht viel geschadet, nur die äußere Bordwand war durchschlagen, die innere Wand, das so genannte Torpedoschott, hatte die Wirkung nach dem Schiffsinnern zu abgehalten, so dass kein Wasser eindrang; unsere Gefechtsfähigkeit wurde nicht im geringsten beeinträchtigt. [...]

7 Uhr: „Gefechtspause, Verwundetentransport." Durch den Pulverdampf der Hunderte von feuernden Geschützen und durch den Schornsteinqualm der dauernd mit äußerster Kraft fahrenden Schiffe und Torpedoboote war die Luft in dem von den kämpfenden

Linien passierten Gebiet völlig trübe, fast neblig geworden, so dass sich die Gegner auf dem nördlichen Kurse, der in dieses verqualmte Gebiet führte, sehr bald aus Sicht verloren. Die Kampfpause wurde dazu benutzt, die Verwundeten auf die Verbandsplätze zu bringen, die Gefechtsstationen aufzuräumen und etwaige größere Gefechtsstörungen zu beseitigen. Bei mir als Leiter der Artillerie liefen die Meldungen über Vorkommnisse auf den Artilleriestationen, über den Gefechtszustand der Waffen und den Munitionsbestand ein. Dass Turm C ausgefallen war, wusste ich ja schon; ein geringer Trost lag in der Meldung, dass bei weitem nicht alle Bedienungsmannschaften gefallen waren. Wir hatten aus den Erfahrungen auf der Doggerbank gelernt, und die daraufhin angeordneten Schutzmaßnahmen hatten mehr als der Hälfte der Bedienung des Turmes C das Leben gerettet. Besonders gut hatten sich dabei die Gasschutzmasken bewährt, die gerade ein paar Tage vorher an Bord gegeben worden waren. Bis auf Turm C war die schwere Artillerie unbeschädigt. Von der Mittelartillerie wurde gemeldet: „Steuerbord VI. Kasematte ausgefallen, gesamte Bedienung tot bis auf den Pfarrer"; sonst war nirgends etwas im ganzen Schiff passiert.

Was war der Steuerbord VI. Kasematte zugestoßen? Während ich darüber nachdenke und durch telephonische Rückfragen Feststellungen machen lasse, kommen zwei vermummte Gestalten auf die Kommandobrücke, der Leutnant zur See Fließ, Kommandeur von Turm C, und der Pfarrer. Fließ war durch den Luftdruck des im Turm explodierten Pulvers mit einigen Leuten aus dem Turmluk hinaus an Deck geschleudert worden. Trotz schwerer Verbrennung – Kopf und Hände waren völlig verbrannt – war er in den hinteren Kommandostand geklettert und hatte sich dort dem Leiter der Torpedowaffe zur Verfügung gestellt. In der Gefechtspause hatte er sich dann schnell verbinden lassen und war nun auf die Kommandobrücke geeilt, um Meldung über seinen Turm zu erstatten. Der arme Kerl sah furchtbar aus; sein Kopf glich einer großen Kegelkugel, an der sich in der Gegend des Mundes eine trompetenartige Öffnung befand, die Augen sahen nur noch durch dünne Schlitze. Aber er lebte, und hatte nur den einen Wunsch, weiter mitzuhelfen. In langer Lazarettbehandlung sind später seine Brandwunden wieder einigermaßen verheilt; von den Ohren ist nur noch die Hälfte übrig geblieben.

„Nun, Herr Pfarrer? Diesmal hat es Sie aber persönlich gepackt,“ wandte ich mich zu Fenger; der hatte auch um Kopf und Bein
dicke Verbände. Wie es gekommen war konnte er natürlich nicht sagen: Sie hatten am Geschütz in Bereitschaft gestanden – er hatte als
alter Feldartillerist auf seinen Wunsch eine Station am 15 cm-
Geschütz bekommen – und hatten, da die Mittelartillerie auf die großen Entfernungen noch nicht mit schießen konnte, durch Zielfern-
rohre und Kasemattensehschlitze den Verlauf des Gefechts beobachtet. Plötzlich gibt's einen Höllenbums, die Kasematte ist mit Rauch
gefüllt, der Pfarrer fliegt, von irgendeiner Kraft unwirsch gestoßen, in
großem Bogen durch den Raum und findet sich, als er wieder zu sich
kommt, gerade vor der aufgesprungenen Ausgangstür. Mit Granatsplittern in Backe, Nacken und Bein läuft er auf den Gefechtsverbandplatz und wird dort verarztet. Aber die Aufforderung, sich hinzu-
legen, lehnt er kategorisch ab, dazu war später Zeit, jetzt gab es Wich-
tigeres zu tun. Mit bewundernswerter Energie und unter Nichtach-
tung seiner eigenen Schmerzen hat er bis zur Beendigung der Schlacht
geholfen, die Verwundeten zu verbinden, ihnen Trost zuzusprechen,
und den Sterbenden den Tod zu erleichtern. Trotz seiner schweren
Verwundung – er hat nachher wochenlang im Lazarett gelegen – hat
er sich keine Ruhe gegönnt, auch nach der Schlacht, und als am Freitag den 2. Juni noch draußen in See ein Lazarettschiff längsseit kam,
um die Verwundeten abzuholen, da ist er als Letzter von Bord gegangen, wobei er zu mir äußerte: „Es ist mir bitter schmerzlich, das Schiff
zu verlassen, bevor es in Wilhelmshaven eingelaufen ist.“

Nach fast eineinhalbstündigem Gefecht mit an Zahl und Ka-
liberstärke überlegenem Gegner: drei Treffer – und unsere anderen
Panzerkreuzer hatten noch weniger – dagegen beim Feinde zwei
Schiffe in die Luft geflogen, das war ein erhebendes und befriedigen-
des Ergebnis. Ich will hier nun nicht eine Schilderung des weiteren
Verlaufs der Schlacht in ihren einzelnen Teilen geben; das würde nur
eine Wiederholung schon vorhandener Beschreibungen der Skagerrakschlacht sein. Ich verweise hierbei den Leser in erster Linie auf das
Buch des Korvetten-Kapitäns Georg von Hase: „Die zwei weißen
Völker“. Für mich handelt es sich darum, noch einige Bilder heraus-
zugreifen aus dem Innenleben des Schiffes während der Schlacht und

an ihnen zu zeigen, in welchem Geiste selbstloser Aufopferung, im Willen zum Siege jeder Einzelne damals seine Pflicht getan hat.

In dem sich aufklärenden Dunst kommen an Backbord Großkampfschiffe in Sicht, Schiffe der MALAYA-Klasse mit 38 cm-Geschützen. Nach kurzer Kampfpause geht's wieder an die Geschütze; die Beleuchtung ist sehr ungünstig für uns geworden, die Umrisse der Schiffe sind gegen den sich allmählich verdunkelnden Osthimmel kaum zu erkennen, da feuern sie schon, man sieht vom Feind fast nur das Aufblitzen des Mündungsfeuers der Geschütze, obgleich die Entfernung jetzt erheblich geringer wird. Wir kriegen manche 38 cm-Granate aufgebrummt und können uns kaum wehren, weil wir nicht zielen und nicht beobachten können. Klatschend schlagen die schweren Geschosse dicht neben uns ins Wasser und überschütten das Schiff mit wahren Fontänen. Immer und immer wieder muss ich den Obermatrosen Lange aus dem Kommandostand herausschicken, um die Objektive des Entfernungsmessers zu säubern. Mit selbstverständlicher Ruhe klettert er unbekümmert um die ringsherum pfeifenden und krachenden Geschosse, auf die Turmdecke und macht, für eine Zeit lang wenigstens, die Beobachtung möglich.

Eine 38 cm-Granate durchschlägt den Panzer der Backbord IV. Kasematte und detoniert im Raum; das Schiff zuckt und bebt unter Decks und Wände zittern wie dünnes Blech. Am hinteren Schornstein ist eine Gruppe aus Turm C dabei, einen Brand zu löschen, der für das Zielen aus dem Turm lästig zu werden droht. Fähnrich z.S. Schmidt, Bootsmannsmaat d.R. Corinth und einige Matrosen laufen an Deck zur Kasematte, und versuchen von oben her, durch ein Kohlenmannloch, in die Kasematte vorzudringen, denn von innen hören sie Wimmern, Stöhnen und Hilferufe. Der Deckel des Mannloches ist zwar durch den Detonationsdruck aufgesprungen und fortgeschleudert; aber innen hat sich ein Blechfetzen quer vor die Öffnung geklemmt, sie kommen nicht durch. Die Klagerufe der verwundeten Kameraden lassen sie nicht ruhen; sie sehen über Bord, die Granate musste doch irgendwo die Bordwand durchschlagen haben, vielleicht ging's durch das Einschussloch. Fähnrich Schmidt und Matrose Neumann lassen sich, mit Gasmaske versehen und mit einer Handlaterne ausgerüstet, an der Bordwand herab, indem sie tastend an einem Bolzen oder Haken Halt suchend hineinkletterten: Im matten Schein der Handlaterne bietet sich ihnen ein schauerliches Bild: Um das völlig zerstörte Geschütz herum liegen entsetzlich verstümmelte Leichen, die gesamte Geschützbedienung scheint durch die Wucht des detonierenden Geschosses augenblicklich getötet zu sein. Aber aus der Ecke hinter dem Geschütz klingt wieder das jämmerliche Stöhnen, dort liegen vier Leute, schwer verwundet, bewegungslos, von Granatsplittern zusammengeschleudert. So vorsichtig, wie Dunkelheit und Eile es zulassen, werden sie unter das Mannloch getragen, der Blechfetzen lässt sich von unten beiseite biegen, und mit einem Seil wird einer nach dem andern von den oben stehenden Leuten an Deck geholt und auf den Gefechtsverbandplatz gebracht. […]

Es ist schon abends spät, die Schlacht tobt unaufhörlich seit fünf Stunden, noch ist die schwere Artillerie unversehrt bis auf den Turm C. Da gibt es einen gewaltigen Stoß im Turm B, die Mannschaft taumelt durcheinander, gleich darauf dringt gelber giftiger Qualm in den Turm. Das hatten wir besonders gut geübt; bei jeder Gefechtsbesichtigung wurden auf geheime Weisung des Besichtigenden an irgend welchen Stellen in der Nähe der Geschütze kleine Pulverkartuschen abgebrannt, die das Detonieren feindlicher Geschosse darstellen, und durch ihre Rauchentwicklung die Bedienungsmannschaften in Verlegenheit bringen sollten. Was bei einer Gefechtsbesichtigung geht, klappt im Gefecht allemal. „Rauchgefahr Turm B, Turm verlassen,“ befiehlt der Turmkommandeur, Oberleutnant zur See Kienitz. Wie bei der Besichtigung geht ,s durch alle erdenkbaren Löcher – Einsteigeluken, Hülsenauswurföffnungen, Ansetzerlöscher – aus dem Turm heraus, in wenigen Sekunden steht die Bedienung angetreten an Deck. Von unten aus dem Deck kommt dröhnend und zischend die Zugluft durch den Turm geblasen; der benachbarte Heizraum hat von seinem Luftüberdruck etwas abgegeben. Im Handumdrehen ist aller Giftstoff aus dem Turm entfernt und ebenso schnell wie raus geht's wieder rein in den Turm. Der Geschützführer von rechtem Turm ist tot, ein Panzerstück hat ihm die Brust eingedrückt. Aber sonst ist nur geringfügiger Schaden angerichtet, das Geschoß, das gegen die Stirnwand des Turms geschlagen ist, hat ihn nur angeschlagen und ist dabei außerhalb des Turms zerschellt.

Gegen 1/2 11 Uhr wird es still um uns herum; unsere Torpedoboote hatten zu einem Massenangriff auf die feindliche Linie angesetzt, darauf war der Feind in Dunst und in der Dämmerung verschwunden. Ich klettere aus meinem Kommandostand heraus, in dem ich 7 Stunden lang in begreiflicherweise nicht allzu guter Luft zugebracht hatte, – wir waren 16 Mann in dem kleinen Raum – und atme tief die frische schöne Abendluft, da bietet sich mir auf der Steuerbordkommandobrücke ein trauriger, aber auch zugleich rührender Anblick: Begraben unter seinen toten Signalmaaten und -gasten liegt der Adjutant, Leutnant zur See Wieting, seine Gefechtssignalkladde und das Geheimschlüsselbuch fest unter den Arm geklemmt. Er hatte mit seinen Leuten während der ganzen Schlacht auf freier Brücke neben dem Kommandostand gestanden, um die Signale vom Flaggschiff besser erkennen und richtig weitergeben zu können. Die letzte feindliche Granate war in unmittelbarer Nähe dieser Gruppe detoniert und hatte fürchterlich unter den armen Leuten gewirkt. Es bedurfte keiner großen Untersuchung, um festzustellen, dass alle, bis auf Wieting, tot waren; sie waren grausig verstümmelt. Als ich daran ging, Wieting aus seiner jämmerlichen Lage zu befreien, und auf die bereitstehende Transporthängematte zu legen – er hielt seine Bücher immer noch krampfhaft unter dem Arm, beide Hände waren zerfetzt, ein Bein zerschmettert –, da flüsterte er mir zu: „Erst die andern!"; in seiner hilflosen Lage trotz rasender Schmerzen, wollte er doch nicht, dass ihm vor den andern, seinem Signalpersonal, geholfen würde. Er ahnte nicht, dass er unter Leichen gelegen hatte, dass sie ihn vielleicht mit ihren Leibern vor dem sicheren Tode geschützt hatten.

Ich wandte mich ab; die Nerven mussten gespart werden, denn der Tanz war noch nicht zu Ende. Wenn wir auch den Kurs nach Süden gerichtet hatten, so kam doch noch ein wenn auch nicht allzu langer Nachtmarsch, dann rechneten wir aber bestimmt damit, dass wir unsere Gegner am nächsten Morgen noch außerhalb Horns Riff treffen würden, und da mussten wir zu neuem Kampfe gerüstet sein. Ich ging zum Kommandostande, um meine allgemeinen Anordnungen für die Nachtbereitschaft zu geben, als der Obermatrose Lange zu mir kommt und mich mit dem ernstesten Gesicht der Welt fragt: „Darf ich Herrn Kapitän verbinden?" Ich sage: „Sehr gerne, aber wo?" Da meinte er: „Herr Kapitän haben ein großes Loch am Kopfe." Ein kleiner Spiegel, den er mir vorhielt, überraschte mich in der Tat, ich sah aus, als wenn ich einen Durchzieher von oben nach unten durch die linke Gesichtsseite bekommen hätte. Ich unterzog mich gern der Fürsorge des guten Lange, der nun mit Tupfer und frischem Wasser meine Wunde wusch; er wischte und wischte, und die Wunde flog davon, es blieb nur ein ungefähr 3 cm langer Spalt über dem linken Auge, aus dem sechs Stunden lang das Blut hemmungslos über meine Backe gerieselt und dort angetrocknet war; denn zum Abwischen, geschweige denn Verbinden, hatte ich bis dahin keine Zeit gehabt. Schön gereinigt und frisch verbunden labte ich mich dann an einem Schluck Wasser aus seinem Trinkbecher und einem Stückchen Kommissbrot, auf dessen Beschaffung er unter den obwaltenden Verhältnissen besonders stolz war.

Dann kam der Nachtmarsch: Es musste mit Zerstörerangriffen gerechnet, also in erster Linie die Torpedobootsabwehrartillerie für die Nacht eingerichtet werden. Da ich selber auf der Kommandobrücke vollauf zu tun hatte, schickte ich meinen zweiten Artillerieoffizier zu einem Rundgang durch das Schiff, um mir über den Zustand der einzelnen Gefechtsstationen berichten zu lassen. Der Bericht fiel nicht gerade seht erfreulich aus: Im letzten Teil der Schlacht hatten uns die feindlichen Geschosse doch übel mitgespielt, beim zweimaligen „Ran an den Feind", dem Stoß der Schlachtkreuzer mitten in das feindliche Gros hinein, waren die Granaten von allen Seiten auf uns hernieder gehagelt, und es schien eine Zeit, als wenn Treffer auf Treffer in unser Schiff sauste. Die Hälfte der Geschützrohre war beschädigt und nicht mehr verwendungsbereit, das Vorschiff hatte besonders stark gelitten, durch große Einschlusslöcher dicht über und in der Wasserlinie war bedenklich viel Wasser in das Schiff eingedrungen, und bei der hohen Fahrt, die unser Verband lief, bestand die Gefahr, dass die vorderen wasserdichten Schotten den Druck nicht aushalten und das Wasser sich weiter nach hinten ausbreiten würde. Zwar dampfte das Schiff noch mit MOLTKE an der Spitze der Kiellinie der Geschwader; aber sehr bald konnten wir unsere Stellung im Verbande der fast völlig unversehrten Schiffe nicht mehr halten. Wir mußten die Geschwindigkeit verringern, aber weil unsere F.T. Einrichtung durch der Schlacht zerstört war, wir uns also nicht bemerkbar machen konnten, verloren wir die Fühlung mit unserem Gros. Allein, schwer beschädigt und mit stark geschwächter Kampfkraft suchten wir unseren Weg durch die dunkle Nach nach Hornsriff.

Um uns herum wurde es bald lebendig, Geschützdonner auf allen Seiten, Scheinwerferleuchten, Aufblitzen von Mündungsfeuern, brennende englische Schiffe, überall Nachtgefechte. Wir schienen mitten drin in der Hölle zu sein.

Vorn unter der Back bei uns war Feuer: Einer der letzten Treffer war in die Segelkoje geschlagen, wo große Vorräte an Hängematten, Decken, Segelleinen usw. verstaut waren. Das brannte nun lichterloh, und trotzdem die Leute unermüdlich mit Feuerlöschschläuchen und Wassereimern dagegen vorgingen, war der Brand nicht endgültig zu ersticken, immer wieder schlugen die Flammen hoch aus der Back empor. Umgeben von Feinden, in dunkler Nacht, war diese Leuchtfackel höchst unangenehm.

So fuhren wir eine Zeitlang mit lodernder Brandfackel durch die finstere Nacht. Und gerade in diesen kritischen Minuten kommt die Meldung vom hinteren Kommandostand: „Abgeblendete Fahrzeuge kommen Backbord achtern auf." Mit überlegener Geschwindigkeit waren sie bald querab von uns und wir erkannten in ihnen zu unserer grimmigen Überraschung englische Großkampfschiffe. Gegen den schon etwas dämmerig werdenden Morgenhimmel hoben sich die typischen Silhouetten deutlich ab. Da drehten wir schnell nach Steuerbord ab. Ob uns die Engländer überhaupt gesehen hatten? Ich glaube es beinahe nicht, die Verhältnisse lagen von ihrer Seite aus besonders ungünstig: Wir standen gegen den dunklen Westhimmel, der Wind wehte unseren Schornsteinqualm direkt auf sie zu und wirkte so gewissermaßen als Vorhang für uns, und schließlich, die Engländer haben keine Übung im Sehen bei Nacht.

Der Zustand unseres Schiffes wurde immer bedenklicher: In das Vorschiff drang von Stunde zu Stunde immer mehr Wasser, wir lagen vorn fast bis an den Rand im Wasser, und die Gefahr wurde immer größer, dass die vorderen Schotten brechen würden. Was haben unsere Leute des Lecksicherungsdienstes, unter Leitung des Korvettenkapitäns von Alvensleben und des Marineingenieurs der Res. Lucke, in dieser Nacht geschuftet! Man kann die unermüdliche, aufopfernde Tätigkeit jedes Einzelnen für das eine Ziel, das uns noch blieb, das Schiff in den Hafen zu bringen, nicht genug anerkennen. Besonderen Dank aber sind wir unserem Kommandanten schuldig, der durch seine ruhigen, bestimmten Anordnungen und sein glänzendes Beispiel alle Angehörigen des Schiffes die Strapazen der Schlacht und die begreifliche Müdigkeit vergessen machte und zu immer neuen Leistungen anspornte. Wir alle wollten unser schwer beschädigtes Schiff nach Hause bringen, koste es, war es wolle; und es gab noch manches Hindernis zu überwinden.

In der Schlacht waren fast alle unsere navigatorischen Hilfsmittel zerstört, wir hatten schon seit geraumer Zeit keine funkentelegraphische Verbindung mehr, die Antennen waren zerschossen; unsere Schiffsortbestimmung war nur ungenau, da wir während der Schlacht unzählige Kringel und Kreise gemacht und häufig die Fahrtgeschwindigkeit gewechselt hatten. Wo würden wir uns wohl bei Hellwerden wieder finden? Ob wir wohl das ersehnte Hornsriff-Feuerschiff in Sicht bekommen werden? Und werden nicht die Engländer zwischen uns und unserer eigenen Flotte stehen, und uns armen, fast wehrlosen Schlachtenbummler abwürgen?

Es wird hell, ein schöner klarer Junimorgen; ringsum nichts zu sehen, weder Feuerschiffe, noch eigene Schiffe noch der Feind. Wir laufen soviel Fahrt, wie wir in unserem gebrechlichen Zustand eben vertragen können.

Dem Funkentelegraphieoffizier war es in den Morgenstunden gelungen, eine Reserve-Funkentelegraphie-Anlage betriebsklar auszubringen, und so konnten wir wieder mit der Außenwelt in Verbindung treten. Wir erfuhren nur wenig: Die Flotte war vor uns und lief ein, ein Luftschiff hatte feindliche Linienschiffe nördlich Helgolands gemeldet. Aber wir konnten nun doch von uns ein Lebenszeichen geben und vor allem um Unterstützung für unsere weitere Rückfahrt bitten. Da der Feind nicht in Sicht, waren PILLAU und einige andere Torpedoboote ausreichend; sie wurden zu uns geschickt und führten und begleiteten uns von nun ab getreulich.

Es ging immer langsamer, in der Amrumbank-Passage liefen wir schließlich in 15 m Wassertiefe auf Grund. Was nun? Sitzen bleiben?, beileibe nicht, wir wollten ja nach Hause. Zurück, und in tiefem Wasser bei Helgoland durch? Da konnten uns englische U-Boote, bei unserer geringen Fahrtgeschwindigkeit und Unbeholfenheit die Rückfahrt erst recht versalzen; den Gefallen wollten wir ihnen doch lieber nicht tun. Also mit allen Mitteln versuchen, los und weiterzukommen. PILLAU kommt ganz nahe an uns heran, lässt ein Boot zu Wasser und gibt das Ende einer dicken Stahlleine zu uns an Bord, um uns ins Schlepp zu nehmen. Die Leine wird befestigt, PILLAU schleppt an, die armdicke Trosse streckt sie schnurgerade und – bing – zerreißt wie ein Zwirnsfaden; klatschend schlagen die Enden ins Wasser. Ein zweiter Versuch hat dasselbe Ergebnis, das Schleppen wird aufgegeben. Wie, wenn wir mal rückwärts versuchten? Maschinen und Ruder waren völlig unverletzt und betriebsklar, hinten hatte das Schiff erheblich geringeren Tiefgang. Also Kehrt gemacht und rückwärts versuchten; und siehe da, langsam aber stetig hüpften wir über den Sandboden der Amrumbank weg und sind wieder einen Schritt weiter. Da kommen Torpedoboote von See aus hinter uns her, sie werden als eigene Boote erkannt. Wie sie sich nähern, sehen wir an Deck dicht gedrängt Hunderte von Leuten; mit drei Hurras auf SEYDLITZ passieren sie uns. Durch Winkspruch hatten wir erfahren, dass die Boote die Besatzung der LÜTZOW aufgenommen hatten. LÜTZOW war es im letzten Teil der Schlacht ebenso gegangen wie uns; schwere Treffer hatten besonders das Vorschiff stark mitgenommen, und als ich das Schiff zuletzt sah, lag es bereits bis über die Back im Wasser. Es war ihm nicht mehr möglich gewesen, die Position im Verbande zu halten. Zwei Torpedoboote sind gerade in der Nähe; sie werden längsseit gerufen und nehmen die Überlebenden der LÜTZOW auf. Kurz darauf versinkt der stolze Schlachtkreuzer als einziges Großkampfschiff der deutschen Flotte in den Fluten des Meeres; für ihn sanken drei englische Schlachtkreuzer.

Sollte uns noch dasselbe Schicksal beschieden sein? Mit jeder Stunde wurde unsere Lage bedenklicher, ungeheuere Mengen von Wasser hatten wir bereits im Schiff, und trotz angestrengtester Arbeit war es nicht möglich, dem Eindringen immer neuer Wassermassen Einhalt zu gebieten. Zwei Pumpendampfer waren aus Wilhelmshaven gekommen; sie legten sich an unsere Seite und pumpten das Wasser aus dem Schiff heraus. Aber schneller, als sie pumpen konnten, strömte das Wasser durch die zahlreichen Löcher, die nur notdürftig gedichtet werden konnten, wieder nach. Jeden Augenblick mussten wir damit rechnen, dass eine Katastrophe dem Schiff ein Ende machen würde. Alles hing jetzt von dem Querschott im vorderen Heizraum ab; hielt das, dann war es wohl möglich, dass wir schwimmfähig blieben, brach es, dann war Schluss. Das wusste der I. Offizier, Korvettenkapitän v. Alvensleben und seine Schottmannschaften, das wussten besonders die Leute in dem fraglichen Heizraum, und da hieß es, dieses Schott mit allen Mitteln und allen Kräften sichern. Mit unzähligen Balken stützen sie es nach hinten zu ab, das Wasser sickerte schon an vielen Stellen durch, der Tod lauerte auf der anderen Seite; unbeirrt taten sie ihre Pflicht in diesem grausigen Raum, nur getrieben von dem einen Gedanken, das Schiff zu retten.

Und so kamen wir denn langsam, ganz langsam unserem Ziel näher. Kurz vor der Jademündung mussten wir noch einen letzten, verzweifelten Kampf mit den Elementen bestehen, am Freitagvormittag. In der Nacht war Sturm aus Nordwest aufgekommen und die schwere See drohte, den todwunden Schiffskoloss unten, durch die Schusslöcher, sondern nun auch von oben her stürzten die brechenden Wogen in das schwer beschädigte Schiff. Zu den 4000 Tonnen Wasser, die wir überflüssigerweise schon im Leibe hatten, kamen in diesen paar Stunden noch weitere 1000 Tonnen. Aber auch diese Prüfung überstanden wir, und am Sonnabend früh 6 Uhr kamen wir unter den brausenden Hurrarufen der dort liegenden Schiffe auf Wilhelmshaven-Reede an.

Korvettenkapitän Georg von Hase

Georg von Hase trat als Angehöriger der Seeoffizierscrew am 1. April 1897 in die Kaiserliche Marine ein. Er absolviert die damals übliche Ausbildung zum Seeoffizier und wurde als Leutnant / Oberleutnant zur See an Land und an Bord – hier unter anderem als I. Artillerieoffizier auf dem Linienschiff HESSEN – eingesetzt. Früh entwickelte er ein besonderes Interesse für artilleristische Belange. Im Sommer 1914 war er Verbindungsoffizier zum Kommandeur des britischen Geschwaders, das anlässlich der „Kieler Woche" dort zu einem offiziellen Besuch eingelaufen war. Im September 1915 wurde von Hase I. Artillerieoffizier auf dem Schlachtkreuzer DERFFLINGER, auf dem er an der Skagerrakschlacht teilnahm. Seine Erlebnisse und Erkenntnisse legte er in einem bemerkenswert abgewogenen Bericht nieder,

der als Buch in mehrere Sprachen übersetzt und noch heute von historischem Wert ist.[60]

Bericht des Korvettenkapitäns Georg von Hase auf SMS DERFFLINGER (Auszug)

Wir liefen westlich von Helgoland und der Amrumbank nach Norden. Die Hälfte der Artilleriemannschaften hatte die Geschütze besetzt, die andere Hälfte schlief angezogen auf Hängematten neben den Geschützen oder in der Nähe ihrer sonstigen Gefechtsstationen, wie Munitionskammern, Artilleriezentralen usw. Während der Nacht blieb ich auf der Kommandobrücke. Eine besondere Funktion hatte ich nicht auf dem Marsche. Der zweite und der dritte Artillerieoffizier wechselten sich ab als Leiter der Kriegswache. Mein Kommandant vertrat den Grundsatz, daß der erste Offizier, der erste Artillerieoffizier und der erste Torpedooffizier auf dem Kriegsmarsche soviel wie möglich schlafen und sich ausruhen sollten. [...]

Ich stieg in den vorderen Artilleriestand. Ich sage steigen, weil eine ziemliche Kletterei notwendig war, um nach Passieren der Panzertür auf das Podest zu gelangen, wo die Artilleriesehrohre standen. Bereits langten Meldungen an: „Die Mittelartillerie ist klar!“, „Befehlsübermittlung ist klar!“ „Vormars, achterer Artilleriestand, Großmars ist klar“, usw. Schließlich hatten alle Gefechtsstellen gemeldet, und ich meldete dem Kommandanten „Artillerie ist klar!“

Wir Offiziere legten unsere Kopftelephone um, und der Tanz konnte beginnen. [...]

Die zweite Salve sauste heraus. Wieder lag sie „weit, „4 zurück!“ kommandierte ich. Auch die dritte und vierte Salve lag weit, obwohl ich nach der dritten Salve „8 zurück“ befohlen hatte. „Himmeldonnerwetter, Fähnrich Stachow, da wird irgendein Blödsinn gemacht“, fluchte ich. „Nochmal 8 zurück!“ Die Schießliste ergab später, daß die ersten „8 zurück" vom Fähnrich vielleicht nicht verstanden, auf jeden Fall nicht eingestellt waren. Jetzt aber kamen die „8 zurück“ zur Geltung. Die sechste Salve, um 5 Uhr 52 Minuten gefeuert, lag deckend, drei Schüsse hinter dem Ziel, ein Schuß vorm Ziel!

---

[60] Hase, Georg von: Die zwei weißen Völker! (Kiel und Skagerrak). Deutsch-englische Erinnerungen eines deutschen Seeoffiziers, Leipzig 1923, S. 75-139.

[…] Vier Minuten befanden wir uns bereits im Gefechte, und erst jetzt erfolgte die erste deckende Salve! Das war kein erfrischendes Resultat. Das Ziel war zuerst völlig überschossen worden. Schuld daran war die falsche Messung der Anfangsentfernung und eine Verzögerung in den ersten Meldungen über die gemessene Entfernung. […]

Kostbare Minuten waren verloren gegangen, aber nun war ich gut am Ziel, und um 5 Uhr 52 Minuten 20 Sekunden buchte der Listenführer meinen Befehl „Gut, schnell! Wirkung!" „Gut, schnell! Wirkung!" „Gut, schnell!" bedeutete, der Fähnrich zur See Stachow in der Artilleriezentrale sollte alle 20 Sekunden für die schwere Artillerie kommandieren „Salve — Feuern!". Und das Wort „Wirkung!" bedeutete: die Mittelartillerie sollte unmittelbar nach jeder Salve der schweren Artillerie zwei Salven schnell hintereinander feuern und von jetzt ab dauernd zusammen mit der schweren Artillerie mit eingesetzt werden. Ein ohrenerschütterndes, betäubendes Gekrache begann. Einschließlich der Mittelartillerie feuerten wir nun also durchschnittlich aller sieben Sekunden eine gewaltige Salve. Wer ein Schießen mit Gefechtsmunition an Bord eines Großkampfschiffes einmal mitgemacht bat, kann sich einen Begriff davon machen, was das bedeutete. Während die Salven fielen, war eine Verständigung ausgeschlossen. Dickster Pulverqualm ballte sich fortgesetzt an den Mündungen der Rohre zusammen, entwickelte sich zur haushohen Rauchwolke, die sekundenlang wie eine undurchdringliche Mauer vor uns stand und wurde dann vom Wind und durch die Fahrt des Schiffes über das Schiff hinweggetrieben. Dadurch kam es, daß wir oft sekundenlang vom Feind nichts sahen, daß unser Kommandoturm vollkommen in dicksten Rauch gehüllt war. Natürlich konnte ein solch rasendes Schnellfeuer beider Kaliber nur eine beschränkte Zeit durchgeführt werden. Es stellte fast übermenschliche Anforderungen an die Geschützmannschaften und an die Munitionsmanner. Auch geschah es leicht, daß man schließlich die Aufschläge der schweren und Mittelartillerie gar nicht mehr auseinander halten konnte. Dann befahl ich „Mittelartillerie schweigen" und kontrollierte nun erst mal allein das Feuer der schweren Artillerie. Gewöhnlich dauerte es nicht lang, so wurde das Ziel infolge irgendwelcher Bewegung des Gegners über- oder unterschossen, dann wurde das Feuer wieder verlangsamt.

Jede Salve wurde dann wieder neu kommandiert, und es wurde nun wieder so lange herumgefeilt, bis wieder eine Salve deckend lag. Und dann setzte wieder das Höllenkonzert des „Gut, Schnell!" ein […]

Während dieser Torpedobootskämpfe kamen die beiden Linien sich immer näher, und nun kamen die artilleristisch interessantesten Kämpfe des ganzen Tages. Ich stellte fest, daß die QUEEN MARY sich den DERFFLINGER als Ziel erkürt hatte. Die QUEEN MARY feuerte langsamer als wir, gab dafür aber gewöhnlich Vollsalven ab. Da sie eine Armierung von acht 34,5 cm-Geschützen hatte, bedeutete dies also, daß sie meist acht von diesen gewaltigen „Koffern", wie die Russen im russisch-japanischen Kriege die schwersten Geschosse nannten, gleichzeitig auf uns feuerte! Ich sah die Geschosse herankommen und ich mußte feststellen, daß der Gegner ausgezeichnet schoß. Alle acht Schuss lagen gewöhnlich unmittelbar zusammen. Aber fast immer entweder weit oder kurz, — nur zweimal geriet der DERFFLINGER in den Höllenhagel, doch hat dabei jedes Mal nur ein schweres Geschoß getroffen. […]

So führten denn QUEEN MARY und DERFFLINGER über die zwischen uns tobende Torpedobootsschlacht hinweg ein regelrechtes Artillerieduell durch. Aber die arme QUEEN MARY hatte es schlecht! Außer dem DERFFLINGER schoß auch SEYDLITZ auf sie! Und der Artillerieoffizier der SEYDLITZ, Korvettenkapitän Foerster, war einer unserer tüchtigsten Artilleristen, in allen bisherigen Gefechten des Schiffes erprobt, kaltblütig und von raschem Entschluß. Die SEYDLITZ hatte nur 28 cm-Geschütze an Bord. Eine durchschlagende Wirkung gegen den stärksten Panzer der QUEEN MARY konnten diese Geschosse nicht haben. Aber jedes Schiff hat schwächer gepanzerte Stellen, bei deren Durchschlagung auch die 28 cm-Geschosse großes Unheil anrichten konnten. […]

Um 6 Uhr 50 Minuten gab ich an die Geschütze: „Schiff dreht langsam nach Steuerbord! Unser drittes Geschwader ist zur Stelle!"

Damit endete der erste Gefechtsabschnitt. Wir hatten ein englisches Riesenschiff in unserem Feuer auseinander fliegen sehen, wie ein explodierendes Pulverfaß. Der DERFFLINGER aber ging mit uneingeschränkter Gefechtskraft aus dem Gefecht hervor. Was Wunder, wenn wir gehobenen Mutes und voller Siegeszuversicht an neue

Kämpfe dachten. Wir waren in enger Gefechtsverbindung mit unserem besten Linienschiffs-Geschwader, und wir glaubten, daß uns nur die vier übrigbleibenden Schlachtkreuzer und die vier Schiffe der QUEEN ELIZABETH-Klasse gegenüberständen. Stolze Siegesfreude erfüllte uns, wir hofften auf die Vernichtung der gesamten uns gegenüberstehenden Streitmacht. Wir hatten doch ein Bombenzutrauen zu unserem Schiffe bekommen! […]

Die Geschützmannschaften hatten Fabelhaftes geleistet, indem sie selbst beim schnellsten Feuer immer wieder die Geschütze schußbereit hatten, sobald die Feuerglocke ertönte. Von dem einstündigen Feuern fingen die Rohre bereits an, sehr heiß zu werden, die graue Ölfarbe fing an zu schwelen, wurde braun und gelb. Vorbildlich hatte auch die Ruhe gewirkt, mit der der Kommandant das Schiff führte. Mich hatte er des öfteren durch Mitteilungen unterstützt, mir aber im übrigen freie Hand gelassen, besonders in der Wahl des Gegners, den ich beschießen wollte. […]

Noch hatte ich bisher mit allen vier schweren Türmen geschossen, da ereignete sich um 9 Uhr 13 Minuten eine schwere Katastrophe. Ein 38 cm-Geschoß durchschlug den Turmpanzer von Turm „Cäsar" und explodierte im Innern des Turmes. Dem tapferen Turmkommandeur, Oberleutnant zur See v. Boltenstern, wurden beide Beine abgerissen, und mit ihm wurden fast sämtliche Geschütz-Bedienungsmannschaften getötet. Durch Sprengstücke wurden im Turm eine Haupt- und eine Nebenkartusche entzündet. Der Feuerstrahl der entzündeten Kartuschen schlug in die Umladekammer, wo er zwei Haupt- und zwei Nebenkartuschen auf jeder Seite entzündete, und von da in die Kartuschkammer, wo ebenfalls zwei Hauptkartuschen und zwei Nebenkartuschen verbrannten. Die Kartuschen brannten mit großen Stichflammen ab, die haushoch aus dem Turm in die Höhe schlugen, – aber sie brannten nur, sie explodierten nicht, wie es die Kartuschen bei unserem Gegner getan hatten! Das war die Rettung für unser Schiff! Aber trotzdem war die Wirkung des Abbrennens der Kartuschen katastrophal! Die ungeheuren Stichflammen töteten alles, was in ihren Bereich kam. Von den 78 Mann der Turmbesatzung gelang es nur fünf Mann, sich durch das für das Auswerfen von Kartuschhülsen vorgesehene Loch zu retten, zum Teil schwer verwundet. Die übrigen 73 Mann starben gleichzeitig, mitten in fieberhafter Kampfestätigkeit, den Heldentod, in treuster Pflichterfüllung die Befehle ihres Turmkommandeurs ausführend.

Wenige Augenblicke nach dieser Katastrophe erfolgte eine zweite. Ein 38 cm-Geschoß schlug auf die Turmdecke des Turmes „Dora", durchschlug die Turmdecke und explodierte auch hier im Innern des Turmes. Und wieder geschah das Entsetzliche: bis auf einen einzigen Mann, der bei der Explosion durch den Luftdruck durch ein Einsteigeloch aus dem Turm geschleudert wurde, fand die gesamte Turmmannschaft einschließlich aller Munitionskammerleute in Stärke von 80 Mann den gleichzeitigen Tod. [...]

Es prasselte jetzt Treffer auf Treffer ins Schiff! Der Feind war ausgezeichnet eingeschossen. Mir krampfte das Herz zusammen, wenn ich an die Ereignisse dachte, die sich jetzt im Innern des Schiffes abspielen mussten! Uns im gepanzerten Stand war's ja bisher immer noch sehr gut gegangen. ... Meine Gedanken wurden jäh unterbrochen. Plötzlich war es uns wie Weltenuntergang. Ein ungeheures Rauschen, eine gewaltige Detonation, und dann ward es Nacht um uns, wir spürten einen ungeheuren Schlag, der ganze Kommandoturm wurde wie von Riesenfäusten gepackt, in die Höhe geworfen und federte dann zitternd wieder in seine alte Stellung zurück. Ein schweres Geschoß hatte den Artilleriestand getroffen, etwa 50 cm von mir entfernt. Das Geschoß detonierte, konnte aber den dicken Panzer nicht durchschlagen, weil es in ungünstigem Winkel aufgeschlagen war. Doch hatte es gewaltige Stücke aus dem Panzer heraus gebrochen. Giftig grün-gelbe Gase schlugen durch die Sehschlitze in unseren Stand. Ich rufe: „Gasmasken runter!" und sofort zieht sich jeder seine Gasmaske über das Gesicht. Ich leite das Feuer mit aufgesetzter Gasmaske weiter, wenn es mir auch schwer wird, mich verständlich zu machen. Doch verziehen sich die Gase bald, vorsichtig nehmen wir die Masken wieder ab. Wir vergewissern uns, daß die artilleristischen Apparate in Ordnung sind. Nichts ist zerstört! Selbst die Feinmechanismen der Richtungsweiseranlage sind merkwürdigerweise dank ihrer federnden Anbringung noch in Ordnung. Einige Sprengstücke waren durch Sehschlitze in den vorderen Kommandostand geflogen und hatten dort einige Leute, unter anderen den Navigationsoffizier, verwundet. Durch den ungeheuren Stoß war die schwere Panzertür des Kommandostandes aufgesprungen und stand sperrangelweit offen. Vergeblich versuchten zwei Mann, sie wieder zuzukurbeln, es war ganz unmöglich, so fest klemmte sie. Da kam eine unerwartete Hilfe. Wieder hörten wir ein ungeheuerliches Sausen und Krachen, und mit dem Donner eines einschlagenden Blitzes explodierte eine 38 cm-Granate unter der Kommandobrücke. Ganze Decksplatten fliegen durch die Luft, ein ungeheurer Luftdruck wirft alles, was nicht niet- und nagelfest ist, über Bord. So verschwindet z. B. das Kartenhaus mit allen Karten und Apparaten und – last but not least – mit meinem schönen Mantel, den ich ins Kartenhaus hatte hängen lassen, für immer von der Bildfläche. Und etwas Erstaunliches geschieht dabei: durch den ungeheuren Stoß des krepierenden 38 cm-Geschosses wird die Panzertür des Artilleriestandes wieder zugeworfen! Ein höflicher Mann, der Engländer! Hatte er uns die Tür geöffnet, so hatte er sie uns nun auch wieder zugemacht. Ob das ganz beabsichtigt war? Auf jeden Fall waren wir sehr froh darüber.

Ich suchte mit meinem Sehrohr wieder nach dem Gegner. Immerzu schlugen die Salven bei uns ein, wir aber konnten fast nichts vom Feinde, der uns im großen Halbkreise umgab, sehen. Das einzige, was gut zu sehen war, waren die riesigen, rotgoldenen Flammen des Mündungsfeuers. Von den Schiffsrümpfen sah man nur selten etwas. Ich ließ die Entfernung von den Mündungsfeuern messen. Das war die einzige Möglichkeit, die Entfernung vom Feinde festzustellen. Und ohne große Hoffnung darauf, dem Gegner viel Abbruch zu tun, ließ ich von den beiden vorderen Türmen Salve auf Salve feuern. Ich fühlte, wie unser Schießen die Nerven unserer Besatzung beruhigte. Hätten wir jetzt nicht geschossen, der ganzen Besatzung des Schiffes hätte sich in diesen Momenten eine große Hoffnungslosigkeit bemächtigt, denn jedermann merkte: nur noch wenige Minuten so weiter, dann sind wir verloren. Solange wir aber noch schossen, konnte es noch nicht ganz schlecht mit uns stehen. [...]

Eine Gefechtspause war dringend erforderlich! Um 9 Uhr 37 Minuten konnte, da kein feindliches Schiff mehr in Sicht war, Gefechtspause befohlen werden. Alle Geschützmannschaften mußten an Deck zum Feuerlöschen. Der vordere Kommandostand war ganz in Flammen und Rauch gehüllt, die 15 cm-Geschützmannschaften wurden zum Löschen befohlen. Der Geschützkampf ruhte, aber im Schiff wurde ein hartnäckiger Kampf gegen Wasser und Feuer geführt. Obwohl aus dem Schiff nach Möglichkeit alles Brennbare entfernt worden war, so fand das Feuer doch immer Nahrung, besonders im Linoleum, den Holzdecks, Kleidungsstücken und in der Ölfarbe. [...]

Der lange nordische Tag ging zu Ende. Die kurze Nacht, die nur von 11 Uhr bis 2 Uhr dauerte, begann. [...]

Da der Himmel bedeckt war, wurde es schließlich doch noch eine dunkle Nacht. Wir Offiziere hatten jetzt den Kommandoturm verlassen und hielten uns auf der Kommandobrücke auf. Der Kommandant kam heraus. Er schüttelte mir herzlich die Hand, sagte: „ Das haben Sie gut gemacht!" Diese Worte waren mir mehr wert, als jede Anerkennung, die ich später noch gefunden habe. Als es anfing kühl zu werden, ließ er eine Flasche Portwein kommen, die Gläser wurden gefüllt, und wir Offiziere stießen auf den heutigen Tag an.

Oberleutnant zur See Hans Kersten

Hans Kersten trat am 3. April 1903 als Seeoffiziersanwärter in die Kaiserliche Marine ein. Er durchlief die normale Ausbildung zum Offizier und wurde danach dem Bereich der schweren Artillerie zugeordnet. An der Skagerrakschlacht nahm er als Kapitänleutnant und Kommandant eines der schweren 30,5 cm Türme auf dem Schlachtschiff OSTFRIESLAND teil. Ihm unterstanden in dieser Funktion fast 125 Mann aller Dienstgrade vom Oberleutnant zur See bis zum einfachen Matrosen. Der vorliegende Bericht ist im Original im Landesarchiv Baden-Württemberg, Hauptstaatsarchiv Stuttgart, überliefert. Er wurde abgedruckt im Ausstellungskatalog des Wehrgeschichtlichen Museums Rastatt „Namen-Bilder-Schatten. Treibgut der Wilhelminischen Marine bis 1918 in Baden und Württemberg" von 2012.[61]

---

[61] Mönch, Winfried: Bericht des Kapitänleutnants Hans Kersten; In: Jordan, Alexander; Mönch, Winfried: Namen-Bilder-Schatten. Treibgut der Wilhelminischen Marine bis 1918 in Baden und Württemberg, Begleitband zur Sonderausstellung, Wehrgeschichtliches Museum Rastatt, 2012, S. 104-113.

Bericht des Oberleutnants zur See Hans Kersten auf SMS OSTFRIESLAND (Auszug)

Als wir 31/5 Uhr 4 Uhr morgens Anker aufgegangen, ahnte wohl keiner von uns, dass wir so nah vor unserem ersehnten Ziele, der Hochseeschlacht, standen, wohl keiner von denen, die nachher blieben, dass sie zum allerletzten Male die Sonne aufgehen sahen. Zu oft in zwei langen Jahren hatten wir bei gleicher Gelegenheit gehofft, zu oft waren wir enttäuscht worden. Mürrisch tat jeder seine kleinen Pflichten als etwas selbstverständliches, aber unbefriedigendes. Unser Zustand war im wahrsten Sinne des Wortes „hoffnungslos". Mich ärgerte noch besonders mein sprichwörtliches Pech: Von 2 Nächten hatte ich von 8-2 Uhr Schießen, von 4-8 Uhr Wache gehabt, vorige Nacht 8-12 Uhr Schießen, von 12-4 Uhr Wache, diese Nacht von 8 bis 12 Wache und wollte nun endlich mal von ½ 1 bis Uhr 8 auspennen", sofern mein langer Cadaver 7 Stunden Bewusstlosigkeit unter fortwährenden Geräuschen auf schmaler, kurzer, harter Pritsche als „auspennen" hinzunehmen geneigt war. Da hieß es nun um 4 Uhr wieder: „reise, reise, hoch das Beinchen!" […]

So torkelten wir „stillvergnügt", aber ziemlich uninteressiert an dem „Fall" noch Norden, nur nach Periskopen feindlicher U-Boote eifrig spähend, denn das wäre ja auch die Höhe gewesen: ohne den Feind gesehen zu haben, sich ein Loch im Bauch holen! – aber bei Gott und im Krieg sind alle Dinge möglich. […]

Na also – Alles beim alten, unser Herz [?] da plötzlich, – wie ein Funke ging's durch Schiff – unsere 5 Panzerkreuzer meldeten: „Bin im Gefecht mit 6 engl. Schlachtkreuzern und 5 modernsten Linienschiffen." Ha, Verrat, diesmal konnte es doch was werden! Geschrei, Gerenne, Gelache, die ältesten Kampfhähne sanken sich gerührt in die Arme, konnten sich, können sie und da wagte noch ein totaler Schwarzseher zu untermalen „unverbesserliche Optimisten!" Und diesmal, dies eine, einzige, allererste Mal sollten sie Recht behalten. Diese Unverwüstlichen, die trotz allen Höhnens, Jammerns, Schimpfens auf Fond de la Fontaine, doch stets noch ein bissel geglaubt und gehofft hatten! Jetzt ging es Schlag auf Schlag: Kurs darauf zu, äußerste Kraft voraus, Trommel und Horn zwitscherten jubelnd, lachend fast übermütig ihr fast schon vergessenes Signal: „Klarschiff zum Gefecht!"

Wenn man's jetzt überlegt, ist's fast unwahrscheinlich, aber ich glaube, es war tatsächlich so: In jenen Augenblicken hatten von den 1200 Menschen an Bord, von den Zehntausenden in der Flotte nicht einer einen Gedanken dafür über, dass ein Kampf, zumal ein Kampf mit diesem Gegner nach menschlichem Ermessen [nur] mit schwersten Verlusten an schönem Material, an viel warmen Menschenblut zu haben sei. Allen jedenfalls wohin man sah, stand dasselbe auf der Stirn geschrieben; Endlich, endlich dreschen dürfen, endlich die 2 Jahre, ach, die viel länger schon aufgespeicherte Wut austoben, endlich mit starken Fäusten zupacken mit klarem Sinne momentan Entscheidungen treffen, mit großen, runden Augen all diese unbeschreiblichen Bilder in sich aufnehmen. [...]

Aber wieder hinter mir das viehische Brüllen, da merke ich, dass jede Granate ihr Rohr mit einem „Hurrah" verließ — und da wurde mir beinahe die Augen feucht über diese maßlose Begeisterung meiner sehr famosen, aber doch schwerfälligen Bullen — dazwischen roch es den Engländern schon [?] brenzlig, jedenfalls staffelte ihre Queue ab, sodaß wir mit höchster Rohrerhöhung nicht mehr hinlangten und ausscheiden mussten mit Feuern. [...]

Nun saß ich oben in meinem guten, von mir selbst ausgebildeten Turm „Emil" und spähte aus nach den ersten englischen Schiffen, die mir in diesem Kriege zu Gesichte kamen. Da erkannte ich dann mit Mühe eine Linie von Schiffen, die gerade über der Kimme sichtbar, nach Norden wollte. Wir nebenher in 20 km Abstand. Jetzt kommen auch von oben Befehle; Seiten Richtung, Entfernung etc. dann „laden" und endlich: „Salve – feuern!" Kaum ging die Kiste los, und ich kriegte durch meinen schmalen Sehschlitz einen derartigen Fressenschlag, dass ich rückwärts getaumelt wäre, hätte ich Platz gehabt. So flog nur die Mütze in hohen Bogen durch den Turm. Eine glühende Lohe, dicker brauner Pulverqualm und körniger schwarzer Schornsteindreck waren mir in Augen und Knochen gefahren. Was aber viel wichtiger war, in dem Moment, als der Schuß erdröhnte, hörte ich, – ihn noch übertönend – ein tierisches Gebrüll hinter mir im Turm, den ich ja nicht übersehen konnte.

Na dachte ich, die Schlacht fängt ja gut an, da ist der Verschluß rausgeflogen und die Ladung statt vornheraus in den Feind, hintenheraus in die eigene Bedienung gefahren. Während ich – die

Augen am Doppelglas – noch den Aufschlägen ausspähte, die nach 40 Sekunden drüben hoch wirbeln müssten, fragte ich den Stückmeister, der die Aufsicht beim laden pp. hatte, ob was passiert oder ob alles klar sei, und erhielt die Meldung: „Alles klar", dann sah ich auch schon zwischen uns und dem Ziel die 260 Meter hohen Wassersäulen aufsteigen, also kurz. Also größte Entfernung und dann wieder: „Salve Feuern" […]

Nun bekam der englische Panzerkreuzer eine Salve, daß das ganze Achterschiff brannte, was ich – wie alle meine Beobachtungen – mit vor Freude sich überschlagender Stimme in den Turm runterbrüllte, wo es jedes Mal mit unermesslichem Freudengeheul aus 80 heiseren Kehlen quittiert wurde. Darauf schlug unsere nächste Salve in seinen vorderen Geschützturm, dessen Munition wohl zündete, jedenfalls fuhr er mit einer Fackel in Schornsteinhöhe – 10 m lang – dann schlug die Flamme in etwa 2-Mastenhöhe aus, und der Panzerkreuzer war gewesen. Eine riesige Haube von Wasserdampf allein zeigte noch an, wo eben noch 800 muntere Blaujacken zur See fuhren – der große Kreuzer war vergast, offenbar eine Pulverkammer hoch gegangen.

Inzwischen hatte sich die feindliche Linie auf Ost-Kurs, also uns vor den Bug gezogen, so folgten wir ihm dann und drehten dann auch auf Ost. Jetzt kam die II. Gefechtsphase, in der wir mehr und stärkere Gegner auf geringere Entfernungen uns gegenüber hatten. Mit unserem Treffenschiff der THÜRINGEN gemeinsam beschossen wir ein ganz neues Linienschiff die WARSPITE mit seinen 38 cm Kanonen gegen unsere 30,5 cm und seinen 27cm gegen unsere 15 cm. Zu aller Ruhe, ohne selber eine Schramme abzukriegen, schossen wir uns auf den „krummen Hund" und packten ihm dann unsere köstlichen 30,5 cm Bonbons hinein, […] da plötzlich drehte er hart Stb. ab, also auf uns zu dann auf Gegenkurs, dann ab, offenbar klemmte sein Ruder. In dickem Rauch gehüllt, mit starker Schlagseite nach Stb. konnte man ihn gerade noch davon humpeln sehen aus unserem Feuerbereich.

Als er, anstatt uns zu folgen und festzuhalten, uns ruhig abdampfen ließ, quittierte unser schneidiger Führer dieses Schwächezeichen eines überlegenen Gegners dadurch, dass er nochmals auf Ost kehrtmachte, auch noch einmal kräftig hineinstieß. Dann verzichtete er gutwillig darauf, weiter in diese Falle zu gehen, sondern zog mit Süd-Ost Kurs ab. Seine Schuldigkeit und mehr hatte er – beim Zeus! – getan. Am schwersten hatten es in dieser Lage die Panzerkreuzer, die gerade am kritischen Flügel standen. Hier erhielt auch Lützow seine schweren Wunden.

Als aber nun Signal kam: „Alle Torpedobootsflottillen ran an den Feind!" konnten sie sich zurückziehen, denn darauf drehte der Feind doch lieber ab. Diese Manöver war ausgesprochen schwierig durchzuführen. [...]

Die vierte und letzte Phase war nun die Nachtschlacht von 12 bis 3 Uhr. Nachdem ich ½ Stunde auf der Brücke an Deck ausgeruht hatte, bekam ich von 12 bis 4 Uhr nachts die Mittelwache. Und sofort ging's los. Wie wir's erwarteten. Als wir um 12 Uhr auf Südkurs gingen, der Heimat zu, vor uns ein Sicherungsgürtel von großen, kleinen Kreuzern und Torpedobooten, flammte es plötzlich überall auf vor nächtlichen Kämpfen: vor uns also im Süden, in breiter Front, und an Bb. querab, also im Osten, zwischen uns und der dänischen Küste. Es war klar, da drängten Streitkräfte herauf, die uns vom Hafen abscheiden, uns nach Osten, also nach England [?] nach Norden, also zur englischen Flotte abdrücken wollten. Da gab's nur eines: rechts und links um die Ohren und durch! Das geschah dann auch gut und richtig: diese ganzen Streitmacht, einige Panzerkreuzer und viele Zerstörer sind fast restlos aufgerieben! Schon unsere Sicherung vorn, und die Spitze wirkten nicht schlecht.

Fast ununterbrochen trieben brennende Wahrzeichen ihrer Tätigkeit an unserer Linie längs. Durch kurzes Beleuchten wurde festgestellt, dass es ein feindliches war und schon gab eine einzige Salve von uns dem armen Spaßvogel drüben den erlösenden Gnadenstoß.

Nur ein Panzerkreuzer kam auf 1 km unversehrt heran, absichtlich wohl kaum, sondern ahnungslos, schlafend – ein Offizier wurde später im Schlafanzuge schwimmend gefischt und sagte auf Befragen über seine wunderliche „Kriegsbemalung", mit „real resistance" hätten sie nicht gerechnet! – Mit Absicht fährt wohl ein einsamer älterer Panzerkreuzer nicht gegen 3 Linienschiffgeschwader an. Also brülle ich immer „Da kommt einer, da kommt bestimmt einer!" und endlich wird hingeleuchtet und rums die erste Salve rasiert ihm das Oberdeck, das zweite Ding die Bordwand und das dritte ging in seine Wasserlinie, und dann flammt schon eine Riesen-Waberlohe auf, das ganze Schiff lag in Weißglut da, ein dumpfer Ton, und alles war vorbei: ein 12.000-tons Schiff in 6 Sekunden hinüber, 800 Menschen verdampft, ein Augenblick so großartig und ein Eindruck [?], wie man ihn wohl nur einmal hat und nie vergisst! Die Nacht machte so etwas auch noch schauriger, jedenfalls diesmal hat keiner gelacht und keiner laute Freude geäußert.

So ging's weiter bis 3 Uhr. Dann wurde es still, nur hie und da in der Ferne grollte es ab und an noch mal auf. Wir rauschten weiter nach Süden, nur bei Helgoland (?), die obligaten U-Boote, um – wahrscheinlich – die „Trümmer", die wir aus der Schlacht „ex" nach Hause „retten" wollten, abzuschießen. Na, unsere Flieger hielten sie mit wenigen Bombenwürfen unter Wasser, so dass sie – leider – nicht einmal die „Trümmer" zählen konnten. Sie hätten sich gewiss grün geärgert, wie groß die noch waren. Nun erst Vormittag des 1. Juni erfuhr man allmählich zu den eigenen geringen auch die erstaunlichen Verluste des Gegners, da Jeder meldete, was er geschafft hatte. Und da erst erkannte man, dass diese große Schlacht nicht nur schön, sondern auch zweifellos siegreich gewesen war.[62]

Obersignalgast auf SMS OLDENBURG

Vom Autor des folgenden Berichtes ist der Dienstgrad bekannt, nicht aber der Name. Nach eigenen Worten schrieb er die Ereignisse des Tages für „meine Lieben daheim" aus dem Gedächtnis wieder. Außerdem sollte es „eine kleine Erinnerung für spätere Tage sein, an das gewaltig Erlebte in großer Zeit, wo sich zum ersten Male zwei der größten Seemächte mit geschwollenen Zornesadern in offener Seeschlacht gegenüberstanden." Der Bericht endet mit „Heil & Sieg". Daher ist zu vermuten, dass der Autor seine Erinnerungen während des Zweiten Weltkrieges niederschrieb. Dieser Bericht liegt den Herausgebern als Abschrift des Originalberichtes vor. Er enthält einige Fehler in der Terminologie, die einem Signalmatrosen nicht unterlaufen wären.

---

[62] Kersten, Hans: Bericht über die Beteiligung an der Skagerrakschlacht auf S.M.S OSTFRIESLAND. Landesarchiv Baden-Württemberg, Sig. M 738, BÜ 107.

Bericht eines Obersignalgasten auf SMS OLDENBURG (Auszug)

Ich befand mich seit 2^{00} auf dem Flaggenposten, als ein Signalgast die frohe Kunde brachte, dass soeben ein Funkspruch vom Befehlshaber der Aufklärungsstreitkräfte (B.d.A.) „Panzerkreuzer im Gefecht mit 6 feindlichen Schlachtkreuzern am Standort vor eigenem Gros" eingelaufen ist. Wir sprangen vor Freude direkt hoch und aller Augen glänzten heller und die Pulse fieberten vor Aufregung. Bald mußten wir am Kampfort sein; denn schon hörbar wurde das Donnern der Geschütze, die einander heftig im Salventakte antworteten. Bereits nach Verlauf von 6 Minuten nach Eröffnung des Feuers ereilte uns die glückliche Botschaft, ebenfalls durch Funkspruch, dass der erste feindliche Kreuzer, anscheinend QUEEN MARY gesunken sei, ein anderer stehe in Flammen. Nun kannte unsere Freude keine Grenzen; ungeachtet dessen arbeiteten die Maschinen ihren nunmehr gewohnten Gang, immer näher dem heißersehnten Ziele zu.

Aller Augen mit scharfen Gläsern bewaffnet starrten unverwandt in die Ferne, wo mittlerweile die Rauchwolken der kämpfenden Schiffe in Sicht kamen und unaufhörlich grelle Blitze aufzuckten, Tod und Verderben ausspeiend. Unterdessen näherten sich die von PILLAU bereits gesichteten Kleinen Kreuzer. „Klar Schiff zum Gefecht!" rief der Kommandant von der Brücke dem wachhabenden Offizier zu. Sofort wurde vom Hornisten und Tambour das die[se] Bedeutung habende Signal gegeben. Ein kalter Schauer überrieselte mich, mir wurde so ganz anders zu Mute, ich möchte sagen, geheimnisvoll. So ist das aber jedem ergangen. Die Töne, man hört sie nicht oft, gingen uns durch Mark und Bein. Sofort erhob sich alles an den Geschützen, klar in Erwartung weiterer Befehle. Die Brücke wurde im Handumdrehen leer, Offiziere und allerhand anderes Personal, was bisher draußen stand, drängte sich zum [gepanzerten] Kommandostand. Auch ich ging auf meine Gefechtsstation. Es blieb uns nichts anderes übrig, als den Verlauf der Dinge abzuwarten. Es sollte auch nicht lange dauern. [...]

Während dieser Zeit war auch das englische Gros herangekommen und eröffnete ebenfalls sofort das Feuer, jedoch auf eine Entfernung von ca. 22.000 m. Jetzt hieß es heranzukommen, koste es was es wolle. Durch kühne Wendungen gelang es dem Flottenchef, seine Schiffe näher ranzukriegen, um die Wirkungen der schweren Artillerie voll und ganz auszunutzen.

Immer geschlossener wurden die Salven, immer länger die Feuerschlangen, die sich mit den hinzukommenden vereint über den ganzen Horizont hinzogen. Jetzt ging der reinste Affentanz los. Salve auf Salve krachte donnernd hinüber. Schlag auf Schlag wurden sie erwidert. Es war, als ob die ganze Welt untergehen wollte. Was zu den Rohren heraus konnte, wurde hinüber gesandt. Die Hölle wurde überboten. Dumpf dröhnend schlugen die unvermutet großen Koffer in Seiten, vor und hinter uns ein, beim Krepieren eine ungeheure Wassermasse empor schleudernd und wahre Splitterhagel über uns ergehen lassend. Ein wunderschönes Naturschauspiel bieten diese hohen Wassersäulen, und ich kann mich nicht entsinnen, jemals einen so wunderbaren Springbrunnen gesehen zu haben. „Die armen Fische", dachte ich, als mir so ein liebäugender Schellfischkopf um die Ohren flog. Ganz durchnäßt von dem herunterkommenden Wasser wollte ich einen Augenblick unter Deck gehen. Meine Mütze war mir bereits von dem erzeugten Luftdruck der darüber fliegenden Granaten über Bord gegangen. Es war mir doch nicht ganz ratsam, bei der nächstbesten kommenden Granate über Bord zu gehen. Winkspruchverkehr war nun unmöglich geworden, Signalübermittlung erfolgte vom Innern des Schiffes, was sollte ich nun noch oben. Ich war gerade bis ans Luk gegangen, als ich fixer hinunterbefördert wurde wie mir die Möglichkeit zu denken gegeben war.

Anfangs dachte ich, daß mir sämtliche Knochen gebrochen waren, doch es wackelte noch alles, war auch nichts weiter passiert als ein paar Hautabschürfungen. […]

Inzwischen begann es langsam zu dunkeln. Im Eifer des Gefechts merkte man gar nicht, wie die Zeit entschwunden war. Die Zeiger der Uhr zeigten 9^{45}. Obwohl wir mit dem Feinde standhielten, hat er sich doch infolge des plötzlich undurchsichtig gewordenen Wetters dem Bereich des Feuers zu entziehen vermocht. Mit einem Male trat in dem Tumult eine Gefechtspause ein. Die Rohre verstummten auf beiden Seiten. Seit Mittag war schon eine kleine Zeit verstrichen, und bei manchem stellte sich langsam der Hunger ein. Auch in dieser Lebenslage fordert die Natur ihr Recht. Es wurde Essen ausgegeben. Zu gleicher Zeit war auf allen Gefechtsstellen wieder alles in weitgehendem Maße klargemacht, um bei einem nochmaligen Zusammentreffen ein noch besseres Arbeiten zu ermöglichen.

Ich nahm mein Brot in die Hand und ging auf die Brücke um zu sehen, ob sich der Engländer noch nicht wieder blicken läßt. Nichts aber von alledem. Kreuz und quer jagten die Schiffe der eigenen Flotte. Kleine Kreuzer, Panzerkreuzer untermischt von Torpedobooten rasten durch das an und für sich schon aufgeregte Wasser, hohe Wellenberge schäumend hinter sich zurücklassend. Sämtliche Fahrzeuge ordneten sich nun zu geschlossenen Verbänden und gingen auf Position. Nichts ahnend dessen, was unser Gegner sich inzwischen vorgenommen hatte, standen wir auf der Brücke. Eine ruhige Viertelstunde war bereits vergangen. Da plötzlich unvermittelt ein grelles, schlangenartiges Aufzucken an Backbord. Im selben Moment schon rief der Kommandant „Alarm, an die Geschütze!". Zum zweiten Male, aber in weit stärkerem Maße wie am ersten Mal, ging der Tumult nun von neuem los. Auf das Erbittertste überschüttete er uns nut einem Geschoßhagel. Wie durch ein Wunder wurden wir vor ihm bewahrt. Entweder lagen sie zu kurz oder gingen über uns weg. Immer heftiger wurde das Gedonner, mit jeder Minute nahm die Schlacht an Umfang zu. Deutlich konnte man durch das Doppelglas beobachten, daß der Feind recht herbe Verluste hatte und mit größter Willenskraft und Energie die Scharte auszuwetzen versuchte. Mit Anstrengung aller seiner Kräfte schickte er sich an, unsere Spitze zu fassen, um die Horde, die Barbaren, die Verhaßten im Kesseltreiben vernichtend zu schlagen. [...]

Bald darauf wurde ich abgelöst. Die Steuerbordwache musste sich angezogen schlafen legen und sich so klar halten, um jederzeit wieder eingreifen zu können. Durch die Aufregung wegen der Erlebnisse tagsüber konnte wohl niemand so recht die Augen schließen. Es haben auch die Wenigsten geschlafen. Trotzdem hatte ich mich niedergelegt, um wenigstens etwas auszuruhen. Da ich bereits Nächte davor nicht viel geschlafen, tagsüber aber tüchtig gearbeitet hatte, so übermannte mich doch der Schlaf. So ganz von Ferne hörte ich noch ein paar Mal dumpfes Rollen und Donnern, gleich einem Gewitter und ich fiel einem Halbschlummer zum Opfer. Was in dieser Zeit nun passiert ist, weiß ich nur vom Hörensagen. Aber so viel weiß ich bestimmt, es hat Elend geregnet. Eine volle Stunde hatte ich schon gelegen, als ich plötzlich von einem Kameraden aufgerüttelt wurde mit den Worten: „Mensch, steh auf, gleich haste was verpaßt." Ich dachte: „Was Du meinst", hatte schon genügend gesehen und blieb liegen. Aber wieder kam der Barbar: „Mensch, steh doch auf, wirst es nicht bereuen, interessantes Feuerwerk, da draußen illuminiert einer." Nun mußte ich aber doch einmal nachsehen, was da los war. Ursprünglich stockfinstere Nacht, nun andauernd durch Geschützfeuer durchzuckt, kurzes Aufleuchten von Scheinwerfern feindliche Torpedoboote taghell bestrahlend. Unmittelbar darauf einsetzende Geschosshagel. In diesem Chaos hoch aufsteigende Wassersäulen, die sich bei Nacht besonders wunderbar ausnahmen, und der an sich nicht gerade reizvollen Nordsee ein blühendes Aussehen gaben. Fürchterliche Explosionen der krepierenden Geschosse, hochfliegende, brennende Schiffsteile, in Flammen stehende Schiffe. Immer neue Sensationen, begleitet von einem wahren Höllenlärm hielten die Nerven in Spannung. Es ist nicht möglich, alles in Worten wieder zu geben, was gleichzeitig innerhalb weniger Minuten die Augen sahen und der Verstand fassen mußte. [...]

Schneller als sonst floß die Zeit dahin. Man merkte es kaum. Ich ging nach Steuerbord, wo ebenfalls ein Kreuzergefecht im vollen Gange war. In einiger Entfernung war an Steuerbord Geschützfeuer kleinerer Kaliber. [...] Inzwischen kam die Zeit, wo wir ablösen mußten, heran. 2^{00}, im Schiff wurde es lebendig. Steuerbordwache zog auf. Auch ich fühlte mich getroffen, auf meine Station zu gehen. Sämtliche Posten mit klaren Instrumenten und Apparaten sowie alles Wissenswerte wurde übergeben, und die Backbordwache war abgelöst, doch nicht ganz Herr ihrer freien Zeit. Auch sie mussten sich für alle Fälle bereithalten.

Obermatrose Karl Felchner

Karl Felchner diente während der Skagerrakschlacht auf Panzerkreuzer THÜRINGEN und hatte seinen Posten an einem der Geschütze. Sein Bericht vom 5. Juni 1916 wurde erstmals 1931 in dem Band „Der Nordseekrieg. Doggerbank und Skagerrak" abgedruckt.[63]

---

[63] Lützow, Friedrich: Der Nordseekrieg. Doggerbank – Skagerrak, Oldenburg 1931, S. 159-162.

Bericht des Obermatrosen Felchner auf SMS THÜRINGEN (Auszug)

S.M.S. THÜRINGEN, den 5.6.1916

Ich habe ausgetorft, d. h. vier Stunden am heutigen Nachmittag geschlafen, seit mehr als acht Tagen habe ich keine Nacht durchschlafen können, und daß wir bei der Nachtschlacht erst recht angespannt und übermüdet waren von der Tagschlacht, kannst Du Dir ja denken. War das eine Schlacht, Du kannst Dir keinen Begriff von dieser modernen, mörderischen Schlacht machen. Einen kurzen Einblick von dem Anfang und dem weiteren Verlauf der Seeschlacht will ich Dir hiermit geben. […]

Wenn man so annähernd 100 Vorstöße in die Nordsee unternommen hat, ohne mit dem Feind in Berührung zu kommen, dann wird man derartig gleichgültig dagegen, daß man es als einen Scherz auffassen würde, wenn man sagen würde, daß die englische Flotte unterwegs wäre. Es war gegen 6 ½ Uhr, wir dachten schon an unser Abendbrot, welches wir auch an den Geschützen einnehmen, als plötzlich „Klar Schiff zum Gefecht!" durch die Apparate gegeben wurde. Im ersten Augenblick wollte ich dem Befehlsübermittler zurufen: „Willy, mache nicht so einen Blödsinn!" Ich erhob mich aber doch! Dann kamen auch schon weitere Befehle! […]

Mit der Zeit waren wir beim Feinde näher gerückt. Es war ein Viertel vor 7 Uhr, als der Feind am Horizont zu erkennen war. Es waren seine neuesten Panzerkreuzer mit 38-cm Geschützen und wir mit 30,5-cm. Ich konnte nur vier Schlachtkreuzer erkennen. Kolossale, unheimliche Schlachtschiffe, die mit Volldampf auf uns zuliefen. Auf 19 km eröffneten wir das Feuer. Trotzdem es doch auf Leben und Tod geht, hat wohl jeder Mann bei uns erleichtert aufgeatmet beim Losfeuern des ersten Schusses. Nun folgte ein Schuß nach dem anderen. […]

Stelle Dir vor: auf unserer Seite das I. und III. Geschwader mit zusammen 16 Schlachtschiffen, die Engländer beinahe mit der doppelten Anzahl von etwa 30 Schiffen schwersten Kalibers (38 cm, wir mit 30,5 cm). Nun eröffneten wir das Feuer auf die Schlachtschiffe. Unsere Salven saßen großartig. Du kannst Dir keinen Begriff von der Verheerung machen, die diese Granaten verursachen. Ein Schiff nach dem anderen fing Feuer. Auf INVINCIBLE schlugen die Salven direkt in die Mitte ein. Eine furchtbare Explosion war in der Mitte bemerkbar. Eine Feuersäule schlug bis unter die Masten, dann war nichts mehr zu sehen. Nun konzentrierte sich das Feuer des Gegners auf die Mitte unserer Flotte. Die Salven schlugen vorn und hinten und an der Seite ein. [...] So ging es fort bis 10 Uhr. Wir waren also zwei Stunden lang in stärkstem Feuer unseres Gegners. Wie ich später erfuhr, haben wir es unseren Kommandanten zu verdanken. Denn hatte sich der Gegner auf uns eingeschossen, dann schlugen wir einen anderen Kurs ein, die nächste Salve hätte uns bestimmt getroffen, wenn wir nicht eine Schwenkung gemacht hätten. Diese furchtbare Schlacht dauerte bis gegen 11 Uhr. Gegen 8 Uhr kam durch die Telefone: „Torpedoboote ran an den Feind!" Die Sonne stand noch am Horizont, als dieser Befehl durchkam. Unsere kleinen Kreuzer und Torpedoboote hatten sich bisher während der Schlacht Leeseite aufgehalten, also an der Seite, wo kein Gegner war. Den Anblick werde ich nicht vergessen, unsere Torpedoboote dicht gedrängt nebeneinander, klar zum Anlauf. Dann kam das Signal, und unsere Torpedoboote jagten in rasender Fahrt auf den Feind zu. Die englische Flotte eröffnete nun ein intensives Feuer auf unsere Boote, die, nachdem sie die Torpedos abgeschossen, eiligst kehrt machten. Am Tage wurden die Boote zweimal den Feind geschickt. [...]

Wir hatten zwei Zerstörer vernichtet. THÜRINGEN hat in dieser Nacht noch einen schönen Erfolg zu verzeichnen gehabt. In einer Entfernung von 600 m begleitete uns ein Kreuzer mit vier Schornsteinen, den wir als einen von den Unseren zu erkennen glaubten. [...] Es sollte ihn aber teuer zu stehen kommen, denn plötzlich leuchten Scheinwerfer, in dem Augenblick fielen aber auch die Salven. Ein „Hurra" lief durch das ganze Schiff, der Panzerkreuzer brannte, und kurze Zeit darauf war nichts mehr von ihm zu sehen. Ein schaurigschöner Anblick, die tiefschwarze Nacht und das lichterloh brennende Schiff. [...]

Wir haben ein kolossales Schwein gehabt, denn wir haben keinen Treffer bekommen und somit auch keine Toten, und doch sind wir in der Mitte der Schlacht gewesen, das I. und III. Geschwader haben es mit der doppelten Übermacht aufgenommen. Denke aber ja nur nicht, daß der Engländer mit Pellkartoffeln geschmissen hat, unser Schiff ist ein Glücksschiff gewesen, ich darf ja darüber nicht schreiben, was für Verheerungen die 38er angerichtet haben. [...] Neben unserem Glück haben wir es nur unserem Kommandanten zu verdanken, durch seine große Umsicht und Ruhe. Als wir in den Hafen einliefen, bin ich auf anderen Schiffen gewesen und habe mir die Treffer angesehen. Wir können Gott danken, dass wir von solchen Biestern verschont geblieben sind. Am Sonntag war Beerdigung der in der Seeschlacht Gefallenen. Was für ein Gefühl mich überkam, als ich diese Massengräber sah, kann ich Dir nicht sagen. Im Beisein von Admiral Scheer und der Abordnungen der im Hafen liegenden Schiffe wurde die Feier durch zwei Pfarrer vollzogen, zum Schluss wurden von 360 Mann Ehrensalven abgegeben.

Am Montag traf der Kaiser in Wilhelmshaven ein. Er hat großartig gesprochen; er besuchte das Flaggschiff, am Nachmittag verließ er die Stadt.

Immediatbericht des Kommandos der Hochseestreitkräfte über die Seeschlacht vor dem Skagerrak vom 4. Juli 1916 zur Bedeutung der Artillerie (Auszug)

E. Schlussfolgerung

An dem Erfolg haben alle Waffen ihren Anteil. Den Ausschlag hat aber unmittelbar und mittelbar die weittragende schwere Artillerie der Großkampfschiffe gegeben: Sie hat den Großteil der dem Gegner zugefügten, bisher bekannten Verluste herbeigeführt und die Torpedobootsflottillen zu erfolgreichem Angriff an das Linienschiffgros herangebracht. Die Verdienste der Torpedobootsflottillen, durch ihren Angriff den Großkampfschiffen eine glatte Lösung vom Gegner ermöglicht zu haben, werden durch diese Feststellung nicht geschmälert.

Das Großkampfschiff – Linienschiff und Kreuzer – ist und bleibt deswegen der Grundpfeiler der Seemacht. Es wird sich weiter entwickeln müssen durch Verstärkung des Geschützkalibers, Erhöhung der Geschwindigkeit und Vervollkommnung des Panzer- und Unterwasserschutzes.[64]

---

[64] Immediatbericht des Kommandos der Hochseestreitkräfte über die Seeschlacht vor dem Skagerrak vom 4.7.1916, BA-MA, RM 5/4754, Bl. 6-36.

Felix Schwormstädt: Im Maschinenraum, 1915 (Ausschnitt)
(Sammlung Eberhard Kliem)

Kapitel 7
In der Maschine

Mit dem Bau der NASSAU-Klasse als Antwort auf die britischen „schnellen Linienschiffe" des DREADNOUGHT-Typ ging die Kaiserliche Marine auf vielen Gebieten neue Wege.[65] Das betraf in erster Linie Anzahl, Kaliber und Aufstellung der schweren und mittleren Artillerie, aber auch Raumaufteilung im Schiffskörper, Panzerung und zusätzlicher Schutz gegen Unterwassertreffer. Das Gesamtdeplacement des ersten Schiffes der Klasse wuchs auf 18.900 t – das waren 43 Prozent mehr als bei den bisherigen Linienschiffen der DEUTSCHLAND-Klasse.

Um die geforderte Geschwindigkeit von 20 Knoten zu erreichen, wurde der Einbau einer leistungsstarken und damit größeren Maschinenanlage mit insgesamt 12 Kesseln und 24 Feuern unausweichlich. Der Turbinenantrieb war nach Meinung der Konstrukteure noch nicht einsatzbereit. Daher erhielten das Typschiff und auch fast alle nachfolgenden Klassen die bewährten Kolbendampfmaschinen mit einer höheren Anzahl von Wasserrohrkesseln als bisher.

Später wurden – beginnend mit den Linienschiffen der DEUTSCHLAND-Klasse – auf allen Schlachtschiffen eine gewisse Anzahl der Kessel mit einer Ölzusatzfeuerung versehen. Zu einer reinen Ölbefeuerung für die Großkampfschiffe konnte sich die Marineführung nicht durchringen, da damit eine zu starke Abgängigkeit vom Ölnachschub befürchtet wurde. Ab der KAISER-Klasse wurden die Kolbendampfmaschinen durch eine 2-Satz- bzw. 3-Satz-Turbine von Parson bzw. AEG Vulcan ersetzt. Hilfsaggregate wurden teilweise schon durch Diesel angetrieben. Der geplante Einbau eines 2-Takt Großdiesel mit 12.000 PS für die Mittelmaschine des Schlachtschiffes PRINZREGENT LUITPOLD konnte nicht mehr realisiert werden.

---

[65] Die politischen und militärischen Überlegungen, die bei Konstruktion und Bau des ersten deutschen DREADNOUGHT zu bedenken waren, sind in kurzer, aber prägnanten Form zusammengestellt in: Hildebrand, Hans; Röhr, Albert; Steinmetz, Hans-Otto: Die Deutschen Kriegsschiffe. Biographien. Ein Spiegel der Marinegeschichte von 1815 bis zur Gegenwart, Herford 1981, Bd. 4, S. 144.

Da die Befeuerung der Kessel nach wie vor durch die „Heizer" direkt vor den Kesseln betrieben werden musste, war der Personalbedarf für den Betrieb der Maschinenanlage immens. Die gleichen Männer kamen im Gefecht zusätzlich auch zur Leckabwehr bei Wassereinbruch und Feuerbekämpfung zum Einsatz. Die körperliche und zeitliche Belastung dieses Teiles der Besatzung erwies sich deswegen als enorm hoch.

Maschinenoberheizer Erich Meier

Erich Meier diente während der Skagerrakschlacht als Maschinenoberheizer auf dem Großen Kreuzer DERFFLINGER. Dieser erhielt im Laufe des Gefechts mehrere schwere Treffer und konnte nur mit Mühe aus eigener Kraft nach Wilhelmshaven zurückkehren. Von den nicht gesunkenen Schiffen der Hochseeflotte hatte DERFFLINGER mit 162 gefallenen Soldaten die meisten Opfer zu beklagen. Erich Meier beschreibt sehr bewegend die aufreibende Tätigkeit, die toten Körper oder Leichenteile nach dem Einlaufen des Schiffes von Bord zu bringen. Meiers Tagebuchaufzeichnungen befinden sich in der Bibliothek der Marineschule Mürwik.[66]

Bericht des Maschinenoberheizers Erich Meier auf SMS DERFFLINGER (Auszug)

Sofort wird unser Maschinentelegraph auf: „Drei mal Äußerste Kraft voraus!" gelegt. Im Nu sind sämtliche Heizräume von uns benachrichtet. Die Heizer müssen jetzt ihr Äußerstes hergeben. Da gibt es kein Verpusten mehr. Ununterbrochen fliegen die schweren Kohlenschaufeln durch die Feuerbucksen. Fast ein Meter hoch liegt die feurige Glut unter den Hauptkesseln. Es ist eine Bullenhitze. Die Turbo-Lüfter laufen „A.K." und setzen den Heizraum mit 20-30 m/m Überdruck. Faustdicke Kohlenstücke werden durch den Luftdruck bis zum Schornstein hinaus geschleudert. Was unsere Heizräume an Dampf schaffen können, wird herausgeholt. Die Turbinen haben 270 Umdrehungen erreicht. Unser DERFFLINGER rast jetzt mit 25-26 Seemeilen auf seinen Gegner los. Immer kleiner wird die Entfernung zwi-

---

[66] Meier, Erich: Tagebuch, Marineschule Mürwik (WGAZ), Inv.Nr. 21873.

schen uns und den gefährlichen Rivalen und immer grauenvoller werden die Wirkungen seiner schweren 38 cm Granaten. Soeben wieder eine schwere Erschütterung an Backbord und gleich darauf kommt die Meldung von der Lecksicherung zurück an unsere Hauptmaschine: „Der Schutzbunker im ersten Heizraum voller Wasser." Das Geschoss hatte also den Panzer durchschlagen und den Kohlenbunker unter Wasser gesetzt. – Das Leck kann noch gedichtet werden, dadurch können die Kohlen aus diesen Bunkern nicht herausgeschafft werden. Die Schlacht tobt in unverminderter Heftigkeit weiter. Der Leitende Ingenieur fragt bei der Schiffsleitung nach Ort und Kurs des Schiffes. – Süd zu Ost ist die Antwort. Das Gefechtsbild wechselt also fortlaufend doch sind wir dauern im Angreifen. – Wieder ist eine schwere Erschütterung im Achterschiff zu verspüren. Ein 38er hat in der Werkstatt den Panzer durchschlagen. Das herausgerissene Panzerstück von annähernd zwanzig Zentnern wurde mehrere Schotten geschleudert und blieb schließlich unmittelbar vor dem Hauptgfechtsverbandsplatz liegen ohne einen Verwundeten zu erschlagen. Eine sechs Meter lange Drehbank ist durch die furchtbare Detonation in zwei Stücke gebrochen. Sämtliche Schotträume sind durchschlagen. Das Leck lag aber über der Wasserlinie und konnte schnell gedichtet werden. Die Abteilung hatte Gasgefahr, der Raum konnte aber bald wieder klar gemacht werden. – Im Vorschiff hatten wir schon mehrere Treffer bekommen. Einer von diesen hat zwei große Panzerplatten losgerissen und das ganze Vorschiff unter Wasser gesetzt. Dieses gewaltige Leck konnte nicht wieder gedichtet werden, wodurch das ganze Vorschiff ausfällt. – Die Gefechtstätigkeit hat sich zum Äußersten gesteigert. – Bei uns unten in der Kommandomaschine geht es toll her. Ununterbrochen klingeln die Telephone, hupen die Telegraphen, pfeifen die zahllosen Sprachrohre und die Maschinen brummen ohrenbetäubend, sodaß man sein eigenes Wort nicht versteht. Die Befehlsübermittlung gestaltet sich ganz schwierig und trotzdem überwerfen sich die unzähligen Meldungen förmlich. Wir können sie garnicht so schnell abnehmen und Vorkehrungen treffen. Aus allen Räumen werden Treffer und Störungen gemeldet. Unser leitender Ingenieur gebärdet sich verzweifelnd; er läuft wie abwesend immer hin und her, einmal sitzt er auf dem Luftschacht, dann wieder auf einer Treppenstufe den Kopf in den Händen gestützt. Als Beispiel wirkt seine Verfassung nicht besonders gut auf uns ein. Trotzdem war ich wirklich guter Laune; ich hatte alle Hände voll zu tun und keine Zeit über unser Schicksal nachzudenken. Bis jetzt hatte ich noch nicht an den Tod gedacht. – Es soll aber immer noch toller werden. Wir müssen uns dem Gegner gewaltig genähert haben. Plötzlich bekommen wir eine ganze Salve Volltreffer.

Unser DERFFLINGER hebt sich und legt sich nach der steuerbord Seite über. Ich hatte diese Bewegung deutlich im Magen verspürt, wie bei einer stark überholenden See. „Jetzt haben sie uns ordentlich eins ausgewischt," – dachte ich bei mir, und im nächsten Moment vernehme ich ein dumpfes Rauschen. Mein erster Blick ist zur Dampfzentrale, ich vermutete ein geplatztes Dampfrohr. – Bei diesem Gedanken hatte ich allerdings mit dem Leben abgerechnet.

Mich überkam tatsächlich zum ersten Mal eine Todesangst. In Gedanken sah ich schon den Dampf auf mich zuströmen und alles verbrühen. Es war aber nicht so; unser Raum füllte sich nicht voll Dampf. – Wäre es der Fall gewesen dann waren wir im Nu erledigt und die Hauptmaschine wäre ausgefallen. Damit wäre auch das Schicksal des DERFFLINGER besiegelt gewesen. Es sollte aber nicht sein und wir atmeten alle wie neu geboren. Doch es ist ähnlich Furchtbares eingetreten und andere Kameraden haben für uns das Leben lassen müssen. Indem wir noch im Schock gebannt sind, spielen sich dicht neben uns in Nachbarräumen furchtbare Szenen ab. Ein Treffer hat den zweiten großen 30,5 cm Geschützturm erledigt. Das ist uns momentan aber noch nicht bekannt. Ich peile unsere Maschinenbunker und überzeuge mich, daß unser Raum kein Wasser macht. Zudem bekommen wir schon wieder eine starke Erschütterung, sodaß ich beinahe kopfüber in die Bilge falle. Schnell klettere ich wieder heraus, und besetze die Sprachrohre. Ich will mich mit andern Räumen in Verbindung setzen und rufe die Backbord vordere Turbine an. Anstatt der Antwort strömt mir ein dicker Gasstrom entgegen. Ich muß etwas eingeatmet haben; denn ich habe einen widerlich, süßlichen Geschmack im Munde. Doch merke ich keine Übelerscheinungen und bleibe auf meinem Posten. Wir nehmen an die Backbord-Maschine sei ausgefallen und ich will indirekt durch die Maschinenzentrale anfragen. Aber auch von dort bekomme ich keine Antwort. Durch die starke Detonation waren bei uns mehrere elektrische Lampen ausgegangen und ich will deshalb den Turbo-Dynamoraum anrufen. Als ich die Sprachklappe öffne, schießt mir ein dicker Wasserstrahl entgegen. – Wir sahen uns rätselhaft einander an und überlegen was nun eigentlich los ist. Zudem klingelt das Telefon der Leckzentrale und meldet:

„Munitionskammer Turm Cäsar brennt!" Ein kurzer Schreck fuhr durch unsere Knochen; denn die Kammer lag unmittelbar an unserem Maschinenraum. Explodiert die Munition, dann fliegt der ganze DERFFLINGER in die Luft. Unmittelbar darauf kommt die Meldung: „Die brennende Munitionskammer muß sofort geflutet werden!" Im nächsten Augenblick war der Befehl an das Pumpenmeisterpersonal weitergegeben und innerhalb weniger Minuten kam die Meldung zurück: „Munitionskammer „Turm Cäsar" ist geflutet." – Gott sei Dank! Die Gefahr ist beseitigt. Aber was war denn überhaupt geschehen? Von Brücke wurde uns mitgeteilt, daß der Turm „Cäsar" durch einen schweren Treffer ausgefallen sei. Die Granate war im Geschützturm krepiert und hatte unsere Kartuschen entzündet wodurch das Feuer entstand. Sämtliche in der Kartuschenkammer befindlichen Kartuschen entluden sich, und verursachten eine gewaltige Stichflamme sowie das unheimliche Zischen das auch in unserer Maschine hörbar war und ein Ausströmen des Dampfes vermuten ließ. – Das zweite 30,5 cm Geschützpaar, sowie wieder die gesamte, 70 Mann starke Geschützmannschaft außer zwei Wasserholer die gerade unterwegs waren, ist damit ausgefallen.

Ein schwerer Verlust für unsere Artillerie die damit um die Hälfte ihres Gefechtswertes erledigt ist. […]

Ein Ing.Applikant der nicht schnell genug seine Gasmaske vor die Nase kriegte war nach kurzer Zeit den Giftgasen erlegen. – Das alles sind Vorgänge weniger Minuten. Soeben öffnet sich unser Maschinenschott (Tür) und erstaunt erblicken wir den vorsichtig eindringenden Obermaat Keilt von der Backbord-vorderen Maschine. Es ist streng verboten, während der Schlacht die Schotten zu öffnen; er mußte also irgendwelche Befehl ausführen wollen. Und so war es. Auch drüben in der Backbordmaschine hatte man mit uns keine Verbindung bekommen können und daher angenommen, daß die Hauptmaschine ausgefallen sei. Obermaat Keilt hatte also Befehl, die vermeintlich ausgefallene Kommandomaschine wieder „klar" zumachen. Sein angstvoll verzerrtes Gesicht beim Öffnen der Schottür verriet die furchtbare Aufregung in ihm; doch sichtlich erleichtert atmete er auf, als er uns noch alle lebend vorfand. Mittlerweile war bei uns alles wieder ins Gleichgewicht gekommen. Aber die Schlacht tobte mit unverminderter Heftigkeit weiter. Unser DERFFLINGER wird in eine kritische Situation gebracht. Wir haben nur noch halben Gefechtswert; denn vier 30,5 cm Geschütze sowie der größte Teil unserer feuernden Mittelartillerie ist bereits ausgefallen. Das Schlachtschiff KÖNIG kommt uns zur Hilfe, doch hier wird die Lage für uns DERFFLINGER immer bedenklicher. Unser Kommandant faßt schließlich den Entschluß, unseren Gegner, das feindliche Großkampfschiff, durch Torpedoangriff zu erledigen. Mit unverminderter Schnelligkeit rasen wir auf unseren Gegner zu. Jetzt werden wir auch noch von mehreren Panzerkreuzern angegriffen; doch werden sie von unseren nachfolgenden Linienschiffen abgelenkt. Die Entfernung zwischen uns beiden wird immer geringer. Ununterbrochen schlagen die Granaten bei uns ein. Von ganzen Salven getroffen schüttelt sich unser DERFFLINGER mit dem Tode ringend. Entweder wir oder der Gegner mußten auf dem Kampfplatz bleiben. Plötzlich schweigt unsere Artillerie. Keinen Schuss können wir verspüren und trotzdem schlagen fortwährend feindl. Treffer bei uns ein. Wir können nicht enträtseln, was los ist. –

Warum schießt unsere Artillerie nicht mehr? läßt der Leitende Ingenieur bei der Schiffleitung anfragen; doch bekommen wir keine Antwort. – Später wird uns gemeldet, daß die noch gefechtsklaren vorderen Geschütztürme durch einen Prellschuß unklar geworden seien. Die Granate hat den Winkelring am drehbaren Teil des zweiten Geschützturms „Berta" losgerissen und zwischen die Geschützrohre des vorderen Turms „Anna" gebogen. Dadurch waren beide Türme nicht mehr drehbar und eine Zeitlang außer Gefecht gesetzt. Somit war die gesamte Artillerie bei uns ausgefallen. Das waren furchtbare Minuten für uns unten in Maschinen und Heizräumen. Wissen wir doch nicht was eigentlich los ist. […]

Da kommt der sehnlichst erwartete Befehl in den Torpedobreitseiteraum:

„Torpedo klar zum Schuß!"

Bange Sekunden vergehen. – 3800 m meldet der Entfernungsmesser und gleich darauf folgt das Kommando: „Feuern!" Gleichzeitig wird die ganze Breitseite der noch gefechtsklaren Artillerie abgefeuert. Dann folgt atemlose Stille. Nur das dumpfe Rauschen der Maschinen dringt in das Ohr das plötzlich durch das schrille Läuten des Telephons von dem Kommandoturm unterbrochen wird.

„Unser Gegner der gegen uns gekämpft hat ist in die Luft geflogen!" meldet der Befehlsübermittler von der Brücke.

Erleichtert atmen wir auf und freudig wurde die Mitteilung von Raum zu Raum weiter gegeben. Das erledigte Großkampfschiff hieß WARSPITE und war das größte Schiff was dem Engländer absoff. […] Es war aber auch höchste Zeit für uns DERFFLINGER; denn die WARSPITE hatte uns mit ihren 38 cm furchtbar zugerichtet. Wäre uns unser Torpedoangriff mißglückt, dann hätte uns unser Gegner letzten Endes doch noch den Garaus gemacht. Ich sehe nach der Uhr; es ist 10^{00} abends. Wir sind also bereits über 5 Stunden im heißen Gefecht und die Schlacht tobt mit unverminderter Heftigkeit weiter. Wieder kommt eine belebende Nachricht von der Brücke:

„Ein weiterer Panzerkreuzer ist versenkt!"

Allmählich senkt sich die Nacht über das aufgeregte Meer und wir müssen Vorbereitungen zum Nachtgefecht treffen. Es müssen die Scheinwerfer klar gemacht werden, doch sind sämtliche an Deck befindliche zerschossen. Da kommt von der Brücke: „Riesenscheinwerfer klarmachen!" Es folgt also tatsächlich ein Nachtgefecht. Die etwas nachlassende Feuertätigkeit wird jetzt wieder bedeutend lebhafter. Unsere Torpedobootsflottillen werden jetzt tüchtig herangezogen; sie müssen Nachtangriffe fahren. […]

Von der Kommandobrücke kommt die Meldung:

„Verwundetentransport!"

Wir hatten viele Tote und Verwundete an Bord. Ich konnte es nicht mehr aushalten hier unten und musste wissen, wie es an Oberdeck aussah. Kaum bin ich aus dem Maschinenniedergan ins Zwischendeck getreten, da zeigte sich mir auch schon ein Bild des Grauens. Eilig laufen die Verwundetenträger mit ihren Tragbahren durch die Decks. Der Hauptgefechtsverbandsplatz befindet sich unmittelbar neben unserem Maschinenraum. Ich gehe hindurch und bin geschlagen von all' dem Fruchtbaren und Schrecklichen was ich hier sehe. Im nächsten Raum, der Abtl. III befindet sich die Totenkammer. Es ist ein Wohnraum in dem ich auch wohne. Mit Entsetzen sehe ich unsere Back (Tisch) an Deck auf der die Toten mit liegen. Ein furchtbarer Anblick ist es, wie sie alle mit bleichem Mund neben einander liegen. Dicht vor mir gewahre ich Maschinenmaat Stehr. Er ist von meiner Wache und aus meinem Maschinenraum. Als Lecksicherungswache ist er mit im Geschützturm „Cäsar" gefallen. Er liegt vor mir wie lebend und wild krampft sich das Herz in mir wenn ich daran denke daß er noch vor wenigen Stunden beim Wacheablösen mit mir in Reih' und Glied stand. Ich gehe wieder zurück durch den Hauptgefechtsverbandsplatz. Reihenweise liegen hier die Schwerstverwundeten. Es sind größtenteils furchtbar Verbrannte aus den ausgefallenen Geschütztürmen. Im furchtbaren Schmerz krümmen sie sich verzweifelnd bis auch sie nach kurzer Zeit ausgelitten haben. Es schnürt mir die Luft ab, ich muss fort; nach oben ins Freie. Mühsam bahne ich mir den Weg. Je weiter ich nach oben komme, desto größer sind die Verwüstungen und Zerstörungen. Es ist alles zerschossen. Über hohe Trümmerhaufen muss ich hinweg, kaum daß ich noch hindurch komme. Endlich bin ich im Freien. Tief atme ich die kühle Seeluft. Es ist mir, als sei ich einer Schreckenskammer entronnen. Doch was sehe ich auf dem Schlachtfeld des Meeres?

Im Dämmerlicht kann ich die einzelnen Schiffe erkennen. Ohne Formationen liegen sie alle wild durcheinander. Ich habe den Eindruck als hätte unser Flottenchef, Admiral Scheer, die Führung verloren. Im Hintergrunde an Steuerbord liegt KÖNIG, unseres DERFFLINGERS Retter in der Not. Es war für mich ein überwältigender Anblick diese Ruhe nach dem Sturm.

Schweren Herzens kehre ich auf meine Gefechtsstation zurück. Die Gefechtsfreude vor diesem Rundgang war vorbei. Alle Gesichter zeigten Gefechtsmüdigkeit. Man war von dem Gesehenen direkt niedergeschlagen. — Es geht auf Mitternacht und die Wache wird seit acht Stunden das erste Mal gewechselt. Das Gefecht ist fast gänzlich abgeflaut. Nur vereinzelte Schüsse unserer schweren Artillerie sind noch hörbar. Gegen 1^{00} Uhr nachts verstummt unsere Artillerie gänzlich und die Schlacht war abgebrochen. Jetzt bekommen wir auch das erste Mal etwas zu essen. Seit gestern Mittag hat es nichts mehr gegeben und der Magen knurrte uns erbärmlich. Es gab eine gute Suppe und sie mundete vorzüglich; und dann kam Befehl:

„Ruhe im Schiff!"

Wir durften schlafen gehen. Natürlich nicht etwa im Bett. Auf den Gefechtsstationen konnten wir uns ausgezogen auf die gezurrte Hängematte legen. Ich schleppte also meine „Flohkiste" auf die Turbine und legte mich darauf. Aber es war mir unmöglich einzuschlafen. Ich stand wieder auf und machte einen weiteren Rundgang durchs Schiff. Unser DERFFLINGER war von vorn bis hinten furchtbar zugerichtet. An Oberdeck war nicht viel zu sehen. Nur die Schatten der einzelnen Schiffe waren zu erkennen, und der Horizont war schwarz vom Qualm und Pulverdampf und zeugte von dem schweren Ringen tags zuvor. Ich kam auf meine Gefechtsstation zurück und im Vorbeigehen hörte ich einen Stückmeister sagen:

„Beim Morgengrauen geht's wieder los!"

Anfangs hielt ich es für einen groben Scherz; denn offen gestanden waren wir alle gefechtsmüde und außerdem war unser DERFFLINGER dermaßen zugerichtet, daß er kaum noch die Hälfte seines vollen Gefechtswertes besaß. [...]

Als wir um 4.^{00} Uhr morgens zum Wachwechsel antreten wollten, ertönten plötzlich wieder die Alarmglocken. Ohne die Wache ablösen zu können, besetzten wir die alten Gefechtsstationen. Jetzt wurden auch schon wieder die ersten Schüsse unserer Artillerie hörbar. Wir fragten nach Kurs des Schiffes: – „Süd zu Ost!" Seit Mitternacht befinden wir uns auf dem Heimwege. Gegen 6.^{00} Uhr wird das gegenseitige Feuern wieder lebhafter und ich habe das Gefühl als ginge es wieder los. Es lässt aber bald wieder nach und um 7.^{00} war die Artillerie gänzlich verstummt. [...]

Matrose Rupert Berger

Rupert Berger wurde 1896 in Traunstein in Bayern geboren. 1913 meldete er sich freiwillig zum Dienst in der Kaiserlichen Marine. Die Ausbildung absolviert er auf VINETA. Mit Kriegsbeginn wurde er auf NASSAU kommandiert und im Bereich der Artillerie als Entfernungsmesser eingesetzt. In der Skagerrakschlacht war seine Gefechtspositon der Wellentunnel der Backbordwelle. Die Gründe für diesen durchaus ungewöhnlichen Wechsel sind nicht mehr zu klären.

Berger hat seine Erlebnisse in der Marine, in der er bis 1921 diente, in einem zweibändigen Manuskript detailliert niedergeschrieben, darunter seine Eindrücke von der Skagerrakschlacht. Jahre später wurde es von der Familie durch Zufall entdeckt und 2015 von Ernst Lahner im Eigenverlag veröffentlicht.[67]

Bericht des Matrosen Rupert Berger auf SMS NASSAU (Auszug)

Um halb sechs abends ging ich noch mal an Deck, um nach dem Feinde Ausschau zu halten. Es war noch nichts von ihm zu sehen. Ich ging daher ins Zwischendeck um mich für die Nacht umzuziehen. Eben setzte ich meinen Fuß von der Treppe aufs Batteriedeck, als „Klar Schiff" angeschlagen wurde und der Generalmarsch durch alle Räume des Schiffes tönte. Es war genau 5.30 Uhr abends. Schnell lief ich noch an meinen Spind, steckte mein Geld und mein stehendes Messer in die Tasche und begab mich dann auf meine Gefechtsstation, in den Ruderraum.

Die Panzerkreuzer und kleinen Kreuzer befanden sich bereits seit 4.30 im Gefecht. Sie hatten das englische Schlachtkreuzergeschwader gefunden und trieben es auf uns zu. Ein eigentümliches, beklemmendes Gefühl bemächtigte sich eines jeden. Außer mir befand sich noch ein Steuermannsmaat, ein Maschinistenmaat und ein Heizer im Ruderraum. Keiner sagte ein Wort. Jeder war mit sich selbst beschäftigt. Minute um Minute verrann und noch war kein Schuss gefallen. Diese drückende Schwüle vor dem Gefecht ist unerträglich. Ich zwang mich an nichts zu denken, es half mir aber nichts. Ich betete einige Vaterunser für unseren Sieg und eine glückliche Heimkehr. Die Zeit verging nur ganz langsam. Um quälende Gedanken los zu werden, begann ich eine Wilhelmshavener Zeitung zu lesen, welche zusammengeknüllt in einer Ecke lag. Es war bereits 6.40, der Feind war schon in Sicht, QUEEN MARY war schon gesunken, aber für uns war die Entfernung noch zu groß um feuern zu können. Ich wollte schnell noch einmal austreten. Nach oben konnte ich nicht.

---

[67] Der hier abgedruckte Bericht ist mit freundlicher Genehmigung des Herausgebers Ernst Lahner, Traunstein, in Auszügen dem Band I des Tagebuches entnommen.

Alle Lucks, Schotten und Panzertüren waren dicht geschlossen. Ich begab mich daher in den Wellentunnel, um von hier aus durch die Mittelmaschine nach oben zu kommen. Ich befand mich in der Mittelmaschine, alles tropfte von Öl und Fett, das ganze Deck war mit Öl bedeckt. Ein scharfer Knall drang bis herunter, das Schiff legte sich auf die Seite, wir hatten unsere erste Salve geschossen. Es war genau 6.43. Ich begab mich nun sofort auf meine Gefechtsstation zurück. Mit dem ersten Schuß war das beklemmende Gefühl gewichen und auch die anderen wurden wieder gesprächig. Nach der Schlacht konnte ich von jedem bestätigt finden, daß die Zeit von Klarschiff bis zum Fallen des ersten Schusses die schrecklichste ist. Hier unten konnte man von der Schlacht nichts sehen und da begab ich mich daher wieder nach oben. Wenn hier unten was vorkommen sollte, waren ja noch genug Leute hier und außerdem waren sie alle froh, wenn ich ihnen vom Gang der Schlacht Kunde brachte. Ich erfuhr, dass wir die erste Salve auf eine Entfernung von 185 hm auf einen englischen Panzerkreuzer gefeuert hatten. Als er merkte, dass er schon auf so große Entfernung beschossen wurde, suchte er die Entfernung noch zu vergrößern, vielleicht, weil er nicht soweit schießen konnte oder aus irgendeinem anderen Grund. Durch verzweifelte Anstrengungen suchte er uns das Einschießen so schwer wie möglich zu machen. Die erste Salve lag kurz, Mitte, die nächste weit Mitte und die nächste deckend. Nun stoppte er seine Fahrt ab und ließ unsere Granaten wieder ins Wasser schlagen. Bei der nächsten Salve nahm der Feind wieder große Fahrt auf und 30 Sekunden später schickten wir ihm auf 209 hm die letzte Salve hinüber. Die Entfernung war nun zu groß geworden und man konnte nur noch die äußersten Mastspitzen sehen. Bis jetzt hatten wir es nur mit den Panzerkreuzern zu tun gehabt, aber nun wurden auch die Schiffe der QUEEN ELISABETH-Klasse sichtbar. Jetzt kann es schlimm werden dachte ich bei mir, denn diese Schiffe sind die neuesten, die der Engländer aufzuweisen hat und sind außerdem mit 38 cm Geschützen bestückt. Der Ruf „Achtung Torpedoboot" schreckte mich aus meinen Betrachtungen. Hart Backbord voraus kam ein großer Zerstörer der LAERTES-Klasse TIPPERARY auf uns zu, ohne sich um uns zu kümmern. Wir ließen ihn ziemlich nahe an uns herankommen und schickten ihm auf 86 hm die erste Salve entgegen. Auf 81 hm bekam er einen Treffer am Heck, der ihm den

Flaggenstock wegriß und ihm wahrscheinlich Schrauben und Ruder beschädigte, denn er begann langsam nach Steuerbord auszuscheren, so daß er uns seine Backbordseite zudrehte. In diesem Augenblick bekam er eine neue Salve von fünf Schüssen. Mächtige Feuersäulen schlugen in die Höhe und mit dem Heck zuerst schoß er in die Tiefe. Nur die Back hielt sich noch einige Sekunden über Wasser und nur zwei Boote von ihm bezeichneten die Stelle, wo er gesunken war. Kurz darauf um 7.26 bekamen wir wieder einen Zerstörer Angriff. Wir beschossen sie auf 70-80 hm, konnten aber den Enderfolg nicht ganz feststellen, da sie in dichte Rauchwolken eingehüllt waren und nur der Feuerschein zeigte uns an, dass unsere Granaten gut saßen. Es wurde jetzt nach und nach dämmrig. Dunst, Rauch und Wasserdampf vermischten sich zu einem eigenartigen Gebilde und zog in dichten Schwaden auf dem Wasser dahin. Überall, wohin man sah, blitzte Mündungsfeuer auf und schlugen Feuerflammen zum Himmel. Um 8.08 abends, als es bereits stark dämmerte, wurden wir plötzlich unter furchtbar schweres Artilleriefeuer genommen. Links und rechts, vor uns und hinter uns schlugen schwere Granataufschläge ins Wasser. Über masthohe Wassersäulen stiegen hoch, standen minutenlang und fielen dann wieder in sich zusammen, ihre Wassermassen bei uns auf das Deck werfend.

Näher und näher kamen die Aufschläge, der Feind schoß sich mit einer unheimlichen Genauigkeit ein. Ich gab für mein Leben keinen Pfifferling mehr, aber jetzt wurde mir doch etwas schwummerig und ich wünschte die Nacht herbei, damit uns der Feind nicht mehr sehen konnte. Mir kam der Gedanke wieder in den Ruderraum zu gehen, verwarf ihn aber schnell wieder, denn wenn wir zerschossen und versenkt wurden, hatte ich da unten am wenigsten Aussicht, gerettet zu werden. Das Übelste war, daß der Feind hinter einer dicken Rauch- und Dunstschicht verborgen war und nur durch das aufblitzende Mündungsfeuer zu sehen war. Da kam VON DER TANN angebraust. Er war unser Retter. Er legte sich vor unsere Backbordseite und nahm uns das Feuer ab. Nach kurzer Zeit bekamen wir den Feind zu fassen. [...]

Wir selbst auf NASSAU waren nach wie vor unverletzt. Aber andere Schiffe wie KÖNIG, der als Spitzenschiff fuhr und unsere Panzerkreuzer, besonders LÜTZOW, hatten schwer gelitten. Auf unser

Deck waren nur Sprengstücke von im Wasser krepierenden Granaten geflogen. Wir gingen jetzt auf Ostkurs, dann auf Südost und schließlich auf Süd. Die Schlacht war bis jetzt auf Backbordseite, also im Norden und Osten von uns gewesen. Um uns nicht zur Ruhe kommen zu lassen, setzte der Feind wieder Zerstörer zum Angriff an. Er scheiterte aber an unserer Wachsamkeit, einer verschwand in den Wellen und ein anderer leuchtete als brennende Riesenfackel seinen Kameraden auf dem Rückweg. Die Schlacht begann plötzlich wieder aufzuleben. Es schien nur eine kurze Feuerpause gewesen zu sein, um die Kämpfer hüben und drüben verschnaufen zu lassen.

Neuer Mut und neue Energie schien sich angesammelt zu haben. Dieser Wutausbruch schien die Kanonade von vorher noch übertreffen zu wollen. Mit aller Gewalt schien der Engländer sein Ziel erreichen zu wollen. Lützow hatte die Kampflinie bereits verlassen müssen. Mit Macht brachen jetzt unsere Panzerkreuzer und Torpedoboote zum Angriff vor. Wir unterstützten sie mit einem rasenden, über das Trommelfeuer gesteigerten Schnellfeuer. Bis auf sechs Kilometer an den Feind stießen die Panzerkreuzer und bis auf 2 km die Torpedoboote vor. Detonation auf Detonation erfolgte. Der ganze Himmel und die Wasserfläche waren rot und spiegelten den Feuerschein wider; unbekümmert des konzentrierten feindlichen Feuers hielten unsere Panzerkreuzer stand und mit Todesverachtung suchten sie den Feind abzudrängen, der bereits unsere Spitze umfasst hatte. Aber auch dieser wusste, was von diesen Augenblicken für uns abhing und hielt mit einer Zähigkeit, die einen schaudernd machen konnte, stand. Abermals brachen Torpedobootsflottillen um Torpedobootsflottillen zum Angriff vor. Der kritische Moment war gekommen. Die ganze Flotte brach nun mit aller Wucht vor. Unbekümmert um alles andere wurde das Feuer der ganzen Flotte auf die feindliche Spitze vereinigt. Was in diesen Augenblicken an den Geschützen, an den Kesseln, im Kommandostand überhaupt überall geleistet wurde, ist unbeschreiblich. Solche Leistungen hatte man nie für möglich gehalten. Niemand sagte ein Wort, alle hatten nur eines im Auge, den Feind. Diesem Anprall konnte der Gegner nicht widerstehen und mit schwer beschädigten, teils brennenden Schiffen dampfte er nach Norden ab. Ein Aufatmen ging durch das ganze Schiff. Diese Kraftanstrengung war zu groß gewesen und diese Augenblicke hatten übermenschliche Anforderungen gestellt. Ermüdet ließ sich alles neben den Geschützen an Deck nieder. Es war ungefähr 9 Uhr abends. Nochmals stieß unsere ganze Macht zum Angriff vor, aber als die Qualmwolke durchdrungen war, war vom Gegner nichts mehr zu sehen. Ich dachte, dass jetzt die Schlacht zu Ende wäre, ging durchs Schiff und tauschte mit diesem und jenem das Geschehen aus. Ich ging wieder in den Ruderraum und erzählte das Geschehene. Sie hatten hier unten bange Stunden verlebt. Nicht wissend, was oben vorging und wie die Schlacht für uns stand, nur das Krachen der Geschütze und das Krepieren der Granaten hörend, fraß die Ungewißheit an ihrer Nervenkraft.

Ich hatte seit Mittag nichts zu essen gehabt und der Hunger meldete sich nun bei mir. Aber es war nichts zu bekommen. Im Ruderraum herrschte eine unerträgliche Hitze. Das verbrannte Öl und Fett verpestete die Luft, die nicht erneuert werden konnte, da die Ventilation bei Klarschiff abgestellt werden muß und noch nicht wieder angestellt werden durfte. Es herrschte hier über 50° und ich hatte einen unheimlichen Durst. Im Torpedoraum sollte sich noch ein Kessel voll Kaffee befinden. Ich gehe hin und setze den Kessel an den Mund. Aber der Kaffee ist nicht zu trinken, die halbe Kanne ist voll Öl und ich habe einen ganz ekeligen Geschmack bekommen. Ich gehe wieder in den Ruderraum zurück und strecke mich in einer Ecke aus. Der Schlaf will aber nicht kommen, es ist alles nur Träumerei und Phantasieren. Plötzlich wieder Kanonendonner. Wie elektrisiert springe ich auf. Wir hatten gehofft, die Nacht würde dem Kampf ein Ziel setzen und nun ging es wieder von neuem los. Mit gespannter Aufmerksamkeit und weit geöffneten Augen horchten wir auf den Donner der Kanonen. Jedes Mal, wenn bei uns wieder eine Salve krachte, fiel es mir wie ein Stein vom Herzen. Eine halbe Stunde lang hatten die Kanonen wieder gesprochen, die Salvenfolge wurde immer langsamer, verlor sich in Einzelschüssen und hört schließlich ganz auf.

Englische Panzerkreuzer hatten sich wieder blutige Köpfe geholt. Es war 10.30 nachts. Das Schiff stand mit einem Male still, das Geräusch der Wellen verstummte. Ein Angstgefühl überkam mich. Sollten unsere Maschinen versagen? Nein, bald machten wir wieder Fahrt. Aber bald fiel die Geschwindigkeit auf 12, ja sogar auf 9 Meilen. Wir mussten aus der Linie ausscheren, blieben immer mehr und mehr zurück und bald hatten wir die Flotte außer Sicht. Wir waren in einer Lage, die alles andere als beneidenswert war und können von Glück sagen, daß der Gegner unsere Lage nicht bemerkte. Die Lager in der Mittelmaschine waren heiß gelaufen, hatten zu brennen angefangen und sich festgefressen, so daß die Maschine ausfiel. Mittlerweile bekam auch eine der beiden Seitenmaschinen einen „Brandenburger"[68], und wir konnten nur noch 9 Meilen laufen. Mit fieberhafter Hast wurde an die Beseitigung der Schäden gegangen, die Lager herunter gerissen und ausgetauscht. Wie es uns ergangen wäre, wenn der Engländer uns entdeckt hätte, kann man sich denken, genauso wie BLÜCHER am 24. Januar.[69]

Wir wurden dauernd von OSTFRIESLAND angerufen, konnten aber keine Antwort geben, da wir sonst dem Feind unseren Aufenthaltsort verraten hätten. Wie mir später erzählt wurde, hatte man uns schon verloren gegeben, weil uns niemand mehr sah und wir keine Antwort gaben. Unsere Störung war bald wieder beseitigt und wir konnten bald wieder erhöhte Fahrt laufen. Gegen 1.00 hatten wir wieder Anschluß an die Geschwaderlinie. Um 1.30 kam wieder „Achtung, Torpedoboote", und im gleichen Augenblick „Salve, feuern; Salve feuern" und noch mal „Salve feuern". Der Navigationsoffizier gab die Kommandos, aber es fiel kein Schuß, weil kein Geschützführer die Torpedoboote sehen konnte. Das letzte Feuerkommando war noch nicht verklungen, als das Schiff einen furchtbaren Stoß bekam und sich sofort auf die Seite legte. Ich hatte an der Wand gelehnt und wurde gegen die Tür zum Torpedobereitschaftsraum geschleudert. Sämtliche elektrische Birnen löschten aus und wir standen im Dunkel. Das ist ein Torpedotreffer, war mein erster Gedanke; das Schiff lag noch immer auf der Seite. Auch die anderen dachten so. Mit einem Male wurde es wieder hell und das Schiff begann, sich allmählich wieder aufzurichten. Ich verließ den Ruderraum um nachzusehen, was eigentlich los war. Die ganze Kasematte war voll Rauch und Qualm. Der Stoß war von einem betäubenden Krach begleitet gewesen und augenblicklich schlugen Feuer, Qualm und Splitter zu den Geschütz-

---

[68] Üblicher Begriff des Maschinenpersonals für ein heiß gelaufenes Lager einer sich drehenden Antriebswelle
[69] Der Panzerkreuzer SMS Blücher wurde in einem Gefecht auf der Doggerbank am 24. Januar 1915 mit hohen Personalverlusten versenkt.

pforten herein. Woher war der Stoß gekommen? Rauch, Splitter und Qualm gaben uns die Gewissheit einer Torpedierung. Dem war aber nicht so, sondern wir hatten gerammt und waren gerammt worden. Der Navigationsoffizier sah nämlich plötzlich einen großen, englischen 4-Schornstein-Zerstörer kaum 200 m von uns ab und gab die drei Feuerkommandos durchs Schiff. Der Zerstörer wollte unseren Bug passieren und auf DERFFLINGER einen Angriff fahren. Aber unser Kommandant ließ die NASSAU hart Backbord drehen, so dass an ein Durchkommen für den Zerstörer nicht mehr zu denken war. Beidrehen konnte der Zerstörer auch nicht mehr, da er bereits auf 50 m an uns heran war. So sah er sein Schicksal vor Augen und rannte mit 38-40 sm bei uns auf. Die Wirkung war grauenhaft. Sein Bug drang gut 2 m in unser Vorschiff; seine Brücke und alles, was nicht bombenfest an ihm war, flog bei uns aufs Deck. Er selbst zerschellte vollständig und brach in der Mitte durch. Das Achterschiff sank sofort. Bei diesem Rammstoß bekamen wir die ersten Verluste. Der Vorderteil des Zerstörers wurde herumgedrückt, riß ungefähr 15 m von unserer Bordwand weg, prallte mit furchtbarer Gewalt gegen das Backbord erste 15 cm Geschütz, warf es herum und schleuderte 3 Mann der Bedienung mit ungeheurer Gewalt gegen den Panzer. Zwei Mann waren sofort tot. Der dritte Unglückliche lag mit auseinander geklafftem Schädel und bloßem Gehirn an Deck und lebte noch. Aber nur noch für kurze Zeit, denn in der Hand des Arztes starb er. Bei dem ungeheuren Anprall explodierten die feindlichen Torpedos des Zerstörers und daher kamen die furchtbaren Feuergarben und die dichten Rauchwolken. Am anderen Morgen sah ich mir die Sache genau an. Das ganze Deck des Vorschiffs war mit Blut besudelt. Dicht am Turm „A" lag ein Haufen Eingeweide und daneben ein Gehirn mit einer halben Schädeldecke. Auf dem Außendeck lag ein Glacehandschuh mit einer Hand und daneben ein Brief mit einer Mädchenlocke. Das linke Rohr von Turm „F" war ganz blutig. An ihm mußten einige Engländer entlang gerutscht sein und dann gegen den Turm geschlagen haben, denn an diesem hingen noch blutige Fleisch- und Hautfetzen. Die Signalflaggen und Kriegsflaggen, die mit der Kommandobrücke an Deck geflogen waren, wurden alle zum Kommandanten gebracht und von diesem verwahrt. An der Rammstelle stak noch der Bug des Feindes mit der Ankerklüse im Schiff. Das ganze Deck war mit Splittern und Eisenteilen übersät. Die Engländer, die bei uns auf Deck geflogen waren, wurden bei der nächsten Salve wieder herunter geweht. Einige von ihnen sollen „help, help" gerufen haben, was ich aber nicht für wahrscheinlich halte, da sie meiner Ansicht nach alle tot gewesen sein müssen. Eine Minute nach diesem Vorfall, um 1.32 wurden wir wieder von feindlichen Zerstörern angegriffen. Einer sank gleich bei der ersten Salve, ein zweiter brannte lichterloh und die anderen machten sofort kehrt. Wir kümmerten uns weiter nicht mehr um sie, als zwei Treffer bei uns zwischen die vorderen Scheinwerfer schlugen. Der brennende Zerstörer schoss auf uns. Ein Mann bediente das Geschütz und ein anderer hielt durch Schlagen mit einer Jacke die Flammen von ihm fern. Eine Salve von uns besiegelte ihr Schicksal.

Die zwei Treffer, die sie uns beigebracht hatten, hatten bei uns große Verluste verursacht. Der erste Treffer durchschlug eine Stütze des Scheinwerferstandes, krepierte und setzte die Backbord-Scheinwerfer außer Gefecht. Die Bedienungen waren sofort tot und förmlich durchlöchert. Einer allein hatte 47 Wunden. Das ganze Deck und die Schornsteine wurden von den Geschoßsplittern durchlöchert. Der zweite Treffer krepierte dicht neben dem ersten und richtete ähnliches Unheil all. Die Splitter flogen bis zu den achteren Scheinwerfern, deren Spiegel sie zertrümmerten. Die Schornsteine sahen aus wie ein Sieb; sämtliche Scheinwerfer waren ausgefallen. Unsere Verluste durch diese zwei Treffer waren groß, 9 Mann waren sofort tot und 17 schwer verwundet. Das Deck, die Schornsteine und der Kommandostand waren mit Blut besudelt. Auf letzterem war eine große Blutlache und am Mast hing an einem Sprachrohr die blutige Kopfhaut des Leutnants M. mit Haaren und einem halben Ohr. [...]

Wieder kamen feindliche Zerstörerflottillen und immer wieder und immer öfter, bis zum hellen Morgen. Rücksichtslos wurden sie gegen uns vorgeschickt und wenn sie dezimiert und halb zerschossen kehrt machten, brach bereits wieder eine neue Angriffswelle hervor. Sie brachten den Briten keinen Erfolg, sondern räumten unter seinen Beständen ganz gewaltig auf. Wie wir am Abend vorher die Nacht herbeigewünscht hatten, so sehnten wir jetzt den Tag herbei. Lieber eine frische Schlacht bei Tag mit Albions Riesenschiffen als dieser langsame Selbstmord im Kampfe gegen die zähen und heimtückischen Zerstörer. Schuß auf Schuß krachte und Zerstörer um Zerstörer sank. Eine ganze Anzahl ist schon gesunken, schätze mindestens 20-25 Stück. Überall am ganzen Horizont blitzt es, wenn unsere Schiffe feindliche Zerstörer abwehren, die unsere Torpedoboote angreifen. Überall, wo man hinsieht, sieht man brennende Zerstörer und zeitweise fahren wir zwischen hell erleuchteten Straßen, zu deren Seiten die feindlichen Zerstörer als Riesenfackeln treiben. Torpedo auf Torpedo wurde auf uns abgefeuert und wie uns der Kommandant erzählte, hätten uns mindestens 5 getroffen, wenn nicht im letzten Augenblick noch die Laufbahnen gesehen worden wären, sodaß er noch ausweichen konnte und sie an uns, wenn auch haarscharf, vorbei gingen. Um 3 morgens am 1. VI. wurde ELBING in der Verwirrung von POSEN gerammt. Die ganze Besatzung konnte gerettet werden, da das Schiff noch eine ganze Weile schwamm. Um 4 morgens bekam POMMERN einen Torpedoschuß. Eine mehrere 100 m hohe Säule aus Wasser, Feuer, Splitter, Rauch und Qualm wurde in die Luft geworfen und im Bruchteil einer Sekunde war sie mit Mann und Maus in der Tiefe verschwunden.

Es wurde allmählich hell und die Zerstörerangriffe ließen nach. Um 4.30 fuhr ein Zerstörer ganz allein auf uns los und wurde durch eine einzige Salve von uns erledigt. Es kam das Kommando: „Achtung Torpedoboote, 40 hm, Schieber links vier, Salve feuern", und wie weggeblasen war der Angreifer. Um 6 h morgens wurden wir zum letzten Male angegriffen. Gegen acht sammelte sich die Flotte südlich von Hornsriff. Ein englisches U-Boot wurde entdeckt, war aber nach einigen Salven nicht mehr zu sehen. Über 14 Stunden waren wir im Gefecht und 36 Stunden auf den Beinen gewesen. Seit 21 Stunden hatten wir nichts zu essen gehabt, denn am 1. um 9 h bekam ich erst etwas. Alles atmete auf, als um 12.30 Helgoland in Sicht kam. Um 4.30 nachmittags ankerten wir auf W'haven Reede, gaben die Toten und Verwundeten an Land und gingen dann auf Vorposten.

Maschinenobermaat Rudolf Dübeler

Der 1887 geborene Rudolf Dübeler erlebte die Skagerrakschlacht als Maschinenobermaat an Bord des Linienschiffes HESSEN. Zwei Tage später schrieb er einen Brief an seinen Bruder Arthur in Leipzig. Er ist noch ganz überwältigt von den Ereignissen und stolz auf die bestandene Kampfprobe des eigenen Schiffes. Dabei gibt er zu, sich zu diesem Zeitpunkt noch kein Gesamtbild machen zu können.[70]

Bericht des Maschinenobermaaten Rudolf Dübeler auf SMS HESSEN

den 3. Juni 1916

Lieber Arthur!

Noch zittert in mir, wie in uns schließlich allen, der großartige, aber fürchterliche Eindruck der vergangenen Seeschlacht nach. Den größten Teil davon wißt Ihr wohl schon aus den Berichten und ich werde mich deshalb, soweit ich es für statthaft finde, auf möglichste Wiedergabe persönlichen Erlebens und Empfindens beschränken. Das ging diesmal hart auf hart; über zwölf Stunden lang hatte sich unsere gesamte Hochseeflotte, der ja auch das Geschwader meines Schiffes angehört, mit dem größten und stärksten Teil der englischen Flotte förmlich verbissen. Wie außerordentlich wir, trotz der vielfachen Überlegenheit unseres Gegners, trotz seiner numerischen Überlegenheit an modernen und modernsten Schlachtkreuzern und Großkampfschiffen, sowie an Aufklärungsschiffen, Torpedo- und Unterseebooten, trotzdem noch geschnitten haben, erscheint mir persönlich ans Wunderbare grenzend. Und so wunderbar ist es auch, daß von unserem Geschwader gerade unser Schiff (u. dazu noch ein anderes) weder Tote noch Verwundete hat, trotz gleicher ausgestandener Gefahr.

Ich muss mir ja in diesem Brief vielfach Zurückhaltung auferlegen; vielfach bin ich über wichtige Phasen, über Beginn und Verlauf der Schlacht noch zu sehr im Unklaren, um darüber ein zusammenhängendes Bild geben zu können.

Es handelt sich anfangs (am 31./5. ungefähr zwischen 4 u. 5 Uhr nachm.) um einige kleine Kreuzer und größere Panzerkreuzer des Feindes, sowie um Torpedobootszerstörer desselben, die von unserer Vorhut (kleinen Kreuzern u. Hochseetorpedobooten) droben bei Horns-Riff sofort scharf angegriffen und verfolgt wurden. Feindliche

---

[70] Brief Rudolf Dübeler an Arthur Dübeler, 3.6.1916, Abschrift, Marineschule Mürwik (WGAZ), Inv.Nr. 04010.

127

Schlachtkreuzer griffen schon kurz darauf ein und ebenso Schlachtkreuzer unserer Flotte. In dem nun folgenden stundenlangen, äußerst erbitterten Feuergefecht, das sich immer weiter ausdehnte, hatte der Gegner ganz beträchtliche Verstärkungen erhalten – und das Beste was England zu liefern fähig gewesen war, seinen Stolz, seine „Unbesiegbaren"[71] hat er da ins Treffen geführt. Aber auch die Geschwader unserer Hochseeflotte leisteten unseren wackeren Schlachtkreuzern sofort die nötige Unterstützung. In rasender Fahrt alles, soweit das Auge reichte, zuckende Feuergarben am ganzen Horizont längs – ununterbrochener Donner – ganze Wälder von steigenden Wassersäulen – sinkende Schiffe – vorpreschende Torpedoboots- u. Zerstörer-Flottillen; – ein jeder von uns wusste, diesmal gehts aufs Ganze.

Einem jeden von uns mag das Herz in diesem fürchterlichen Zusammenprall schneller und beklommener geschlagen haben – das Heulen der schweren Granaten u. Sprengstücke war eine schauerliche Symphonie. Allerdings uns, dem Geschwader, dem mein Schiff angehört, galt es vorerst noch weniger, obgleich auch zu uns so verschiedene Ladungen schwersten Kalibers herüberwuchteten. Die Entfernungen in der Tagschlacht waren zwischen den kämpfenden Gros beider Flotten ganz gewaltige – oftmals nur als Punkte am Horizont zu sehen, kenntlich nur durch das Aufflammen des Geschützfeuers. Und dann kam die Nacht und mit ihr ein erneutes Aufflammen der ganzen grausigen Schlacht – eine Seeschlacht der modernsten Schiffe bei Nacht mit allen ihren Schrecken und Fürchterlichkeiten – Bilder, die sich mir in die Seele gebrannt haben, unauslöschlich. Zwei Schiffe sah ich unter anderem, brennend am Horizont dahintreiben, die in ihren hoch lodernden Flammengluten, mit ihrem fürchterlichen Feuerwerk der Munitionsexplosionen ein unbeschreiblich furchtbar grausiges Schauspiel boten.

Bei uns an Bord herrschte gleich bei Ausbruch der Schlacht, ganz offen gestanden, wirklich sieghafte Freude über dieses endliche Zusammentreffen; man las es in den Gesichtern, es strahlte aus den Augen und man hörte es aus den Worten. Aber – eine harte, sehr harte Probe hatte dieser, an sich so erfreuliche Kampfesmut zu bestehen. Uns wurde ja auch Allen bald bekannt, in welcher Übermacht

---

[71] Gemeint ist der britische Schlachtkreuzer INVINCIBLE.

uns ein wirklich zäher, durchaus nicht zu verachtender Gegner geworden war und dass es hier schließlich bis aufs Messer ging. Wir waren im Laufe der Nacht (schon gegen Morgen) mit unserm Geschwader in wahre Wespennester von feindlichen U-Bootsaufstellungen hinein geraten und hatten uns (besonders unser Schiff) tüchtig durch Schnellfeuer und vor allem durch schnelle, umsichtige Manöver gegen diese zahlreichen unheimlichen Angreifer zu wehren. Unser Schwesterschiff POMMERN, dicht vor uns fahrend (etwa 4-5000 m) ist diesem, in seiner Wirkung so furchtbarem Gegner zum Opfer gefallen. Da überlief denn doch selbst die Beherztesten ein kalter Schauer – ein Schiff, wie das unsere, von 13.200 t Wasserverdrängung und … ein gewaltiger Schlag, fliegende Trümmer, die ein Feuerstrahl hochzuwerfen scheint in weißen Rauch- und Dampfwolken gehüllt und nichts mehr.

Aber einen dieser kleinen Feinde hatten wir doch erledigt – es ist das feindliche U-Boot, das im Bericht mit erwähnt ist. Es herrscht aber doch, infolge der Nähe dieser schauerlichen Katastrophe und der uns selbst drohenden gleichen Gefahr, ein dumpfer Druck auf den Meisten unserer Besatzung – das ist bei allem Mut und aller Todesverachtung doch nur allzu menschlich. Aber Zeit zum Ängstlichwerden oder Grübeln gibts da nicht; – ich muß immer wieder den wirklich heroischen Geist unserer Offiziere bewundern. Unser Adjutant, in dem Kommandostand neben dem Kommandanten stehend, sieht auch vor sich die brave POMMERN in die Luft gehen und weiß damit das Schicksal seines jüngsten Bruders, eines Fähnrichs der POMMERN, besiegelt; ein Blaßwerden nur, ein krampfhaftes Zusammenzucken, und dann ist das Auge wieder starr auf den Feind gerichtet. Es ging den Meisten wohl so, wie unserm wackern Kommandanten – ein Stoßgebet von den Lippen: „Gott möge uns bewahren" und dann alle Gedanken immer nur wieder auf das eine Ziel gerichtet: den Gegner vernichten und wenn möglich selbst klar durch-kommen. Unser erster Offizier war bei einem raschen Gang durchs Schiff (die unteren Räume) in diesen harten Stunden einfach prächtig; hier und da ein ermunternder Zuruf, ein erheiterndes Scherzwort, eine belehrende Aufklärung über den Stand der Schlacht und die Stimmung war gehobener. An Müdewerden, Schlappwerden, dachte ohnehin kein Mensch und es ist wirklich fast Übermenschliches gewesen, was in Kohlenstaub und Hitze, Oelgestank und sonstiger schlechter Luft, besonders vom Maschinenpersonal geleistet werden mußte. Es ist das Äußerste aus Menschen und Maschinen herausgeholt worden, das darf ohne Überhebung stolz gesagt werden und nicht einer hat versagt. Die Decks zitterten förmlich und das Deck über Maschinen- u. Heizräumen dampfte von Oel und Wasserdunst. Meine Gefechtsstation selbst hat an mich schwere Anforderungen nicht gestellt; viele, ja ich darf wohl sagen, die Meisten hatten es in diesen Stunden schwerer als ich, das bringen die Umstände so mit sich und ich habe alle Ursache dem Schicksal dankbar dafür zu sein.

In den Morgenstunden auf der Heimfahrt waren wir noch auf allerlei böse Überraschungen gefaßt und vorbereitet; sie sind Gott sei Dank ausgeblieben. Mit inniger Freude und voll Dankbarkeit gegen den obersten Lenker aller Schlachten durften wir dann in den Nachmittagsstunden leuchtenden Auges den lieben deutschen Strand wiedersehen, den wir in schwerem Ringen aufs Neue zur Heimat erworben hatten. Es hatte auch uns schwere Opfer gekostet, die wir tief beklagen, aber die Opfer unserer Gegner sind bedeutend größer und schwerer – schwerer jedenfalls noch als wir bisher wissen und er selbst zugibt.

Bei all dem großen Erfolg wäre es doch unrecht den Briten zur See große Tapferkeit und rücksichtsloses Draufgehen abzusprechen – er ist ein sehr zäher Gegner, den wir aber wills Gott, endlich mal ins Herz getroffen haben – aber überwunden ist er deshalb noch nicht. Vor allen Dingen danken wir unserm Herrgott, der so gnädig mit uns war, daß unsere Waffen in dieser mörderischen Seeschlacht den Sieg davongetragen haben.

Bericht des Korvettenkapitäns Richard Foerster auf SMS SEYDLITZ[72] (Auszug)

Im Kohlenbunker arbeiten schwarze Gestalten; kaum Licht, kaum Luft ist in dem Raum, die sonst übliche Ablösung gibt es im Gefecht nicht, denn jeder Mann wird auf seiner Station dauernd gebraucht. Sie arbeiten im Schweiße ihres Angesichts, ein Kleidungsstück nach dem

---

[72] Weitere Informationen zu Korvettenkapitän Richard Foerster, I. Artillerieoffiziers an Bord des Schlachtkreuzers SEYDLITZ, und zu seinem Bericht: siehe Kapitel 6.

andern fliegt vom Leibe, die Kessel fressen unheimlich viel Kohlen, die müssen herangeschafft werden, da gibt es keine Müdigkeit, keine Erschöpfung. Sie sehen nichts von dem, was draußen vor sich geht, sie wissen nicht, wie es um das Schiff bestellt ist, sie hören nur ab und zu das Einschlagen der krachenden Granaten und sie fühlen, wenn sich das Schiff unter dem Anprall eines schweren Geschosses schüttelt. Aber sie sind frohen Mutes, sie singen und pfeifen, und mit einem kräftigen „Drauf SEYDLITZ!" fliegt eine Schaufel voll nach der andern in den nimmersatten Heizraum. [...]

Es ging immer langsamer, in der Amrumbank-Passage liefen wir schließlich in 15 m Wassertiefe auf Grund. Was nun? Sitzenbleiben?, beileibe nicht, wir wollten ja noch Hause. Zurück, und in tiefem Wasser bei Helgoland durch? Da konnten uns englische U-Boote, bei unserer geringen Fahrtgeschwindigkeit und Unbeholfenheit die Rückfahrt erst recht versalzen; den Gefallen wollten wir ihnen doch lieber nicht tun. Also mit allen Mitteln versuchen, los und weiterzukommen. PILLAU kommt ganz nahe an uns heran, läßt ein Boot zu Wasser und gibt das Ende einer dicken Stahlleine zu uns an Bord, um uns ins Schlepp zu nehmen. Die Leine wird befestigt, PILLAU schleppt an, die armdicke Trosse streckt sic schnurgerade und – bing – zerreißt wie ein Zwirnsfaden; klatschend schlagen die Enden ins Wasser. Ein zweiter Versuch hat dasselbe Ergebnis, das Schleppen wird aufgegeben. Wie, wenn wir mal rückwärts versuchten? Maschinen und Ruder waren völlig unverletzt und betriebsklar, hinten hatte das Schiff erheblich geringeren Tiefgang. Also Kehrt gemacht und rückwärts versuchten; und siehe da, langsam aber stetig hüpften wir über den Sandboden der Amrumbank weg und sind wieder einen Schritt weiter. Da kommen Torpedoboote von See aus hinter uns her, sie werden als eigene Boote erkannt. Wie sie sich nähern, sehen wir an Deck dicht gedrängt Hunderte von Leuten; mit drei Hurras auf SEYDLITZ passieren sie uns. Durch Winkspruch hatten wir erfahren, daß die Boote die Besatzung LÜTZOW war es im letzten Teil der Schlacht ebenso gegangen wie uns; schwere Treffer hatten besonders das Vorschiff stark mitgenommen, und als ich das Schiff zuletzt sah, lag es bereits bis über die Back im Wasser. Es war ihm nicht mehr möglich gewesen, die Position im Verbande zu halten. Zwei Torpedoboote sind gerade in der Nähe; sie werden längsseit gerufen und nehmen die

Überlebenden der LÜTZOW auf. Kurz darauf versinkt der stolze Schlachtkreuzer als einziges Großkampfschiff der deutschen Flotte in den Fluten des Meeres; für ihn sanken drei englische Schlachtkreuzer.

Sollte uns noch dasselbe Schicksal beschieden sein? Mit jeder Stunde wurde unsere Lage bedenklicher, ungeheuere Mengen von Wasser hatten wir bereits im Schiff, und trotz angestrengtester Arbeit war es nicht möglich, dem Eindringen immer neuer Wassermassen Einhalt zu gebieten. Zwei Pumpendampfer waren aus Wilhelmshaven gekommen; sie legten sich an unsere Seite und pumpten das Wasser aus dem Schiff heraus. Aber schneller, als sie pumpen konnten, strömte das Wasser durch die zahlreichen Löcher, die nur notdürftig gedichtet werden konnten, wieder nach. Jeden Augenblick mußten wir damit rechnen, dass eine Katastrophe dem Schiff eine Ende machen würde. Alles hing jetzt von dem Querschott im vorderen Heizraum ab; hielt das, dann war es wohl möglich, daß wir schwimmfähig blieben, brach es, dann war Schluss. Das wußte der I. Offizier, Korvettenkapitän v. Alvensleben und seine Schottmannschaften, das wußten besonders die Leute in dem fraglichen Heizraum, und da hieß es, dieses Schott mit allen Mitteln und allen Kräften sichern. Mit unzähligen Balken stützen sie es nach hinten zu ab, das Wasser sickerte schon an vielen Stellen durch, der Tod lauerte auf der anderen Seite; unbeirrt taten sie ihre Pflicht in diesem grausigen Raum, nur getrieben von dem einen Gedanken, das Schiff zu retten.

Und so kamen wir denn langsam, ganz langsam unserem Ziel näher. Kurz vor der Jademündung mußten wir noch einen letzten, Freitagvormittag. In der Nacht war Sturm aus Nordwest aufgekommen und die schwere See drohte, den todwunden Schiffskoloß unten, durch die Schußlöcher, sondern nun auch von oben her stürzten die brechenden Wogen in das schwer beschädigte Schiff. Zu den 4000 Tonnen Wasser, die wir überflüssigerweise schon im Leibe hatten, kamen in diesen paar Stunden noch weitere 1000 Tonnen. Aber auch diese Prüfung überstanden wir, und am Sonnabend früh 6 Uhr kamen wir unter den brausenden Hurrarufen der dort liegenden Schiffe auf Wilhelmshaven-Reede an.

Oberheizer Hugo Zenne

Hugo Zenne diente während der Skagerrakschlacht an Bord des Kleinen Kreuzers WIESBADEN. Er gehörte zur 3. Heizerwache. Als Einziger überlebte er den Untergang des Schiffes und wurde anschließend mehrmals ausführlich zu den Ereignissen befragt. Der hier auszugsweise veröffentlichte Bericht wurde von Edgard Freiherr von Spiegel von und zu Peckelsheim niedergeschrieben und noch im selben Jahr 1916 veröffentlicht. Die Schilderungen sind ausführlicher und weniger nüchtern als in der offiziellen Vernehmung. Der hier abgedruckte Auszug stellt die Erlebnisse von Hugo Zenne vor Verlassen des Schiffes in den Mittelpunkt.[73]

Bericht des Oberheizers Hugo Zenne auf SMS WIESBADEN (Auszug)

Ich gehörte an Bord zur 3. Heizerwache und hielt mich mit den Wachkameraden nach einem leidlich guten, für Kriegszeiten sogar recht guten Mittagessen im vorderen Heizerdeck auf, in dem wir wohnten. […] Natürlich drehte sich das Gespräch, das bei uns Heizern nicht eben sehr flott dahin floß, in der Hauptsache um unseren augenblicklichen Vorstoß in die Nordsee. Wir erwogen natürlich hin und her wie es sein würde, wenn der Engländer aus der Versenkung auftauchte, aber so recht glaubte keiner von uns mehr an dessen Erscheinen. Da sprang ein Heizer mit zwei großen Sätzen die Treppe runter und rief im unverfälschten Tonfall seiner Heimatstadt Berlin: „Kinners, es jeht los. Wir kriegen sie beim Wickel. Sie sollen jarnicht mehr weit weg sein." […]

Ganz deutlich konnte ich von dem Donner der eigenen Geschütze das harte, helle Krachen der aufschlagenden feindlichen Granaten hören. Bald nahm das letztere auffallend zu, so dass ich das Gefühl hatte, wir würden sehr stark vom Feind beschossen. Es dauerte denn auch nicht sehr lange, da hatten wir den ersten Treffer weg.

---

[73] Freiherr von Spiegel von und zu Peckelsheim, Edgar: Oberheizer Zenne. Der letzte Mann der WIESBADEN. Nach Mitteilungen des Oberheizers Zenne von Freiherr Spiegel von und zu Peckelsheim, Berlin 1916. Ein weiterer Bericht von Hugo Zenne mit detaillierten Angaben zum Untergang des Schiffes ist in Kapitel 9 wiedergegeben.

Es muss so gegen einhalb acht abends gewesen sein. Ich hielt gerade die Ölkanne in der Hand und hatte mich gebückt, um meine Lüfter abzuschmieren. Plötzlich erhielt ich einen harten Stoß und flog mit dem Kopf hart an die gegenüberliegende Wand. Ein Zittern ging durch das ganze Schiff und tiefe Nacht umgab mich.

„Nanu, bist Du denn nicht selbst verwundet", dachte ich. Da flammte das elektrische Licht, das inzwischen von Akkumulatoren umgeschaltet war, wieder auf und ich konnte mich im Raum umsehen. Alles war wie sonst. […] Die Schottür wurde von achtern aufgerissen und ein halbes Dutzend Heizer kann in aufgeregter Hast nach vorn gestürzt. „Mensch, Zenne" rief mir einer von ihnen zu. „In Abteilung sechs ist alles kurz und klein, Volltreffer in beide Maschinen, große Dampfgefahr." […] Schnell wandte ich mich meinen Turbinen zu. O weh, die liefen schon ganz langsam und blieben plötzlich völlig stehen.

Dann trat mit einem Schlag Totenstille um mich ein und dieser plötzliche Umschwung von der gewohnten surrenden Melodie zu eisigem Schweigen hatte etwas Schreckhaftes, Lähmendes. Noch einmal drang wie ein Verzweiflungsschrei anzuhörender mit Stimmen weitergegebener Ruf durch das Schiff: „Beide Maschinen äußerste Kraft voraus." Als Antwort kam: „Maschinen sind manövrierunfähig, schwerer Granattreffer, Raum musste verlassen werden." Der Sturz von der begeisterten Siegeszuversicht, mit der wir vor kurzem erst den Kampf begonnen hatten, zu dem verzweifelten Endkampf war zu jäh. Auch die Tatenlosigkeit, zu der wir unter Deck von nun an verurteilt waren, da alle Maschinen standen, bedrückte uns schwer.

Dumpf folgte von nun an Treffer auf Treffer. Jedes Mal erzitterte das ganze Schiff, aber es hielt tapfer stand. […] Schon war der Kommandant mit dem gesamtem Brückenstab ausgefallen. […]

Schließlich feuerte nur noch ein einziges, letztes Geschütz, und dessen vereinzelter Ton ging völlig unter in dem rasenden, krachenden Gewittertoben der wie Hagelschloßen auf uns niederprasselnden schweren und schwersten Geschosse.

Ich stand mit angehaltenem Atem auf dem Platz, den mein Befehl mir zugewiesen hatte und wartete ruhig und ergeben wie es sich für einen deutschen Soldaten geziemt, auf mein letztes Stündlein.

134

[…] Ich sah Kameraden neben mir sterben, doch ich selbst blieb gänzlich unverletzt. […]

Nach 8 Uhr wurde das Schiff erschüttet wie nie zuvor. Eine ungeheure, dumpfe Detonation folgte und erzeugte das Empfinden, als würden wir mitsamt dem Schiff in die Luft geschleudert. Das konnte nur ein Torpedotreffer gewesen sein, sagte ich mir und hatte kaum begonnen darüber nachzudenken, da gellte auch schon der Ruf durchs Zwischendeck. „Alle Mann aus dem Schiff." […] Kein ängstliches Wort, keinerlei Drängen und Stoßen erfolgte in den engen Gängen, zu denen aus allen unteren Räumen die Scharen der Heizer und Maate strömten, die den Ruf gehört und noch im Stande waren, ihm zu folgen. In aller Ruhe und Ordnung ging die Verteilung der Schwimmwesten, die nummeriert an den Wänden hingen, vor sich.

Wie ich nun mit zehn Kameraden am Aufgang in Abteilung acht stehe und warte bis die Verwundeten, die bei uns waren, die Treppe passiert hatten, sehe ich durch die offene Schottür, daß die Treppe in Abteilung sechs frei von Menschen ist. Ich lief also achteraus, um dort hochzusteigen. Als ich gerade meinen Fuß auf die unterste Stufe setzte, erhielt ich von links einen ungeheuren Luftstoß und gewahre in flüchtigem Hinsehen, daß im Aufgang zu Abteilung acht, da, wo ich eben noch gestanden hatte, eine schwere Granate eingeschlagen war. […]

An Oberdeck bot sich mit ein schauerliches Bild der Verwüstung dar. Herr Gott im Himmel, wie sah unser schönes Schiff aus. Das ganze Deck aufgerissen, zerfetzt und überzogen von glitschigem, gelbem Pulverschleim. Tote und Verwundete lagen an vielen Stellen. […]

Als wir kurz nachher letzte Hand an unser Holzfloß gelegt und es mit viel Mühe neben den beiden Stahlflößen am Heck der WIESBADEN zu Wasser gelassen hatten, sahen wir, daß es die allerhöchste Zeit gewesen war. Ein dumpfes, schauerlich anzuhörendes Gurgeln drang aus dem Inneren des Schiffes an unser Ohr und unerwartet schnell tauchte es plötzlich – kurz nach drei Uhr – auf Steuerbordseite bis zur Reling ins Wasser. In diesem Augenblick erschallte wie auf Kommando ein helles dreimaliges „Hurra auf seine Majestät den Kaiser". Jeder, der sich noch rühren konnte, sprang vom Heck ins Wasser und hielt sich an einem der Flöße fest.

135

Fast gleichzeitig sank die WIESBADEN mit wehender Flagge sanft in die Tiefe. So langsam und sanft glitt unser liebes Schiff hinweg, dass wir keinen Strudel verspürten, obgleich wir noch unmittelbar hinter dem Heck gelegen hatten.

Kapitän zur See Moritz von Egidy

Moritz von Egidy trat 1888 in die Kaiserliche Marine ein. Während seiner Ausbildungszeit führten ihn Reisen nach Südamerika und die USA sowie nach Fernost. Vor dem Ersten Weltkrieg war Egidy Adjutant von Prinz Heinrich. Im Mai 1913 übernahm er das Kommando des Schlachtkreuzers SEYDLITZ – während der Skagerrakschlacht das Flaggschiff von Admiral Hipper. Als Kommandant erstattete er nach der Schlacht Bericht über alle Ereignisse an Bord, einschließlich der Rückfahrt und Bergung des Schiffes.[74]

Bericht des Kapitäns zur See Moritz von Egidy auf SMS SEYDLITZ

Teil II: Kesselbetrieb und Maschinenanlage während der Schlacht und der Bergung.

1. Der Kesselbetrieb.

Das Maschinenpersonal in den Heizräumen hat während des Gefechtes und während der Bergung des Schiffes Hervorragendes geleistet. Infolge der starken Kraftanspannung war bald nach Beginn des Gefechtes das sonst für die Wache ausreichend übliche Getränk verbraucht, während des Gefechtes aber nichts zu beschaffen, sodaß die Leute sehr unter Frischwassermangel zu leiden hatten. Die verschiedenen Frischwassertanks waren leer geworden und infolge des Torpedotreffers war die Frischwasserpumpe unbrauchbar.

Sobald wie angängig wurden die Verdampfer für Trinkwasser angestellt und der Mangel behoben.

---

[74] Egidy, Moritz: Bericht des Kommandanten von SMS SEYDLITZ über Rückfahrt und Bergung des Schiffes vom 1.6.-6.6.1916, Marineschule Mürwik (WGAZ), Inv.Nr. 11256.

Auch im Heizraum hat sich gezeigt, daß insbesondere die alten erfahrenen, körperlich harten Leute bis zur Erschöpfung durchhielten und Umsicht und Tatkraft bei den verschiedenen Störungen bewiesen, bis am Donnerstag, den ersten Juni 12 Uhr mittags der erste regelrechte Wachwechsel eingerichtet werden konnte. Bis dahin hatten nur einzelne Leute, durch Reserven ersetzt, auf den Grätings in den Heizräumen kurze Rast halten können. Da eine Wache noch 12 Tage lang für die Lecksicherungsarbeiten gebraucht wurde, aber wegen der lang andauernden Bergungszeit der Ablösung bedurfte, die Heizer in den Heizräumen der Erholung ebenfalls sehr bedürftig waren, jedoch nur eine Wache für beide Zwecke zur Verfügung stand, so gestaltete sich die Ablösung der erschöpften Heizer umständlich, wurde aber bei dem vorzüglichen Geiste der überaus willigen Leute leicht durchgeführt. […]

Die Kohlenversorgung während des Gefechtes wurde wesentlich erschwert durch den Umstand, daß infolge der umfangreichen Zerstörungen an den Kabeln und Wegen des infolge der Erschütterungen immer wieder auftretenden Kurzschlusses zwischen den zerschossenen Kabeln die Beleuchtung in den Bunkern fast andauernd versagte.

Die nicht sehr zahlreichen Akkumulatorenlampen waren bald erschöpft, ebenso die Taschenlampen. Die Davy'schen Sicherheitslampen bildeten in einigen Bunkern die einzige Beleuchtung, in anderen herrschte zeitweise völlige Dunkelheit. Später war in einige Bunker Wasser gelaufen und die Leute mußten fast bis an den Knien im Wasser stehend Kohlen schaufeln.

Einzelne Leute wurden durch die Wucht der Treffer zu Boden geworfen, standen aber gleich wieder auf und schaufelten weiter. Die Kohlentrimmer haben trotz der vielfachen immer erneut auftretenden Schwierigkeiten unentwegt ihre Pflicht getan.

Die älteren noch aktiven Heizer der Jahrgänge 1911 und 1912 zeichneten sich durch ihre Ruhe und Besonnenheit und infolge ihrer Orts -und Sachkenntnisse besonders aus. Sie griffen selbständig und tatkräftig ein und haben bis zum nächsten Morgen um 04.00 Uhr ohne Ablösung die Kohlenförderung aufrechterhalten.

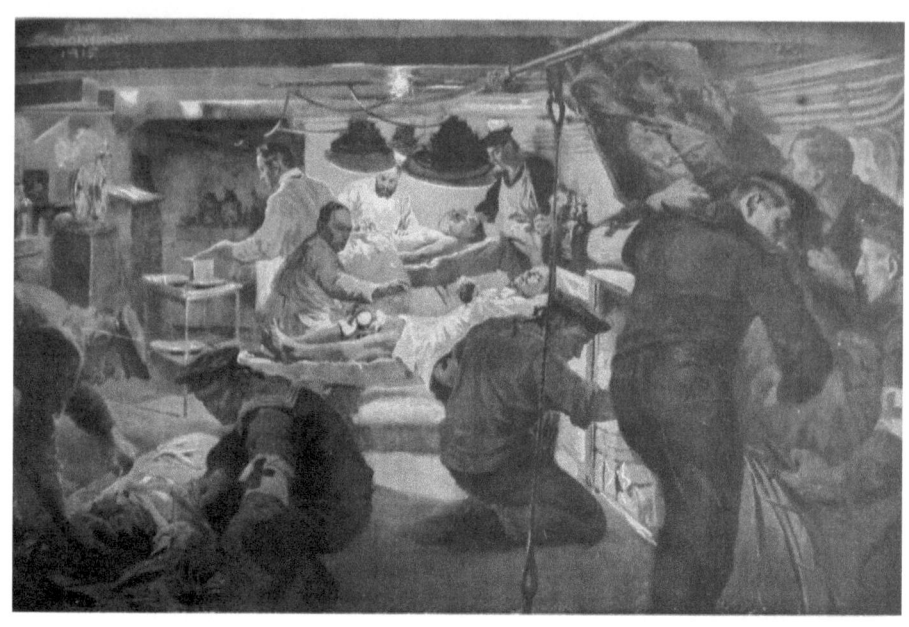

*Felix Schwormstädt: Auf dem Gefechtsverbandplatz eines Linienschiffes, 1915
(Sammlung: Jörg-M. Hormann)*

Kapitel 8
Auf dem Verbandsplatz

An Bord der Kriegsschiffe mit einer Besatzungsgröße von mehr als 100 Mann gab es eine Lazarettabteilung mit festem Personal. Die entsprechenden Räumlichkeiten befanden sich aus Sicherheitsgründen im Inneren des Schiffes, auch wenn man damit auf Tageslicht und natürliche Belüftung verzichten musste. Mit der Schaffung von zwei voneinander getrennten Verbandsräumen wurde außerdem sichergestellt, dass im Falle eines Ausfalls durch einen Treffer oder Brand stets ein zweiter Sanitätsraum verfügbar war.[75] Die Notwendigkeit dieser Maßnahme zeigte sich später, als in der Schlacht auf mehreren Einheiten Verbandsplätze ausfielen. Wie der Truppenarzt an Land stand auch der Schiffsarzt mit seinen Sanitätsgasten und Krankenträgern an vorderster Front und hatte zahlreiche Opfer zu beklagen.

Ähnlich dem Verbandsplatz an Land muss sich das Sanitätspersonal während des Seegefechtes auf die Notversorgung der Verwundeten beschränken. Dazu gehörten vor allem das Anlegen von Verbänden und Schienen, die Schmerzstillung und schließlich die Vorbereitung für den Abtransport. Dabei fand die medizinische Versorgung unter schwersten Bedingungen statt. Durch das Schwanken des Schiffes hatten die Ärzte und Helfer oft Mühe, sich auf den Beinen zu halten. Außerdem waren sie durch die Abgeschlossenheit des Verbandsplatzes vom übrigen Geschehen an Bord abgeschnitten. Erst die steigende Zahl der eingelieferten Verwundeten ließ erahnen, was „draußen" vor sich ging. Zusätzlich erzeugte die Enge des Raumes eine große Beklemmung, die noch zunahm, wenn ein Geschoss den unmittelbaren Nebenraum traf.

In der Skagerrakschlacht wurden keine Kampfgase eingesetzt. Trotzdem kam es zu Gasvergiftungen. Dabei handelte es meist um Nitrosegase oder um Kohlenmonoxid. Die davon betroffenen Soldaten benötigten reichlich Sauerstoff. Durch die Einführung der Gas-

---

[75] Nitschke, Anja: Helfen im Menschenschlachthaus? Tätigkeit und Selbstverständnis des deutschen Sanitätspersonals im Ersten Weltkrieg, Berlin 2003, S. 72.

maske konnten aber höhere Verlustzahlen und schwerere Verletzungen verhindert werden.

Auf der deutschen Seite wurden 146 Knochenbrüche registriert. Zumeist handelte es sich um offene Frakturen. Die Behandlung beschränkte sich in der Regel auf das Anlegen von „primitiven Immobilisierungen für den Transport". Gipsverbände wiederum verboten sich, weil in der engen Transporthängematte ein Verletzter mit Gipsverband keinen Platz hatte. Bei der Durchführung von Amputationen wurde den Ärzten große Zurückhaltung empfohlen. Die Entscheidung darüber sollte nach Möglichkeit dem Landlazarett überlassen bleiben. Wie überhaupt die medizinische Betreuung auf den Verbandsplätzen während der Schlacht vor allem als eine grundlegende Vorarbeit für die endgültige Behandlung in den Landlazaretten angesehen wurde.[76]

Marine-Oberstabsarzt Dr. med. Robert Amelung

Robert Amelung trat im Oktober 1901 in die Kaiserliche Marine ein. Von Oktober 1915 bis März 1918 – und damit auch während der Skagerrakschlacht – tat er Dienst auf dem Schlachtkreuzer SEYDLITZ. Ein ausführlicher Bericht unter dem Titel „Erlebnisse eines Schiffsarztes in der Seeschlacht vor dem Skagerrak" erschien in dem 1921 von Eberhard von Mantey herausgegebenen Sammelband „Auf See unbesiegt: 30 Einzeldarstellungen aus dem Seekrieg". In seiner Darstellung beschränkt sich Amelung explizit auf die eigenen Wahrnehmungen auf dem Verbandsplatz. Dabei wird deutlich, dass sich das ärztliche Personal und die Verwundeten vom Geschehen außerhalb des Verbandsplatzes vollkommen abgeschnitten fühlten. Da verwundert es nicht, dass er – entgegen den Vorschriften – dem Drang nachgab, durch ein Luk einen Blick nach draußen auf das Batteriedeck zu riskieren.[77]

---

[76] Nöldeke, Harmut: Sanitätsdienst an Bord. Ein Beitrag zur Organisation und ärztlichen Tätigkeit auf Kriegsschiffen, hrsg. vom Deutschen Marine-Institut, Herford 1981, S. 19-20.
[77] Amelung, Robert, Erlebnisse eines Schiffsarztes in der Seeschlacht vor dem Skagerrak; In: Mantey, Eberhard von (Hrsg.), Auf See unbesiegt: 30 Einzeldarstellungen aus dem Seekrieg, Berlin 1921, S. 222-231.

Bericht des Marine-Oberstabsarztes Dr. Robert Amelung auf SMS Seydlitz (Auszug)

„Klar Schiff zum Gefecht!"

Ein scheinbar wildes Durcheinander. Jeder will auf die Gefechtsstation. Auch ich unterbreche den Nachmittagsspaziergang auf dem Achterdeck; schnell hinab in die Kammer, die klarliegenden Sachen in die Hand, und in wenigen Sekunden bin ich auf dem Hauptverbandplatz. – Jacke aus, Operationsschürze vor, gewaschen, das geht alles so selbstverständlich, ohne besondere Gedanken.

Als die stärker werdenden Erschütterungen des Decks andeuteten, daß wir die Fahrt erheblich vermehrten und daß wir mit großer Eile voranstürmten, und als durchkommende Leute von mehreren kleinen feindlichen Kreuzern wissen wollten, die wir jagten, mußte auch ich mal schnell an Deck, um selbst den Feind oder wenigstens feindliche Rauchwolken zu sehen. Es wurde noch nicht geschossen, also war noch Zeit. Rasch wieder das Jacket über, Mütze auf und durch die noch zu passierenden Luks nach dem Mitteldeck; in der Ferne ganz undeutlich dünne Rauchwolken, angeblich der Feind; bald sollen es 4, bald 6 Kleine Kreuzer sein. – Ob es wirklich der Feind war, oder ob die Rauchfahne nicht unseren eigenen vor uns fahrenden leichten Streitkräften entstammte, ich weiß es nicht; ich kann daher nicht einmal sagen, ob ich in der Skagerrakschlacht überhaupt etwas vom Feinde gesehen habe. Ich eile über das Mitteldeck auf der achteren Treppe des vorderen Schornsteins auf die Kommandobrücke, um Genaueres zu hören, „denn der Feind ist ja noch so weit"; auf der Brücke keine Menschenseele, aber aus dem Schlitz des vorderen Kommandostandes schallt es mir entgegen: „Schnell weg, gleich fällt der erste Schuß." Ich glaube, ich bin schneller zum Verbandplatz hinab- als vorher heraufgekommen. Nun ist's so weit. Und jetzt wird das Waschen nicht nochmals aus Neugierde unterbrochen. Wenig später kracht es dann auch zum ersten Male und dann in schneller Folge immer weiter; mächtige Erschütterungen gehen durch das ganze Schiff; man hört sein eigenes Wort nicht mehr, nur durch Zeichen kann man sich untereinander verständigen. Einige Zeit vergeht, da stürzen aus der Schottür nach Abteilung 5, also von vorne her, der zweite Hilfsarzt und der Schiffsbarbier heran, beide schwarz im Gesicht: Treffer in den vorderen Verbandplatz, alles ausgefallen,

141

nur die beiden haben sich nach achtern retten können, von dem anderen dort stationierten Personal wissen sie nichts, also wahrscheinlich tot, kaum einige Sekunden später wird der Pfarrer Fenger taumelnd hereingebracht, einen ganz durchbluteten Verband notdürftig um Kopf und Gesicht gewickelt. Es wird klar, die Erschütterungen rührten nicht nur von den eigenen Schüssen her. Wir sind getroffen. Doch zu Überlegungen ist keine Zeit. Neue Verwundete werden herangetragen oder kommen selbst gegangen oder getaumelt; in kurzer Zeit sind es schon eine ganze Anzahl. Alles nur schnelle Notverbände, zu langem Aufhalten mit den einzelnen ist keine Zeit. – Mitten in den Trubel hinein plötzlich ein besonders schweres Krachen, im gleichen Augenblick Feuerschein und dicke Rauchschwaden auf dem Verbandplatz; schnell die noch ungewohnte, erst vor einigen Tagen an Bord bekommene Gasmaske über, um nicht von den giftigen Gasen betäubt zu werden. Aber damit kann ich nichts sehen, da bei der Hitze sofort die Gläser beschlagen; also reiße ich sie wieder herunter, gleichzeitig wird die Brille mit abgerissen, an Suchen ist natürlich nicht zu denken; erst nach der Schlacht habe ich den Überrest des Gestells wieder gefunden. Der Gaseinbruch war auch nur unbedeutend, denn auch ohne Maske geht es ganz gut. – Gleich zu Anfang kam die Anfrage an mich, wohin mit den versorgten Verwundeten? Die vorgesehenen Lagerungsplätze für diese in Abteilung 3 sind beim Feuerlöschen im 28-cm-Geschützturm „Caesar" bereits unter Wasser gesetzt worden; ja wohin? Nur der Verbandplatz an Steuerbordseite kann für die Unterbringung in Frage kommen, also durch den Verbindungsgang nach dort. – Einer der ersten, der als verwundet herangetragen wurde, war ein braver Oberheizer der Reserve, der, um das Maschinistenexamen für Grubenbetrieb oder dergleichen ablegen zu können, auch im Samariterwesen ausgebildet sein mußte und der sich daher immer freiwillig viel und fleißig im Schiffslazarett beschäftigt hatte und mir dadurch näher bekannt war; nur seinen Tod konnte ich feststellen; mich durchdrang ein eigenes Gefühl!

In dem abgeschlossenen Raum, der wegen der Gefahr der Gasverbreitung oder auch des Überflutens von eingedrungenem Wasser nicht ventiliert werden durfte, entwickelte sich sehr bald eine sehr starke Hitze. Unter 40° sind wir überhaupt nicht mehr gekommen. Der auf dem Verbandplatz befindliche Wassertank mußte daher sehr herhalten, zumal man auch den aus den Heizräumen für einen Augenblick emporkommenden Heizern, die bald nicht mehr wie Menschen, sondern wie schwarze Teufel aussahen, diese bald einzige Trinkgelegenheit nicht verwehren konnte. Viel zu schnell war daher der Tank leer, und da auch unsere Waschwasserleitung sehr bald kein Wasser mehr gab, so war es auch mit der Reinigungsmöglichkeit der Hände eine schlimme Sache. Nur notdürftiges Abspülen der blutbekrusteten Hände in dem Auslauf des Tanks, der bald selbst nur schmutziges Blutwasser enthielt, und Abtrocknen mit sterilen Handtüchern, die zum Glück sehr reichlich bereit gehalten waren, das war bald die einzige Reinigungsmöglichkeit. – Der von den Verwundeten und Heizern unvermeidlich mitgebrachte Kohlenstaub, die Blutlachen, dann der mehrmals über den Verbandplatz geleitete Feuerlöschschlauch gaben Veranlassung, daß, sobald im Verwundetenzugang eine kleine Pause eintrat, aufgeklart werden mußte; blutige Tücher und Kompressen mußten beseitigt werden; nur dadurch, daß auch die kleinste Pause benutzt wurde, war es möglich, einigermaßen erträgliche Verhältnisse zu halten. Inzwischen nahm die Zahl der Verwundeten und Verbrannten zu; schon nach kurzer Zeit war der Steuerbordverbandplatz so voll belegt, daß die nächsten Verwundeten an Backbord bleiben mußten; und so wurde der zur Verfügung stehende Raum immer enger und enger, und schließlich blieb mir nur noch am Operationstisch gerade so viel Platz, um vorsichtig an demselben hin einige Schritte machen zu können. Als der Raum immer knapper wurde, mußte ich die nächsten beiden Verwundeten auf Stützbalken in Abteilung 3, da hier Wasser stand, niederlegen lassen; kurz darauf in diesen Raum einschlagende Sprengstücke eines schweren Granattreffers verwundeten dort den einen Mann nochmals schwer an der Brust, während von dem anderen nicht wieder gesehen wurde. Größere Operationen habe ich nicht gemacht, da dazu gar keine Zeit war. Hätte ich einen von den Leuten operieren wollen, die ohne äußere Verletzungen innere Bauchverletzten hatten, wäre schon die Narkose unter den obwaltenden Umständen nicht die ruhigste und sicherste geworden; Asepsis gleich Null, so daß Infektion todsicher war; die Messerführung unter stetem Hin- und Herschwanken des Schiffes, unter Erschütterungen, die uns mehrfach auf dem Operationstisch liegende Verwundete fast herabschleuderte; elektrische

Beleuchtung, die aber bei den Erschütterungen der Glühbirnen fortwährend versagte, wir waren daher doch in der Hauptsache auf die Notbeleuchtung durch Stearinkerzen beschränkt. Unter solchen Verhältnissen den Bauch nach Verletzungen absuchen, Darmnähte legen? Einfach ein Ding der Unmöglichkeit und auch vor allem ein ganz aussichtsloses Unternehmen! Und was wurde aus den anderen weiter zukommenden Verwundeten, wenn alle Kräfte – und die hätte solch eine Operation benötigt – sich eine Stunde lang und noch länger nur mit einem Verwundeten abmühten? Aus solchen Erwägungen habe ich während der Schlacht auf jede zeitraubende Narkose verzichtet; reichlich Morphium und dann zum Einrichten der gebrochenen Arme und Beine ein kurzer, aber energischer Zug, schnell Wund- und Schienenverband und „weg, der nächste!". Wo es stärker blutete, fester Kompressionsverband und einige Male zeitweiliges Umlegen der abschnürenden Gummibinde und Verbanderneuerungen, damit kamen wir stets aus; auch Unterbindungen von Gefäßen und vor allem ihr schulmäßiges Aufsuchen ist unter solchen Umständen nicht so einfach wie im Operationssaal. Ein großer Granatsplitter aus der Nackenmuskulatur war unter dem Donner der Geschütze sofort zu entfernen. Furchtbare Leiden mußen die Verbrannten ausstehen, die etwa ein Fünftel aller Verwundeten ausmachten; alles, was wir hatten an Öl, Salben, Puder, Brandbinden wurde verbraucht, und doch war es noch viel zu wenig; Morphium half kaum gegen die rasenden Schmerzen, dazu die kolossale Hitze und die Durstespein; ich habe in der Nacht, da es etwas ruhiger geworden, lange überlegt, ob ich den Schwerstverbrannten durch Kochsalzinfusionen irgendwie nützen könnte; ich hätte die drei Leute, die noch in der gleichen Nacht starben, doch nicht retten können. Auf unserem alleinigen Verbandplatz an Backbordseite waren außer mir und dem Sanitätsunterpersonal noch zwei Hilfsärzte mit tätig, von denen ich abwechselnd immer einen bei den versorgten Verwundeten ließ; außerdem der Generaloberarzt vom Stabe des Kreuzerverbandes und die beiden Zahlmeister. Alles hat natürlich zugefaßt, wo es etwas zu tun gab; am Operationstisch waltete ich ausschließlich, und da eben jeder mit anfaßte, der gerade die Hände frei hatte, ganz gleich, ob der Geschwaderarzt oder der Schiffszahlmeister die Verbundenen vom Operationstisch herabhob und nach dem Lagerplatz trug, so hat ständig Ordnung geherrscht. War das Blut abgewaschen und die Wundverhältnisse übersichtlich, so genügte meist ein kurzer Blick, ob ein Verband ausreichte oder ob mehr notwendig wurde; ich habe, da sich alles in dem einen Raum abspielen mußte, fast alle Verwundeten gleich selbst gesehen. [...]

Unser aller Stimmung, die wir hier unten wie lebendig begraben schienen, war alles andere als gedrückt; nur der Durst quälte uns furchtbar. Obwohl Granattreffer in Abteilung 3 und 5, also direkt hinter und vor uns einschlugen und obwohl eine äußerst heftige Erschütterung unsere Abteilung traf, hervorgerufen durch ein 38-cm-Geschoß, das in Höhe des Verbandplatzes außen auf den Panzer traf, diesen durchschlug, aber im Schutzbunker seine Kraft verloren hatte, so ist es mir doch während der Schlacht nie in den Sinn gekommen, daß auch wir gefährdet sein könnten; ich habe stets das unbewußte Gefühl gehabt, in einem ganz sicheren Kasten zu sitzen. Das will aber nicht besagen, daß ich mir völlig abgeschlossen von dem übrigen Schiff vorgekommen wäre; von der Außenwelt waren wir es in der Tat, und dieses „Nichterfahren, was oben vorgeht", wie es eigentlich steht, das macht den Aufenthalt auf dem Verbandplatz im Innern des Schiffes und das Ausharren so schwer; man hört das Krachen, weiß nicht, ob es von den eigenen Schüssen herrührt oder ob man selbst getroffen ist, was diese Treffer angerichtet haben, ob man im nächsten Augenblick infolge von Munitionsexplosion in die Luft fliegt oder ob Wasser einbrechen wird. Man fühlt unter den Füßen, wie das Deck sich neigt; drehen wir oder hat es einen anderen Grund? Kurzum, man scheint lebendig begraben und kann nicht heraus! Zwar wurde der Untergang von zwei feindlichen Schiffen durch das ganze Schiff von Deck zu Deck bekanntgegeben, und der Kommandant ließ zur Beruhigung der Verwundeten uns auf dem Laufenden halten. Aber ich konnte verstehen, daß wir auf viele Anfragen durch das Telephon häufig ohne Antwort blieben, weil die Schiffsführung wirklich mehr zu tun hatte, als auf diese Fragen Antwort zu geben. Was haben wir für Vermutungen angestellt, als wir so oft Drehungen des Schiffes feststellen konnten; wie haben wir durch einen verbotenerweise ganz wenig gelüfteten Treppenlukspalt nach dem Batteriedeck herauszufinden versucht: wo steht die Sonne, wie hoch steht sie noch, ist es schon dunkel? [...] – Um 5 Uhr etwa hatte es begonnen; der Verbandsarzt und der Zahlmeister, die bei dem Kreuzergefecht auf der Doggerbank am 24. Januar 1915 dabei gewesen waren, sagten, damals dauerte es über 3 Stunden; hieraus wurde die durch nichts begründete Annahme laut: dann wird es auch so um 8 Uhr herum zu Ende sein; dann wieder wurde in Erwägung gezogen, wie lange es hell bleiben würde, und der Schluß des Gefechtes wurde auf Einbruch der Dunkelheit gesetzt; kurzum, schon verhältnismäßig früh war auf dem Verbandplatz der Wunsch, es möchte zu Ende sein. – Aber immer wieder ertönte das „Gefecht an Steuerbord" oder „an Backbord" durch das Schiff, und so zog sich das tatsächlich bis in die Nacht hin. Ich entsinne mich noch genau des Augenblicks, wo die Kunde durchkam, daß unser Gros in Sicht sei, nachdem vorher bekanntgeworden, daß wir zahlenmäßig erheblich überlegene Gegner gegenüber hätten; es war bei uns im Verbandplatz ein befreiendes Gefühl, daß wir nun entlastet seien, nahmen wir doch als selbstverständlich an, daß die gegnerischen Kreuzer vor unserem Gros davonlaufen würden und damit Schluß wäre. Wie irrig diese Annahme war, das hatten wir nur zu bald zu merken; immer häufiger mehrten sich die durch das ganze Schiff gegebenen Rufe: „Gefecht an Steuerbord", „an Backbord"; wir mußten von der allmählich größer werdenden Zahl der Verwundeten erfahren, daß wir zeitweilig nach beiden Seiten im Gefecht standen. Aber wie heiß es tatsächlich da draußen herging, das ahnten wir nicht annähernd. […]

Die Hitze war unerträglich auf den beiden von Menschen überfüllten, seit langen Stunden ohne Lufterneuerung gebliebenen Verbandplätzen; an Backbord schaffte die kleine Öffnung an dem Luk nach dem Batteriedeck zwar manchmal eine ganz geringe Abkühlung, so daß sich die Temperatur etwas niedriger als an Steuerbord hielt. Aber vieles mußten wir mit dieser kleinen Luköffnung in Kauf nehmen; das Krachen der eigenen Geschütze drang unmittelbar zu uns herab, die auf dem Verbandtisch liegenden wollten herabspringen in der Annahme, daß das Getöse von einschlagenden feindlichen Granaten herrühre und im nächsten Augenblick der Verbandplatz wegen Feuer und giftiger Gase verlassen werden müsse. Tatsächlich folgte auch zu späterer Stunde einem furchtbaren Krachen durch die kleine Luköffnung blendender Flammenschein und eine dichte Gaswolke; alles riß die Gasmaske über und stürzte nach der nach Abteilung 5 führenden Schottür; auch ich wollte rein automatisch die Gasmaske überstreifen, als mir im gleichen Augenblick in dem Helldunkel ein Mann, schwarz berußt im Gesicht, entgegentaumelt, die rechte Hand abgerissen und der Vorderarm ein blutiger, stark blutender Stumpf. Die Erschütterung läßt die elektrischen Birnen versagen, nur die Notbeleuchtung mit Kerzen gibt spärliches Licht; zunächst schnell erst ein Verbandpäckchen über den blutenden Stumpf, eine Gummibinde über den Oberarm; hierdurch an den Verbandplatz gefesselt, bemerke ich, daß es um mich noch nicht brennt und daß die Gase zu ertragen sind, nur ein Kratzen verspüre ich im Hals. Wir können bleiben und die Arbeit geht weiter! Als ich gerade über den Operationstisch gebeugt bin, wieder ein äußerst heftiges Krachen, eine gewaltige Erschütterung; im nächsten Augenblick liege ich auf den Knien neben dem Tisch, mein Kopf dröhnt, am Mittelkopf schmerzt es, eine Beule, aber kein Blut, also keine Wunde; ich werde aufgehoben, andere sehen nach, keine Wunde, also weiter! Was war geschehen? Infolge der Erschütterung hatte sich die schwere Sternlampe über dem Operationstisch ausgehakt und war mir auf den Kopf gefallen. – Unerträglicher als an Backbord war die Hitze auf dem Steuerbordverbandplatz, wo selbst die geringste Luftzufuhr während der Nacht überhaupt nicht möglich war, hier war der Lukdeckel nach dem Batteriedeck durch einen Volltreffer in die VI. Kasematte völlig verrammelt; es half nichts, die Verwundeten mußten in dieser Glut aushalten. – Wir haben sie nach Möglichkeit gelabt, sind später nach hinten vorgedrungen und haben Wein aus dem Eisspind geholt; etwa von Mitternacht an arbeitete sich auch der Barbiergehilfe nach vorn und oben zur Kombüse durch, wo nun Tee gekocht wurde; aber die armen Leute haben furchtbar aushalten müssen, dazu der Anblick der immer mehr aufschwellenden Leiber der schwer verbrannten Kameraden, die doch erst nach stundenlanger Glut durch den Tod von ihren Leiden erlöst wurden. – Fragt man mich aber, wie haben sich die Verwundeten verhalten, so gibt es nur eine Antwort und die lautet: hervorragend, einfach vorbildlich! Selbstverständlich hörte man Stöhnen und Seufzen, aber niemals ein Jammern; geduldige Ergebenheit, dabei ein ständiges Interesse: wie steht es oben? Ein glänzendes Beispiel gab unser Pfarrer Fenger, der gleich bei einem der ersten Treffer in die VI. Steuerbordkasematte im Gesicht und am Körper verwundet und als einziger Überlebender aus der Kasematte übriggeblieben war; er war nicht zu bewegen, von der heißen Steuerbordseite nach der besseren Backbordseite herüberzukommen, obwohl ich wegen seines bedenklich kleinen und schwachen Pulses immer wieder dieses Verlangen dringend an ihn stellte. Er fühlte sich nicht als Verwundeter, sondern als Seelsorger bei den Verwundeten; unablässig war er um die Leute bemüht, sprach mit ihnen, tröstete, teilte Wein mit aus; und als der Himmelfahrtsmorgen heraufdämmerte, da schallten Gesanglieder „Ein' feste Burg ist unser Gott" und andere Lieder vom Steuerbordverbandplatz her, da hielt der verwundete Pfarrer vor seiner verwundeten Gemeinde eine Himmelfahrtsandacht! [...]

Langsam gingen die Nachtstunden hin; oft hatte ich infolge Hitze und Ermüdung das Gefühl, als ob ich umfallen müßte, oft wurde mir schwarz vor den Augen; und ich entsinne mich, daß ich bei einer solchen Anwandlung nach einem leeren Plätzchen suchte, um nicht auf die überall den Boden bedeckenden Verwundeten zu fallen; aber es kam nicht dazu, irgendwoher wurde mir einmal ein Stück Brot gereicht. [...]

Langsam schleicht die Zeit weiter; ich hatte plötzlich das Gefühl, als ob irgend etwas anders geworden sei, auch anderen fiel auf, wir fühlten die durch das langsame Gehen der Maschine hervorgerufenen leichten Erschütterungen nicht mehr. Fahren wir überhaupt noch oder haben wir gestoppt? Nach wenigen Augenblicken sind wir gewiß, wir liegen ruhig. Da hält es auch mich nicht mehr unten, zu tun ist augenblicklich nichts, ich kann selbst einmal auftauchen, um zu sehen, wie es oben an Deck aussieht. Der Verschlußzustand ist nicht mehr so streng, mehrmals wurde bereits Durchlüften der unteren Decks erlaubt und das öftere Durchkommen von Leuten auch über den Verbandplatz hatte uns angezeigt, daß allgemein im Schiff etwas mehr Bewegungsfreiheit herrschte. [...] Welch ein Anblick und welche Gefühle in diesem Augenblick! Das ganze Deck, so weit zu übersehen, zersplittert, teils größere, teils kleiner Löcher in der Holzbeplankung, diese kohlig-schwarz oder angebrannt; überall größere und kleinere Holzsplitter, dazwischen zahllose leere, teils verbogene, teils auch angeschwärzte Kartuschenhülsen; auf der Rückseite des nach Steuerbord festgerammten Geschützturmes „Caesar" ein gewaltiges rundes Einschußloch, die Umgebung bis herab zum Deck wie durchsiebt von Sprengstücken. An Deck viele Leute, übernächtigt. – Ein eigenartiges Gefühl war es, zum ersten Mal seit 12 Stunden frische, kühle Luft einatmen zu können, von der Helle des Sommermorgens stark geblendet; hatte doch etwa seit Mitternacht das elektrische Licht auf dem Verbandplatz völlig versagt, so daß wir seitdem nur im Dämmer von einzelnen Kerzenlichtern beleuchtet wurden. […] Mehr Leute kommen an Deck, wir können uns auf dem langen Achterdeck etwas ergehen und uns Bewegung schaffen, überall Eisensplitter, wirkliche Granatsplitter und vom Schiff abgeschlagene Eisenteile; jeder sucht sich möglichst schöne Stücke zur Erinnerung aus. […] Ich gehe auf die Brücke, um dem Kommandanten Meldung zu machen von den Verlusten, von den Verwundeten, von ihrem Ergehen, und finde da den Kommandanten abgespannt und übernächtigt, aber ruhig und klar in seinen Worten und voll herzlichen Mitgefühls für unsere verwundeten Kameraden; ich kann schon melden, daß bereits Suppe an die Verwundeten ausgegeben ist und alles getan wird, was nur irgend für die Verwundeten geschehen kann.

Unseren Verwundeten ging es den Umständen nach leidlich; im Laufe der ersten Nacht waren 7 Leute gestorben, 4 davon mit ausgedehnten Verbrennungen, 2 mit offenbar schweren inneren Bauchverletzungen und 1 wahrscheinlich an Schockwirkung, da keine äußeren Verletzungen vorhanden waren und sich auch keinerlei Anzeichen für die Annahme innerer Verletzungen gefunden hatten. Am meisten hatten die Verbrannten zu leiden, denen wir durch Unterstützung in allen möglichen Lagen und Stellungen möglichste Linderung zu verschaffen suchten […]

Marineassistenzarzt Dr. med. Carl Mietens

Dr. Carl Mietens trat im Oktober 1906 in die Kaiserliche Marine ein. Im September 1915 begann er seinen Dienst auf dem Schlachtkreuzer LÜTZOW. Während der Skagerrakschlacht war er einer von vier Ärzten an Bord. Zwei seiner Kollegen kamen ums Leben. Das Original seines Berichtes befindet sich im Privatbesitz.

Bericht des Marineassistenzarztes Dr. med. Carl Mietens auf SMS LÜTZOW

Am 30. Mai 1916 herrschte an Bord unseres Panzerkreuzers reges Leben. Wieder einmal war wie schon so oft der Befehl „Klarschiff" gegeben worden. Jeder Offizier mußte seinen Kleidersack ebenfalls abgeben. Diese Vorbereitungen müssen aber getroffen [werden], wenn mit der Möglichkeit eines Gefechts gerechnet wird, weil vor allen Dingen die Brandgefahr auf dem Schiff möglichst verringert werden muß. Man sollte ja kaum glauben, dass ein derartiges fast nur aus Eisen gebautes Kriegsschiff überhaupt brennen könnte. Ich denke dabei lebhaft an meine Kammer, die ich mit meinem lieben Kollegen, dem Feldunterarzt Schoernitz, teilen mußte, welche sogar als Inneneinrichtung nur Möbel aus Eisenblech angefertigt enthielt; so waren zum Bespiel mein Schrank, mein Schreibtisch, meine Waschkommode sowie die ganze Verkleidung der Wände ebenfalls aus kaltem Metall hergestellt. Aber es sind eben doch noch eine Unmenge von brennbaren Gegenständen wie Decken, Hängematten samt Kleidern an Bord vorhanden und diese müssen, um eines Tages bei einer eventuell einschlagenden Granate dem Feuer keine Nahrung zu bieten, verstaut werden.

So sah man also auf unserem Kreuzer die Leute bepackt durch die Gänge laufen, um alles so einzurichten, wie es die Vorbereitung zum Klarschiff verlangt. Auch wir Ärzte mussten unseren schönen Arbeitsraum, das Lazarett auf dem Oberdeck, verlassen und unsere Gefechtsverbandsplätze einrichten. Unser Sanitätsunterpersonal, verstärkt durch die Krankenträger, wozu die Köche, die Barbiere, der Bottelier und der Kapellmeister gehörten, richteten diese Gefechtsverbandsplätze ein, indem sie die Ausrüstung des Lazaretts, die Instrumente, die Lösungen, Verbandsmaterial dahin brachten und nach einem vom Schiffsarzt ausgearbeiteten Plan verteilten. Jeder von uns Offizieren nahm sich eine Decke und ein paar Toilettensachen aus seiner Kammer mit, denn sobald das Schiff die Netzsperre auf der Außenjade verlässt, ist es Befehl, die Panzertüren zu schließen, wodurch das Achterschiff, in dem die Offizierswohnräume sind, vollkommen zugeschlossen ist. Man muß sich eben dann irgendwo, d. h. in dem nun wegen Einrichtung der Gefechtsverbandsplätze überflüssigen Lazarett, eine Lagerungsmöglichkeit suchen.

Der 31. Mai brachte nur verhältnismäßig gutes Wetter, es war etwas windig, die gesamte Flotte fuhr nach Norden zu. An der Spitze der Flotte fuhren vorneweg unsere fünf Panzerkreuzer: LÜTZOW, DERFLINGER, SEYDLITZ, VON DER TANN, MOLTKE, dann in einem entsprechenden Abstand etwas nach vorne gestaffelt machten unsere Kleinen Kreuzer ihre Fahrt durchs Wasser und noch seitlich von vorn gestaffelt liefen unsere flinken Torpedoboote. Mit den Ferngläsern genossen wir das prächtige Bild von Deck aus und sahen, daß unser Admiral heute mit der ganzen Schlachtflotte ausgezogen war, denn selbst die älteren Schiffe, die nicht mehr als ganz vollwertig galten, waren ebenfalls dabei.

Ob wir heute auf den Feind treffen würden – niemand konnte es sagen. Es war nur bekannt, daß es nach Norden ging und man wusste sich zu erzählen, daß öfters Transportschiffe von England nach Norwegen gesichert durch englische Kriegsschiffe gesichtet worden seien. Und wir freuten uns im Stillen alle darauf, heute eventuell mit Teilen der englischen Flotte zusammentreffen und uns messen zu können. Wir bedauerten nur, daß alle unsere Luftschiffe nicht aufsteigen konnten, da zuviel Wind war, denn die Aufklärung durch Luftschiffe wäre uns wahrscheinlich sehr zu statten gekommen. Allein, als es schon Mittag war und wir immer noch nichts vom Feind sahen, da hörte man wohl manchen sagen: „Nun ist doch wieder dieser ganze Vorstoß umsonst."

An Bord LÜTZOW waren vier Ärzte vorhanden, um in einer Schlacht entsprechend der großen Besatzungszahl des Schiffes von 1456 Mann helfend eingreifen zu können. Um zu verhindern, daß durch einen Granatschuß möglicherweise sämtliche Ärzte und das zugehörige Material außer Gefecht gesetzt würden, hatte der Schiffsarzt, Stabsarzt Dr. Florus Gelhaar, angeordnet, daß der Feldunterarzt

Hans-Erich Schoenitz auf dem Steuerbordgang vor den Kasematten eine Gefechtsstation einrichten sollte; eine gleiche sollte auf dem Backbordgang vor den Kasematten von dem Assistenzarzt, d.h. von mir, aufgeschlagen werden, während der Oberassistenzarzt Dr. Karl Römer und der Stabsarzt Dr. Florus Gelhaar unten in der Zentrale bereit stehen sollten, um in Notfällen die nötigste ärztliche Versorgung vornehmen zu können. Die genaue Versorgung der Verwundeten sollte dann auf den Gefechtsverbandsplätzen in der Gefechtspause geschehen.

Am Nachmittag des 31. Mai gegen 6 Uhr griff LÜTZOW in die Schlacht ein und feuerte seine erste Salve. Ich selbst stand, wie schon oben erwähnt, in dem Backbordgang vor den Kasematten in Höhe des 2. Geschützes. Die ersten 1 ½ Stunden der Schlacht seit Eingreifen der Panzerkreuzer brachen uns nur wenig Verluste. Einige wenige Leute mit leichteren Verletzungen wurden von mir und dem mir zugeteilten Sanitätspersonal verbunden. Ungefähr um 7 ½ Uhr abends bekam nun LÜTZOW einen Treffer in den vorderen Verbandsplatz, auf dem zufällig der Feldunterarzt Schoenitz war, um bei einem Verwundeten eine kleinere Operation vorzunehmen, die er auf seiner Gefechtsstation wegen Gasgefahr nicht mehr hatte ausführen können. Er wurde leider durch die Granate so zerschmettert, daß wir nichts mehr von ihm finden konnten. Unmittelbar darauf kam durch die Panzertür, welche vom Backbordkasemattengang nach dem Vorschiff führte, ein Treffer, welcher fast alle, die in diesem Gang vor Kasematte I und II standen, tötete. Es herrschte zunächst vollständige Dunkelheit, da auch die Notbeleuchtung zerstört war. Ich selbst war mit dem Gesicht gegen die Treppe geschleudert worden, blutete aus Nase und Ohren und konnte mich, nachdem ich aus meiner Betäubung erwacht war, nicht erheben, weil vier Leichen über mir lagen. Nachdem ich dieselben beiseite gelegt hatte, merkte ich, daß ein Leutnant noch geringe Lebenszeichen von sich gab. Ich konnte nur mühsam zu ihm gelangen, da ich durch den Anprall gegen die Treppe mehrere Prellungen davongetragen hatte.

Mittlerweile züngelten nun überall im Raum kleine Flammen empor, bei deren Lichtschein ich erkennen konnte, daß der Oberleutnant z.S. Rudolf Gaede und der Fähnrich Friedrich Chelius sowie das Signalpersonal und noch andere, die zufällig in dem Raum gewesen waren, tot am Boden lagen. Als sich nun weiter die Luft merklich verschlechterte, riß ich einer Leiche die Gasmaske ab, die mir bei dem Fall zu Boden abhanden gekommen war und suchte nun zur Schottür zu gelangen. Ich mußte über die Leichen steigen und mit großer Mühe gelang es mir endlich, die verbeulte Schottür zu öffnen und aus einer anderen Kasematte noch Leute zu holen, um den schwerverwundeten Leutnant z.S. Siegfried Volkmar nach dem achteren Gefechtsverbandsplatz bringen zu lassen. Wir gingen zurück in den Raum, in dem nun von der anderen Seite die Feuerlöschmannschaften eingedrungen waren, um des Feuers Herr zu werden. Diese holten Leutnant z.S. Volkmar heraus und brachten ihn nach dem achteren Gefechtsverbandsplatz, wo er später seinen schweren Verwundungen erlag.

In meiner Kasematte ließ ich mir rasch einen kühlenden Verband auf die linke dick geschwollene Gesichtshälfte legen. Dann schleppte ich mich mühsam selbst hinunter nach dem Verbandsplatz. Volkmar war inzwischen dort gleich von dem Schiffsarzt Dr. Gelhaar und dem Oberassistenzarzt d.R. Dr. Römer versorgt worden. Mit bedenklichem Gesicht ließen mich beide nach dem Sortierungsraum bringen, indem sie wie auch ich annahmen, ich hätte einen Schädelbasisbruch davongetragen. Glücklicherweise war es aber nur ein Splitter in der Ohrmuschel, der eine Blutung aus dem inneren Ohr vortäuschte. Als ich nun ausgestreckt dort am Boden lag, begann ich heftige Schmerzen links unterhalb vom Knie zu fühlen. Zugleich sickerte ein ziemlicher Blutstrom durch meine Kleider auf den Boden. Ich kroch daher auf allen Vieren zurück in den Verbandsraum, wo man mir die Hosen und Unterhosen vom Leibe trennte. Ich sah nur eine 10 cm lange klaffende Wunde direkt unterhalb des Knies an der Außenseite des linken Unterschenkels. Ein Sanitäts-Gast hatte mir gerade einen Notverband angelegt, da kam ein schwerer Treffer oben durch die Offiziersmesse nach unten in den Sortierungsraum und den vorderen Teil des Gefechtsverbandsplatzes. Wiederum herrschte vollständige Dunkelheit. Gas und Rauch erfüllten die ganze Luft und kleine Flämmchen stiegen von dem Verbandsmaterial auf. Da ich mich nicht orientieren konnte, tastete ich mich an den Wänden entlang und kam schließlich auf ein ausgefranstes zackiges Loch in der Wand, die den Sortierungsraum vom Gefechtsverbandsplatz trennte und welche durch die explodierende Granate zerrissen war. Durch die Öffnung gelangte ich in den Sortierungsraum und von da über Leichen hinweg nach dem Backbordgang, der vollgefüllt mit Leuten war, die ihre zerschossenen Gefechtsstationen hatten verlassen müssen. Hier fand sich dann auch noch der Oberassistenzarzt d.R. Dr. Römer ein, den ich mit seinem Taschentuch notdürftig im Nacken verbinden konnte, denn er war bei dem letzten Treffer durch mehrere Granatsplitter im Rücken verwundet worden. Von hier aus ging ich gestützt durch zwei Leute nochmals zurück, um bei einigen Verwundeten Notverbände mit alten Leinentüchern aus gebrauchten Hängematten anzulegen, da ja unser ganzes Verbandsmaterial auf den verschiedenen Gefechtsstationen und in den Verbandskästen zerstört worden war. Bei einem Verwundeten, dem die Hand abgerissen war, konnte ich noch eine Art Stauungsbinde mit Bindfaden anlegen, um den Mann vor dem Verbluten zu retten. Die Weiterbehandlung übernahmen dann der Schiffsarzt Dr. Gelhaar und der Oberassistenzarzt Dr. Römer, während ich selbst nun allmählich erschöpft war und nach einer Kasematte hinaufgetragen wurde und dort gelagert wurde. Später, etwa um 2 Uhr nachts, fanden mich die beiden anderen Ärzte und ließen mich in das Lazarett tragen, doch nach kaum einer Stunde wurden alle Verwundeten nach dem Achterschiff gebracht, da LÜTZOW im Sinken begriffen war. Die Verwundeten wurden alsdann vom Achterschiff auf die bereitliegenden Torpedoboote hinuntergeleitet – allerdings war nun hier kein idealer Liegeplatz vorhanden, sondern wir lagen eng gedrückt nebeneinander, ungefähr 300 Mann auf jedem Boot außer der Bedienungsmannschaft des Bootes. Nachdem alle Mann auf die Boote übergestiegen waren, verließen ganz zuletzt der Kommandant und der I. Offizier unser schönes stolzes Schiff. Dann wurde LÜTZOW gesprengt, ein donnerndes Hurrah bildete den letzten Gruß, mit dem wir von unserem herrlichen Schiff Abschied nahmen. Wir hatten auf den Torpedobooten noch zwei Gefechte mit englischen Zerstörern zu bestehen, bis wir endlich nach 12-stündiger Fahrt durchfroren – ich hatte nur Hose und Jackett an, das Übrige war mir wegen meiner Verwundungen vom Leibe getrennt worden – nach unserem Kleinen Kreuzer REGENSBURG gelangten, wo mir der Notverband abgenommen und erneuert wurde. Nach vier Stunden schlechtester Fahrt legten wir in Wilhelmshaven an und wurden nach dem Lazarettschiff SIERRA VENTANA gebracht, wo wir dann ruhig auf die Ausheilung unserer Wunden hoffen durften.

Unser Schiffsarzt Dr. Gelhaar, der als Verwundeter auf dem Lazarettschiff unter mir lag, wurde zu unserer großen Trauer nach acht Tagen durch den Tod aus unserer Mitte gerissen. Er hatte einen kleinen Granatsplitter auf die vordere Schädeldecke bekommen und schien am wenigsten schwer verwundet. Später zeigte sich jedoch, dass die Schädeldecke durchschlagen war. Er starb an einer Gehirnhautentzündung, die im Anschluß an seine Verwundung aufgetreten war. Fest umschlossen seine Hände das Eiserne Kreuz I. Klasse, welches ihm auf dem Sterbebett vom Kaiser persönlich für sein unerschrockenes hilfreiches Handeln verliehen worden war.

Es war von den vier Ärzten keiner unverletzt geblieben. Der Feldunterarzt Dr. Schoenitz, ein begeisterter Seemann, war gleich tödlich getroffen worden. Der Schiffsarzt Dr. Gelhaar starb nach acht Tagen an seiner Verwundung. Der Oberassistenzarzt Dr. Römer, der nach der Schlacht das Eiserne Kreuz II. Klasse erhielt, und ich hatten noch längere Zeit bis zu unserer Genesung zu warten.

Bericht des Matrosen Rupert Berger auf SMS NASSAU[78] (Auszug)

Bei diesem Rammstoß bekamen wir die ersten Verluste. Das Vorderteil des Zerstörers wurde herumgedrückt, riß ungefähr 15 m von unserer Bordwand weg, prallte mit ungeheurer Gewalt gegen das Backbord erste 15 cm Geschütz, warf es herum und schleuderte 3 Mann der Bedienung mit ungeheurer Gewalt gegen den Panzer. Zwei Mann waren sofort tot. Der dritte (Name) lag mit auseinandergeklafftem Schädel und bloßem Gehirn an Deck und lebte noch. Aber nur noch für kurze Zeit, denn in der Hand des Arztes starb er. Bei dem ungeheuren Anprall explodierten die feindlichen Torpedos des Zerstörers und daher kamen die furchtbaren Feuergarben und die dichten Rauchwolken. Am anderen Morgen sah ich mir die Sache genau an. Das ganze Deck des Vorschiffes war mit Blut besudelt. Dicht bei Turm „A" lag ein Haufen Eingeweide und daneben ein Gehirn mit einer halben Schädeldecke. Auf dem Außendeck lag ein Glacéhand-

---

[78] Weitere Informationen zum Autor und zu seinem Bericht: siehe Kapitel 7.

155

schuh mit einer Hand und daneben ein Brief mit einer Mädchenlocke. Das linke Rohr von Turm „F" war ganz blutig. An ihm mußten einige Engländer entlanggerutscht sein und dann gegen den Turm geschlagen haben, denn an diesem hingen noch blutige Fleisch- und Hautfetzen. Die Signalflaggen und Kriegsflaggen, die mit der Kommandobrücke an Deck geflogen waren, wurden alle zum Kommandanten gebracht und von diesem verwahrt. An der Rammstelle stak noch der Bug des Feindes mit der Ankerklüse im Schiff. Das ganze Deck war mit Splittern und Eisenteilen übersät. Die Engländer, die bei uns an Deck geflogen waren, wurden bei der nächsten Salve wieder heruntergeweht. Einige von ihnen sollen: „Help, Help!" gerufen haben, was ich aber nicht für wahrscheinlich halte, da sie meiner Ansicht nach alle tot gewesen sein müssen. Einige Minuten nach diesem Vorfall, um 1.32, wurden wir wieder von feindlichen Zerstörern angegriffen. Einer sank gleich bei der ersten Salve, ein zweiter brannte lichterloh und die anderen machten sofort kehrt. Wir kümmerten uns weiter nicht mehr um sie, als zwei Treffer bei uns zwischen die vorderen Scheinwerfer flogen. Der brennende Zerstörer schoß auf uns zu. Ein Mann bediente das Geschütz und ein anderer hielt durch Schlagen mit einer Jacke die Flammen von ihm fern. Eine Salve von uns besiegelte ihr Schicksal. Die zwei Treffer, die sie uns beigebracht hatten, hatten bei uns große Verluste verursacht. Der erste Treffer durchschlug eine Stütze des Scheinwerferstandes, krepierte und setzte die Backbord-Scheinwerfer außer Gefecht. Die Bedienungen waren sofort tot und förmlich durchlöchert. Einer allein hatte 47 Wunden. Das ganze Deck und die Schornsteine wurden von den Geschoßsplittern durchlöchert. Der zweite Treffer krepierte dicht neben dem ersten und richtete ähnliches Unheil an. Die Splitter flogen bis zu den achteren Scheinwerfern, deren Spiegel sie zertrümmerten. Die Schornsteine sahen aus wie ein Sieb. Sämtliche Scheinwerfer waren ausgefallen. Unsere Verluste durch diese zwei Treffer waren groß; 9 Mann waren sofort tot und 17 schwer verwundet. Das Deck, die Schornsteine und der Kommandostand war mit Blut besudelt. Auf letzterem war eine große Blutlache und am Mast hing an einem Sprachrohr die blutige Kopfhaut des Leutnants (Name) mit Haaren und einem halben Ohr. Die Schlacht ging die ganze Nacht durch weiter.

Bericht eines Obersignalgasten auf SMS OLDENBURG (Auszug)[79]

Ich war gerade bis ans Luk gegangen, als ich fixer hinunterbefördert wurde wie mir die Möglichkeit zu denken gegeben war.

Anfangs dachte ich, daß mir sämtliche Knochen gebrochen waren, doch es wackelte noch alles, war auch nichts weiter passiert als ein paar Hautabschürfungen. [...]

Plötzlich ein Pfeifen mit kurzem Klatschen. Scheinwerfer II erlosch. Was ist denn los? Wie benommen waren mir die Sinne. Gleichzeitig an beiden Oberschenkeln sowie linkem Unterarm brennende Schmerzen. Erst großer Jubel um mich, unvermittelt wieder allgemeines Schweigen, nur das ohrenbetäubende Krachen der Geschütze. Bin ich denn getroffen? Hatte das Geschütz unter mir Rohrkrepierer? Der Kommandant schrie: „Ruder besetzen!" Wo ist denn der Rudergänger? Schiff drehte hart Backbord und [war] steuerlos. Befehl danach unverhofft aus dem Munde des 1. Offiziers. Ist denn der Kommandant tot? Unmöglich, hatte soeben ja noch gerufen. Immer widersprechender wurden die Angaben. Unmöglich, überhaupt einen klaren Gedanken zu fassen. Unaufhörlich dabei das nervenzerstörende Kanonengebrüll. 1. Offizier hatte das Kommando und das Ruder wurde sofort vom Kommandostand weiterbedient. „Torpedoboote abgeschlagen." Endlich Ruhe. „Scheinwerfer löschen!" Finstere Nacht.

Immer brennender wurde der Schmerz, den ich zu Anfang in aller Aufregung gänzlich übersehen [hatte], und sich doppelt fühlbar machte. Erst warm, dann kalt lief es mir an den Beinen herunter. Noch immer wusste ich nicht recht, was los war. Wie milchener Schleier lag es mir über den Augen, als ob ich das Augenlicht verloren hätte. Nach langem Reiben kam es endlich wieder.

Granattreffer. Mit keinem Gedanken daran gedacht. Konnte uns ja überhaupt nicht passieren, obwohl es bereits geschehen war, und zwar schlimmer, als ich ahnen konnte und mochte.

Allmählich fingen mir die Beine an zu zittern, Stechen und Brennen immer schlimmer werdend.

---

[79] Weitere Informationen zum Autor und zu seinem Bericht: siehe Kapitel 6.

Meinen Posten durfte ich aber unmöglich verlassen, man wußte ja nicht, was noch alles kommen konnte. Ich wagte es doch und hinkte so schnell als möglich nach Steuerbord. Ach, Du lieber Gott. Schnell rieb ich mir über die Augen; noch mal, denn ich traute ihnen noch nicht wieder. So nahe hinter uns, so nahe an unserer eigenen Linie. War es ein Engländer, war es ein Deutscher, der da buchstäblich in die Luft flog? Noch niemals hatte ich eine so große Explosion in meinem Leben gesehen, geschweige eine ungeheure Detonation in derart großem Umfang noch nie gehört. Was mochte das bloß sein? Den ganzen folgenden Tag habe ich mir darüber den Kopf zerbrochen. Schließlich beruhigte mich der Gedanke, daß es ein Engländer war, und man bei Nacht Entfernungen mit dem bloßen Auge unterschätzt.

Einen Moment war ich mit den Gedanken abseits, bis ich stolperte. Ich sehe näher. Es liegen 2 Menschen an Deck, ich schüttele einen, er lebte noch, stöhnte aber herzzerbrechend. Hat vielleicht ebenso was wie ich. Unter meinen Füßen knirschte es wie gefrorener Schnee. Ganze Haufen Glassplitter lagen an Deck. Mit einem Male schoß es mir durch den Kopf, daß diese von dem vordem plötzlich erlöschenden Scheinwerfer herrührten.

Na, wenn es nur nicht schlimmer geworden ist als 3 Mann. Die 2, die da neben mir liegen und ich. Ich meldete mich beim Signalbootsmann ab, der ebenfalls an Steuerbord stand, und [dem] augenscheinlich nichts passiert war, nach dem Gefechtsverbandsplatz. „Wo kommen Sie denn her? Was haben Sie denn? Sind Sie verwundet?" „Ja, ich will eben nachsehen [lassen], komme gleich wieder." Nun erfuhr ich zu meinem größten Schreck, drüben an Backbord, wo ich gestanden [hatte], [sei] alles tot oder schwer verwundet. Wie kaltes Sturzbad überlief es mich, drüben alles tot, wusste ich doch genau wie viel Menschen drüben gestanden hatten, und die sollten auf einmal alle weg sein? Man hatte doch schließlich einen Freund dabei, und waren es doch Kameraden. Ich kam nach Steuerbord und wollte die Treppe hinuntersteigen. Ringsum wimmernde Laute und qualvolles Aufstöhnen. In wildem Chaos durcheinander Glasscherben, große Blutlachen, Matrosen, Offiziere, teils auf dem Gesicht, teils auf dem Bauche liegend. Es schauderte mich bei diesem Anblick. Nun es war klar, daß einer der Zerstörer einen Schuß direkt in den Scheinwerfer gefeuert hatte, welcher sofort in Stücke zerrissen [ist] und mit den entstandenen Glassplittern und Splitterhagel so entsetzliches Unheil angerichtet hat. So schnell es mir meine Beine erlaubten, humpelte ich nach dem Gefechtsverbandplatz. Hier herrschte emsige Tätigkeit.

Zwischen Verwundeten, die zum Teil auf Hängematten an Deck lagen, liefen eilig Ärzte, Sanitätsmannschaften und Krankenträger einher, ihres Amtes waltend. Nachdem ich verbunden worden war, entfernte ich mich gleich wieder, um auf meinen Posten auf der Kommandobrücke zu gehen. Bis an die Hauptsignalstelle kam ich, dann war Schluß. Meine Beine versagten den Dienst. Wohl oder übel mußte ich mich auf die Flaggen legen, wo ich nahezu 3 Stunden verblieb. Darauf vermochte ich wieder aufzustehen, aber der Verband hielt nicht, was mich abermals veranlaßte, ärztliche Hilfe in Anspruch zu nehmen. Zu meinem größten Missvergnügen wurde ich dort festgehalten und musste mich hinlegen. Seit meinem Verlassen der Brücke bin ich nicht wieder ans Oberdeck gekommen.

Maschinist Karl Leppert

Karl Leppert diente während Skagerrakschlacht als Maschinist auf dem Linienschiff KÖNIG. Der Decksoffizier führte ein ausführliches Tagebuch, in dem er seine Eindrücke von der Schlacht und von den Tagen danach niedergelegt hat. Dabei konzentriert er sich auf seine eigenen, unmittelbaren Wahrnehmungen und Erlebnisse. Es ist daher anzunehmen, dass er diese Eintragungen immer kurz nach den Ereignissen niedergeschrieben hat. Das Tagebuch befindet sich im Archiv des Deutschen Marinemuseums Wilhelmshaven.

Bericht des Kapitänleutnants Karl Leppert auf SMS KÖNIG (Auszug)[80]

9^{17} Meldung: „Turm Cäsar Rauch u. Gasgefahr!" Es muß fürchterlich um uns stehen! Ob die anderen [Dreißiger?] unseres Geschwaders, sowie das I. u. II. Geschwader schon eingegriffen haben? Unsere Geschütze feuern mit Ausnahme der ersten beiden 15 cm voll nach, Gott sei Dank, auch die Türme sind intakt! 9^{21} Cäsar meldet: Rauch

---

[80] Leppert, Karl: Tagebuch, Deutsches Marinemuseum Wilhelmshaven, S. 9-11.

und Gasgefahr beendet! Im Vorschiff bei uns großer Brand! Das fehlt auch noch. Ob wir gesund zurückkommen? Es hat sich kein Mensch die Frage zu stellen! – Feuerpause –

„Meldung: Ob.Mech. B.B. I. Kasematte, Geschütz in Pumpstellung bringen." Ich flitze nach oben. Ein furchtbarer eigentümlicher Brandgeruch kommt mir entgegen. Ein Toter wird vorbeigetragen. Ein Schock durchzuckt mich, „unser Wachtmeister: Fitje Wittendorf". Ist es möglich? Bleich u. stumm schaffen 2 Mann ihn fort! Eine unbeschreibliche Wut steigt in mir auf! Aber ich soll ja zum I. Geschütz. Es soll geschwenkt werden, damit die anderen Geschütze nicht behindert werden. Die Tür zur B.B. I. Kasematte geht nur etwas auf, alles finster. Rauch u. Stille. Das Geschütz steht in Querrichtung. In der Kasematte ist alles verwüstet, alles von den Wänden gerissen. Zubehörteile waren zerbrochen, das Deck heruntergebrochen, der Mun.Aufzug[81] wegrasiert. Kabelenden hängen von Deck und den Wänden herab. Leere Kartuschhülsen u. scharfe Granaten liegen umher, dazu der brenzliche Geruch nach Fleisch und Knochen u. Pulver. Ich arbeite mich beim Schein der Taschenlampe mühsam ans Geschütz heran, da wird mir schlecht u. schwindelig. Ich muß mich setzen. Denke jetzt erst an meine Gasschutzmaske u. lege die an. Nach einigen Minuten steh' ich auf, stütze mich mit den Fingern von meinem Sitz ab u. rutsche mit den Händen u. Füßen ab. Weiße leichtende Stellen fallen mir da auf, wo ich mit den Fingern mich stützte, ich leuchte hin und erkenne einen Menschen, auf dem sitze ich, auf dem Rücken. Beim Abstützen drücke ich das verbrannte Fleisch ab, das waren die weiß schimmernden Stellen. Ein Grauen erfaßt mich, ich hüpfte umher, alles Knochen u. Leichenteile. Ein Kopf steht vor mir auf einem Trümmerstück. Die Augen weit auf. Alle Leichen sind verbrannt bis auf die Seestiefel, ein furchtbarer grauenhafter Anblick, dazu der bittersüße Geruch u. Geschmack. Am Geschütz hängt am Bedienungsbrett ein Mann, ebenfalls nackt u. schwarz mit einem Knie über eine Verbindungsstange. Kopf u. Arme senkrecht nach unten. Ich faßte zu u. warf ihn los, er stürzte nach unten in das Loch hinein. Im Vorschiff großes Feuer, schrecklich, schrecklich. Ich werde jetzt aber ganz ruhig, spüre keine Aufregung. Ein schweres Trümmerstück

---

[81] Munitionsaufzug

liegt auf einem Menschen, das räume ich noch auf u. gehe dann hinaus.

Mir ist so sonderbar zu Mute, aber so unnatürlich ruhig. Nach
½ Stunde gehe ich wieder hin u. bekomme das Geschütz herum. Ein
Mann liegt unter Deck um [?]. der Unterkörper fehlt, Därme hängen
heraus, ich drücke sie zur Seite u. klettere vorbei. Ekel u. Grauen ist
verschwunden. Da donnern die Kanonen schon wieder los, ich will
auf meine Station zurück u. wähle den Weg durch die Kombüse, da
liegen 5 Mann tot, einer sitzt auf einer Kiste ohne Kopf, ein anderer
liegt über einem Kessel, den Kopf eingeklemmt, Brust zerrissen, so
daß Rippen u. Fleisch heraussinkt. Ein anderer liegt über einem Korb,
ein Bein abgerissen, furchtbar.

Es ist 10 [h], engl. Zerstörer greifen an, nach einer ½ Std. tritt
eine Pause ein. Ich gehe durchs Schiff, komme an Oberdeck, da liegt
an einer Treppe ein Toter. Masch. Jupp[82], der arme Kerl war gerade 3
Tage befördert. Der Gefechtsverbandsplatz ist ausgefallen ebenso
meine Werkstatt, alles tot. Von der B.B. VI. Kasematte aus beobachte
ich einen brennenden Kreuzer, unsere WIESBADEN ist schon erledigt,
höre ich, bin ganz still. Maschinenschaden, er wurde so erledigt. 11[40]
kam aus Mun.Kammer Turm B. Meldung, daß das Wasser langsam
steigt. Um 1 [h] war ich in der Batterie, ein großes brennendes Schiff
kam in Sicht. Es sah schaurig aus, fortwährend Explosionen.

Marinestabsarzt d. R. Dr. med. Hans Behnstedt

Dr. Hans Behnstedt trat im Juli 1913 in die Kaiserliche Marine ein.
Anfang des Krieges diente er zunächst auf dem Kohlenschiff MELIT-
TA, anschließend ab Oktober 1914 im Stab der Vorpostendivision der
Nordsee. Im Januar 1915 folgte die Versetzung auf den Kleinen
Kreuzer MÜNCHEN. Der hier wiedergegebene Auszug stammt aus
dem Sanitätsbericht Behnstedts, den er nach der Schlacht verfasste
und der dem Gefechtsbericht des Kommandanten der MÜNCHEN als
Anlage beigefügt war. Diese offiziellen Dokumente befinden sich im
Bundesarchiv-Militärarchiv Freiburg.[83]

---

[82] Maschinist Jupp
[83] Ärztlicher Gefechtsbericht SMS MÜNCHEN, BA-MA, RM 8/881, Bl. 40-42.

Bericht des Marinestabsarztes Dr. Hans Behnstedt auf SMS München

Den 3. Juni 1916.

Betrifft: Ärztlicher Gefechtsbericht

S.M.S. München

In den beiden Gefechten wurde – wie sich aus den zahlreichen gefundenen Sprengstücken mit Sicherheit feststellen läßt – das Schiff mit 15 cm-Sprenggranaten beschossen und erhielt im Ganzen 5 Treffer.

Durch diese 5 Treffer wurden 6 Mann sofort getötet, 1 Offizier und 1 Mann tödlich verletzt. Sie starben beide nach 2 Stunden auf dem Gefechtsverbandplatz.

2 Mann wurden sehr schwer verletzt. Zum mindesten bei dem einen ist das Ableben bestimmt zu erwarten.

Ferner kamen 17 andere meist leichte Verwundungen vor.

Die Sprengsätze waren verschieden groß, von über Faustgröße bis Erbsengröße. Die kleinen Sprengstücke überwogen. Die Form war sehr verschieden, die Bruchstellen teils glatt-scharf, teils zackig zerrissen.

Brandwirkungen und giftige Gase wurden an Bord nicht beobachtet. Alle Verluste und Verwundungen sind auf Sprengstücke zurückzuführen. Und zwar auf direkte Schüsse. Allerdings ist bei den vielen kleineren Steckschüssen, bei denen das Geschoß nicht entfernt werden konnte, noch nicht festzustellen, in wie weit dabei indirekte Geschosse in Betracht kommen.

Die Möglichkeit dazu war sehr groß, da der zerschossene achtere Schornstein, zerschossene Geländer und Stützen usw. reichlich Splitter in allen Größen lieferten.

Mit Sicherheit ist nur bei einem Matrosen, der auf der Brücke vor dem Sprachrohr hockte, als der kupferne Ständer des daneben stehenden Torpedozielapparates einen Treffer erhielt, die indirekte Geschoßwirkung festzustellen.

Auffällig ist, daß die vom 1. Treffer Getöteten an Kleidung und Körper mit einer gelben Flüssigkeit gefärbt waren. Ein Fähnrich auf dem achteren Leitstand gibt mit Sicherheit an, daß eine Flüssigkeit auf ihn herabgetropft sei, die bitter schmeckte und ihm den Mund gelb färbte und im Auge brannte.

Die wahrscheinlichste Erklärung ist wohl, daß das Geschoß auf dem Wasser detoniert ist, daß nicht aller gelber Sprengstoff (Pic-rinsäure) explodiert ist, sondern mit dem mitgerissenen Wasser die gelbe Flüssigkeit gegeben hat.

Auch der bei diesem Treffer durch Preßschüsse an Rücken und Kopf leicht verwundete Hilfsarzt war an Gesicht und Haar gelb-lich gefärbt. Bei ihm stellte sich im Laufe des Tages Durchfall und am andern Tage am Rumpf eine leichte Marmorierung der Haut ein. Bei allen anderen Treffern und Verwundeten ist diese Gelbfärbung nicht beobachtet!

Von den tötlich Verwundeten befanden sich 3 in Feuerluv, 5 in lee.

Von den anderen Verwundeten 10 in luv, 9 in lee.

Die sofort Getöteten hatten große Zertrümmerungen des Schädels, der Brust, des Rumpfes und der Gliedmaßen. Von den bei-den tötlich Verletzten hatte der eine eine Beckenzertrümmerung, der andere eine Zertrümmerung des linken Unterarmes und schwere Ver-letzungen des Rückens.

Von den anderen sehr schwer Verletzten hatte einer eine Zer-reißung der Bauchdecke mit Vorquellen der Eingeweide, der andere eine Zerschmetterung des linken Unterschenkels mit Weichteilzerrei-ßung des rechten Oberschenkels.

Die anderen Verletzungen waren Weichteilverletzungen und Steckschüsse von kleinen Sprengstücken.

Die sofort Toten wurden beiseite gelegt.

Alle Verwundeten erhielten sofort einen Notverband. Z. Teil vom Hilfsarzt, der an Deck durch den 1. Treffer leicht verwundet, aber in seiner Tätigkeit nicht behindert wurde, z. Teil von den neben-stehenden Matrosen. Auf dem Gefechtsverbandsplatz – Tagesraum der technischen Unteroffiziere im Zwischendeck – wurde vom Schiffsarzt die Behandlung vorgenommen, der auch den Transport der beiden Schwerverwundeten von der Brücke zum Gefechtsver-bandplatz mit dem Sanitätsmaaten leitete.

In der Gefechtspause wurde von beiden Ärzten die endgültige ärztliche Versorgung vorgenommen.

Splitter wurden nur entfernt, wenn sie leicht zugänglich waren. Besonders bemerkenswert war dabei ein Steckschuß mit sehr kleinem Einschuß am Hals, aus dem nach Erweiterung ein flacher, leicht gebogener Granatsplitter von Pflaumengröße entfernt wurde, der in der Nähe der Carotis saß. Seine Größe stand zur Größe des Einschußes (bohnengroß), in gar keinem Verhältnis.

Die schwere Bauchverletzung wurde – weil aussichtslos – nicht operiert, der zerschmetterte Unterschenkel durch Durchtrennen der Brücken abgesetzt und auf Volkmannscher Schiene gelagert.

Die übrigen Verletzungen wurden nur mit sterilen Verbänden bedeckt.

Morphium-Gaben wurden reichlich verabfolgt. Die schon an Deck vom Hilfsarzt Gespritzten waren durch ein M (mit Tintenstift auf die Stirn gemalt) gezeichnet.

Dadurch wurde bei allen (bis auf den Wirbelsäulenverletzten, der dauernd über seine Beine klagte) volle Beruhigung geschaffen, sodaß im Zwischendeck, wo die Verwundeten vor dem Gefechtsverbandplatz auf Hängematten gelagert waren, volle Ruhe herrschte.

Die beiden Sterbenden wurden im Schiffslazarett besonders unter Aufsicht eines Krankenträgers gelagert. Die beiden sehr schwer Verletzten auf dem Gefechtsverbandplatz ebenfalls unter Aufsicht.

Die ärztliche Versorgung aller machte keine Schwierigkeiten.

Den getrennten Aufenthalt beider Ärzte halte ich für sehr zweckmäßig. Ebenso die Verteilung der Krankenträger. Hilfsarzt im Vorraum zum Ruderraum. Schiffsarzt in der Zentrale im Torpedobreitseitraum. Namentlich dort ist die Benachrichtigung sehr gut, die Verteilung der Krankenträger zum Transport leicht vorzunehmen und der Schiffsarzt jederzeit sofort zu erreichen. Da außerdem direkt über dem Luk im Zwischendeck die Verwundeten vor dem Gefechtsverbandplatz gelagert waren, ist der Schiffsarzt jederzeit sofort an Ort und Stelle.

Sehr vermißt wurde nur fließendes Wasser auf dem Gefechtsverbandplatz zur Desinfektion der Hände.

Behnstedt
Mar.Stabsarzt der Reserve u.
Schiffsarzt SMS MÜNCHEN

Stabsarzt Dr. Franz Rogg
Im Oktober 1909 trat Franz Rogg in die Kaiserliche Marine ein und
diente seit Kriegsbeginn auf dem Linienschiff OLDENBURG. Der hier
abgedruckte ärztliche Sanitätsbericht wurde zwar vom Ersten Offizier
der OLDENBURG, Korvettenkapitän Vollmer, unterzeichnet, doch
nach Diktion und Terminologie ist davon auszugehen, dass er vom
Schiffsarzt, Dr. Franz Rogg, aufgesetzt wurde. Er war dem allgemeinen Gefechtsbericht der OLDENBURG als Anlage beigefügt war. Diese
Dokumente befinden sich im Bundesarchiv-Militärarchiv Freiburg.[84]

Bericht von Stabsarzt Dr. Franz Rogg auf SMS OLDENBURG
An Geschwader.
In See, den 2. Juni 1916.

Kommando
SMS OLDENBURG
G.B. Nr. 2369

Bericht über das vom 31.5. bis 1.6. d. Mts. in der Nordsee stattgefundene Seegefecht
(gem. G.T.B. Nr. 145 vom 18.9.1915)

Am 1. d. Mts. vormittags gegen 2 Uhr erhielt OLDENBURG einen
Treffer, anscheinend von einem Torpedobootszerstörer, in den B.B.
vorderen oberen Scheinwerfer. Das Geschoß krepierte hier und die

---

[84] Ärztlicher Gefechtsbericht, SMS Oldenburg, BA-MA, RM 8/878, Bl. 220-221.

Sprengstücke verteilten sich auf den vorderen Artillerieleitstand und die Brücke. Das Deck der Brücke wurde teilweise durchschlagen und die Sprengstücke drangen in die 8,8 cm Kasematte. Die Sprengstücke erzeugten die weiterhin näher beschriebenen zum Teil tödlichen und schweren Verwundungen und auch leichtere Verletzungen. Ein Sprengstück drang sogar durch den Sehschlitz des vorderen Art.Standes und verletzte hierbei einen Oberbootsmannsmaaten an der Brust und an der rechten Hand. Die Verletzungen im einzelnen waren im wesentlichen folgende:

2 Offiziere wurden sofort getötet, und zwar waren die Verletzungen außerordentlich schwer: bei dem einen waren Brust- und Bauchhöhle aufgerissen und die Gliedmaßen zerschmettert; bei dem anderen war die ganze linke Seite aufgerissen und der linke Arm zermalmt und abgequetscht. 3 weitere Offiziere erlitten sehr schwere Verletzungen; einer starb nach kurzer Zeit auf dem Gef.-Verbandplatz, während der zweite am nächsten Tage auf dem Lazarettschiff SIERRA VERTANA an den Folgen einer schweren Schädel- und Rückenverletzung gestorben ist. In dem ersten Falle handelte es sich um eine schwere Kopfverletzung und Verletzung der Brustorgane, die sich in Hirnerschütterung und blutigem Erbrechen äußerte. Bei dem dritten Offizier handelte es sich um eine Verletzung am Hinterkopf mit Vorfall des Gehirns; in diesem Falle gelang es, durch Umlegen eines sachgemäßen Verbandes, Anwendung von anregenden Mitteln und Kochsalzinfusion sowie Sauerstoffatmung das Leben vorläufig zu erhalten. Von den weiterhin auf der Brücke befindlichen Offizieren erlitt der Kommandant eine mittelschwere Verletzung; Granatsplitter im linken Fuß, Weichteilverletzung an der linken Schulter, Gesicht und am rechten hinteren Oberschenkel sowie eine kleine Verletzung an dem rechten Hacken und im Rücken. Von den übrigen Offizieren erlitt nur der Nav.Offizier eine ganz unbedeutende Splitterverletzung am Kopf und an der linken Wade.

Von den auf der Brücke befindlichen Mannschaften wurden 3 sofort getötet, 2 erlitten schwere Verletzungen. Die Todesursache bei einem Sign.Gasten waren ebenfalls solche ausgedehnten Zerreißungen am Bauch und Zerstrümmerungen der Gliedmaßen, wie bei den sofort getöteten Offizieren. Der zweite Mann wies eine schwere Herzverletzung auf, und zwar war in diesem Falle ein Granatstück

166

durch die Herzgegend in die Brusthöhle gedrungen und hatte von der äußeren Bedeckung der rechten Brustseite ein handtellergroßes Stück förmlich ausgestanzt. Der dritte zeigte eine Kopfverletzung mit Gehirnvorfall und Quetschung des rechten Armes. Von den zwei Schwerverletzten starb einer in kurzer Zeit nach Eintreffen auf dem Gefechtsverbandsplatz. In diesem Falle war die ganze linke Halsseite weggerissen, wobei die Kopfschlagader mit betroffen wurde. Trotz Unterbindungen und Anlegen eines sachgemäßen Verbandes starb der Mann infolge des großen Blutverlustes kurz darauf. Der andere Schwerverletzte zeigte eine Zertrümmerung des linken Oberarms und Zerreißung der linken Oberarmschlagader. Hier konnte durch Unterbindung und Amputation des zertrümmerten Gewebes und Kochsalzinfusion das Leben des Mannes erhalten werden.

Einer von den Mannschaften zeigte eine mittlere Verletzung durch Granatsplitter an der rechten Hand. Alle übrigen hatten nur leichte Verletzungen. Bemerkenswert ist bei diesen leichten Verletzungen, daß eine entstanden war durch das schon erwähnte Eindringen eines Granatsplitters durch den Sehschlitz des vord. Artilleriestandes.

Bei diesen plötzlich, massenhaften Verwundungen ließ sich die sonst geübte Behandlung der Kranken in der Gefechtspause nicht durchführen, sondern es mußten die Leute teilweise auf ihren Gefechtsstationen verbunden werden. Es zeigte sich fernerhin somit, daß die Anzahl der Ärzte nicht groß genug sein kann, wenn sie auch unter gewöhnlichen Verhältnissen manchmal als überflüssig erscheint. Auch kann die Anzahl des Sanitätspersonals bei der jetzigen Stärke (2 Unteroffz., 2 Ob.Gasten) nicht groß genug sein. Die Anforderungen bei solchen Massenverwundungen sind größer, als sie von dem Personal unter gewöhnlichen Umständen geleistet werden können. Es erscheint sehr zweckmäßig, daß beim Unterricht der Krankenträger immer wieder über den Verstauungsplan der einzelnen Hilfsmittel (Inventar und Material) unterrichtet wird, damit diese Gegenstände sofort von jedermann gefunden werden können und nicht erst durch Nachfragen bei dem eigentlichen Verwalter (Ob.San.Maat) der Ausrüstung unnötige Zeit vergeht, zumal dieser auch durch andere Arbeiten in Anspruch genommen ist. Im übrigen war die Haltung und Tätigkeit des Personals musterhaft und tadellos.

Es dürfte sich als zweckmäßig erweisen, den Gefechtsverbandsplatz so weit wie möglich schon vor dem Gefecht herzurichten, da bei solchen plötzlichen Massenverletzungen sich das übrige Personal, weil das Gefecht noch andauert, in Deckungsstellung befindet und aus derselben nicht so schnell herbeizuholen ist; die auf dem Gefechtsverbandsplatz vorhandenen Hilfskräfte erweisen sich in einem solchen Falle für die zu treffenden Maßnahmen lange nicht als ausreichend. Allerdings müßte in diesem Falle der Gefechtsverbandsplatz nicht nur von den übrigen Räumen (wie hier an Bord Heizerwohndecks) durch eine Persenning abgeschlossen, sondern vollkommen isoliert und auch durch Panzerung gegen Treffer geschützt sein.

Als Übelstand wurde bei der langen Dauer des Gefechts noch das Fehlen einer Klosettanlage beim Gef.Verbandsplatz oder in seiner Nähe empfunden, zumal sämtliche Schotten geschlossen sind und dadurch das Aufsuchen der diesbezüglichen Anlagen von Leichtverletzten und vom Personal unmöglich gemacht ist.

i.V. [In Vertretung]
gez. Vollmer

Marinestabsarzt Dr. Josef Becker

Dr. Josef Becker trat im Oktober 1908 in die Kaiserliche Marine ein. Während der Skagerrakschlacht war er auf dem Linienschiff KÖNIG eingesetzt. Das Schiff fuhr an der Spitze der deutschen Schlachtflotte und war somit dem feindlichen Feuer besonders ausgesetzt. 45 Besatzungsmitglieder kamen ums Leben.[85]

Bericht des Marinestabsarztes Dr. Josef Becker auf SMS KÖNIG

Kommando
SMS KÖNIG
G. 23. No. 981   SMS KÖNIG, den 8. Juni 1916

Ärztlicher Bericht zum Seegefecht am 31.V. Bis 1.VI.1916.
Handschriftl. Anmerkung: 1 Off 44 Mann +, 27 verwundet

Jeder Mann der Besatzung hatte am Tage vor dem Gefecht eine Gasschutzmaske erhalten. Die Dreischichtpatrone wurde etwa eine Stunde vor Beginn des Gefechts auf Befehl des Kommandanten angeschraubt und die Schutzmaske umgehängt.

Angefeuchtete Tupfer in Beuteln, ferner Watte zum Verschließen der Ohren, Verbandstaschen und Transporthängematten für die einzelnen Gefechtsstellen waren vom Lazarett ausgegeben worden. Jeder trug ein kleines Verbandpäckchen bei sich. Die Sanitätsoffiziere und das Sanitätspersonal waren folgendermaßen verteilt: Achterer Gefechtsverbandplatz (St.B.Abt. IV) 2. Hilfsarzt mit 1 Obersanitätsgasten und 4 Krankenträgern, 2.) Ingenieurstand (Abt. VI mittschiffs) Schiffsarzt mit 2 Krankenträgern, 3.) Vorderer Gefechtsverbandplatz (Abt. XII B.B. Zwischendeck und Reserveplatz (St.B.Abt. XII) 2 Krankenträger in Feuerluv, 1. Hilfsarzt, Sanitätsmannschaften (3) und die übrigen Krankenträger (5) in Feuerleestellung. Der Rest der Krankenträger (4) unter Aufsicht des Sanitätsvizefeldwebels in Abt. V.B.B. Panzerdeck. Der Geschwaderarzt hatte als Reserve einen Platz in der Artillerieverbindungsstelle. Das Sanitätsma-

---

[85] Ärztlicher Gefechtsbericht SMS KÖNIG, BA-MA, RM 8/879, Bl. 203-205.

terial war in der Hauptsache auf die beiden Gefechtsverbandplätze verteilt.

Die gegenüberliegenden Reservestellen B.B. Abt. V. Panzerdeck, St.B.Abt. XII Zwischendeck hatten Kisten mit Verbandpäckchen, Morphium, Campher und einige Instrumente.

II. Vorgänge während des Gefechts.

Etwa 2 Stunden nach Beginn des Gefechts trafen die ersten Verwundeten auf dem achteren Gefechtsverbandsplatz ein und zwar gleich in einer derartigen Anzahl, daß Schiffsarzt und das ganze Sanitätspersonal der achteren Abteilungen in Tätigkeit treten mußten. Zugleich wurde gemeldet, daß der vordere Gefechtsverbandplatz ausgefallen sei. Als ein Arzt zur Versorgung des Geschwaderchefs auf die Brücke befohlen wurde, ging der Schiffsarzt dorthin und stellte auf dem Rückwege fest, daß an ein Eindringen in den vorderen Gefechtsverbandplatz nicht zu denken und mit dem Ausfall der dort Stationierten zu rechnen sei. Sobald der Gefechtsverbandplatz mit Verwundeten gefüllt war, wurden alle Neuhinzukommenden in dem darüber liegenden Deck[?]abteilung zurückgehalten. Jeder Schwerverwundete erhielt sofort eine Morphium-Injektion 0,02. Ein Schwerverwundeter (Milzverletzung) bekam später noch zur weiteren Beruhigung 0,5 ccm Scopolamin-Morphium. Bei keinem der Verwundeten war von den mitgeführten Verbandpäckchen Gebrauch gemacht, das sicher nicht zu ihrem Schaden gereicht hat. Insgesamt wurden 10 Schwerverletzte versorgt. Die Versorgung erstreckte sich in erster Linie auf Anlegen von einwandfreien Verbänden und Schienung der gebrochenen Glieder. Eine schwere offene Unterschenkel- und Mittelfuß-Franktur mußte wegen Durch-Blutung des Verbandes in der Nacht nochmals geöffnet werden. Nach Unterbindung kleinerer Gefäße und Wundsäuberung reichten Kompressionsverbände in Volkmann'scher Schiene aus. Im Laufe der Nacht erlagen 3 ihren Verletzungen, 1 Schußverletzung in der Milzgegend, 1 in der Kreuzbeingegend (Darmzerreißung?), 1 mit Kopfverletzung und Brandwunden.

12 Leute wurden eingeliefert, bei denen es sich nach den äußeren Erscheinungen um Gasvergiftungen handeln mußte. Atemnot, Unregelmäßigkeit des Pulses, Fahlheit des Gesichts, süß-säuerlicher

Geruch standen im Vordergrunde. Bei mehreren mußte künstliche Atmung in Tätigkeit treten, die auch zunächst bei allen Erfolg hatte. Da nach den Erscheinungen Stickoxyd und Blausäurevergiftungen angenommen wurde, erhielt jeder 0,2 Natr.thiosulfa und Natr.bicarbonicum Spray, zur Anregung der Herzaktion Campher forte. Sauerstoff-Inhalation, soweit Apparate vorhanden waren. Die kleinen O Bomben im Sauerstoffkoffer und im Pulmotor waren bald verbraucht und nur der Roth-Draeger mit seiner 109 l O Bombe erwies sich als ausreichend. Zur ständigen Auffüllung der kleinen Apparate ist es notwendig, auf dem Gefechtsverbandplatz eine große 537,5 l O Bombe mit Umfüllstutzen vorrätig zu halten. Nach zeitweiliger Besserung gingen trotz stundenlanger Anwendung der genannten Mittel und Darreichung von Ringer-Lösung zwei zu Grunde unter Erscheinungen einer Bronchitis bezw. eines Lungenödems, davon der eine nach 20 Stunden. Vielleicht hätten sie bei sofortiger Anwendung der Gasmaske auf ihrer Gefechtsstelle wie die übrigen Leute im III. Heizraum ihr Leben erhalten können.

Bemerkenswert ist, daß während der ganzen Seeschlacht kein Mann in einen krankhaften Erregungszustand verfallen ist. Wohltuend war, zu sehen, wie bei allen Verwundeten und auch bei denen, die sie heranschleppten, nach der Ankunft in der Empfangsabteilung eine merkliche Beruhigung eintrat.

Gefallen sind 45 = 3,4 % der an dem Tag eingeschifften Besatzung, davon 5 im Laufe der Nacht auf dem Gefechtsverbandplatz gestorben. Verletzt 7 = 0,5 % der Besatzung. Durch das Gas vergiftet, einschließlich der 9, die in den Tagen nach dem Gefecht krank in´s Schiffslazarett aufgenommen werden mußten. 20 = 1,5 % der Besatzung.

Mithin 72 = 5,5 % ausgefallen. Die Anzahl der Verletzten und Gasvergifteten zu den Toten verhält sich wie 1:1,7.

III. Maßnahmen und Beobachtungen nach dem Gefecht.

Nach dem Einlaufen des Schiffes in Wilhelmshaven wurden 19 Verletzte und Gasvergiftete an das Lazarettschiff SIERRA VENTANA abgegeben. 7 mit Erscheinungen von Gasvergiftungen wurden erst am 2., 3. und 4. VI. in´s Schiffslazarett aufgenommen. Nach der Besichtigung der Treffer im Schiff läßt sich mit Sicherheit sagen, daß infolge des Einschlagens der feindlichen Granaten in die B.B. I. Kasematte Kartuschen im Munitionsaufzuge und in der II. Kasematte zur Entzündung gebracht worden sind, wodurch nitrose und vielleicht nitrile Gase in die umliegenden Räume, so auch durch den Schornstein-Hals in den III. Heizraum gedrungen sind.

Alle an Gasvergiftung Erkrankten haben in diesen oder in den umliegenden Schiffsabteilungen gearbeitet. Das Gleiche ließ sich nachweisen bei 20 Mann, die sich mit Beschwerden infolge Einatmens der süß-säuerlichen Dämpfe in den nächsten Tagen noch krank gemeldet haben, ohne dienstunfähig zu werden. Alle hatten mit gutem Erfolge die Dreischichten-Gasmaske angewandt. Die Gasmaske hat viele Ausfälle während des Gefechts verhindert und ist ohne Zweifel von unendlichem Werte gewesen. Wegen leichterer Verletzungen während des Gefechts sind in den nächsten Tagen noch 10 in Zugang gekommen, ohne ihre Dienstfähigkeit einzubüßen. Schließlich haben sich noch 42 mit unbestimmten Beschwerden (Kopf-, Brust-, Magen- und Darmerscheinungen) gemeldet, wahrscheinlich infolge von Einatmung unbestimmter gashaltiger Luft oder neurotischer Erschütterungen.

IV. Schlußfolgerungen

1.) Die Verteilung des vorhandenen Sanitätsmaterials hat sich bewährt.

2.) Eine regelrechte, ärztliche Versorgung kann nur auf den Gefechtsverbandplätzen und nicht auf den einzelnen Gefechtsstellen erfolgen.

3.) Die Ausgabe von kleinen Verbandspäckchen an jeden einzelnen Mann ist nicht erforderlich, stattdessen genügt die Anbringung von Verbandtaschen an den einzelnen Gefechtsstellen.

4.) Die Gesichtsmaske mit der Dreischicht-Patrone hat sich glänzend bewährt.

5.) Auf oder in unmittelbarer Nähe der Gefechtsverbandplätze ist eine große Sauerstoffbombe mit Umfüllstutzen unterzubringen, um zu jeder Zeit die schnell verbrauchten kleineren Apparate wieder betriebsfähig zu machen.

6.) Die Anwendung der Regeneratorspritze zum Sprayen von Natr.bicarbonicum bei den Gasvergifteten wurde als wohltuend empfunden.

7.) Solange das Sanitätspersonal nicht in Tätigkeit tritt, ist noch mehr auf ihren Aufenthalt in Feuerlee zu achten, während ein Umzug mit dem Sanitätsmaterial auf den Schiff der KÖNIG-Klasse nicht für angängig gehalten wird.

gez. Becher
Marine-Stabsarzt

Felix Schwormstädt: Rettung schiffbrücher englischer
Mannschaften durch Torpedoboote, 1916
(Sammlung Eberhard Kliem)

Kapitel 9
Untergang

Nach der Skagerrakschlacht beanspruchten beide Seiten den Sieg für sich. Die Hochseeflotte hat der Grand Fleet zwar größere Verluste beigebracht, auch für die Deutschen war der Preis der Schlacht hoch. So wurde das Linienschiff POMMERN von Torpedos getroffen und sank mit 844 Mann. Mehrere Zeitzeugen berichten von dem erschütternden Ereignis. „Plötzlich – es war um 3 Uhr 50 Minuten vormittags – hörten wir eine starke Detonation, und vor uns steigt eine riesige Feuersäule gen Himmel", schreibt Georg von Hase, Artillerieoffizier auf SEYDLITZ. „Sie sieht von weitem aus, wie die Riesenfeuergarbe eines Brillantfeuerwerkes, das vor uns abgebrannt wird. Wir sehen, daß unsere beiden Vorderleute mit Hart Ruder nach Backbord abdrehen. Was war da vorn vor sich gegangen? Welche Katastrophe hatte sich da abgespielt? Unser Schiff durchschnitt weiter die Fluten, wir hielten Kurs durch und passierten so die Stelle, wo das Gewaltige geschehen war. Wir sahen uns überall um, ob wir irgendwelche Schiffstrümmer oder Menschen im Wasser treiben sahen. Aber nichts war zu sehen! In dem Augenblick, als wir über die Stelle der Katastrophe fuhren, konnten wir uns keine Vorstellung von dem machen, was hier geschehen war. Und doch war noch wenige Minuten vorher die POMMERN, ein Linienschiff von 13.000 Tonnen, hier gefahren!"[86]

Der Schlachtkreuzer LÜTZOW musste nach mehreren Treffern wegen starkem Wassereinbruch vorzeitig aus der Schlachtlinie entlassen werden. Alle Versuche, das Schiff zu stabilisieren und durch die begleitenden Torpedoboote abzuschleppen, schlugen wegen des stärker werden Seegangs fehl. Daher musste das Schiff während des Rückzugs in der Nacht doch noch aufgegeben werden. Die Besatzung der LÜTZOW stieg auf die Torpedoboote um und G 38 versenkte den Kreuzer mit zwei Torpedoschüssen. Außerdem gingen die vier Kleinen Kreuzer FRAUENLOB, ELBING, WIESBADEN, ROSTOCK und fünf Torpedoboote (V 4, V 27, V 29, V 48 und S 35) verloren. So musste

---

[86] Hase, Georg von: Die zwei weißen Völker! (Kiel und Skagerrak). Deutschenglische Erinnerungen eines deutschen Seeoffiziers, Leipzig 1923, S. 142.

die deutsche Marine durch die Skagerrakschlacht den Tod von 2551 Männer beklagen, darunter des Schriftstellers Gorch Fock, der auf der WIESBADEN gedient hatte.

Oberheizer Hugo Zenne

Hugo Zenne überlebte als Einziger den Untergang des Kleinen Kreuzers WIESBADEN. Seine 589 Kameraden – darunter der niederdeutsche Dichter Johann Kinau, bekannt als Gorch Fock – kamen ums Leben. 22 Männer konnten sich zunächst auf drei Flöße retten. Aber nur der Oberheizer Zenne wurde zwei Tage später als einziger Überlebender von dem norwegischen Dampfer WILLY geborgen. Anschließend folgten mehrere ausführliche Befragungen zu den Ereignissen um den Untergang der WIESBADEN. Einen ersten Bericht gab er dem deutschen Marineattaché bei der deutschen Gesandtschaft in Kristiania, Korvettenkapitän Hans Hilmers, später wurde er nochmals in Deutschland, an Bord des Großlinienschiffes KAISER befragt. Die offiziellen Aufzeichnungen befinden sich im Bundesarchiv-Militärarchiv in Freiburg. Die Öffentlichkeit nahm damals großen Anteil am Verlust des Schiffes und am Schicksal von Zenne. So trat er in Marinevereinen auf und seine Erinnerungen erschienen in mehreren Publikationen.[87] Im Folgenden wird die Abschrift der Befragung Zennes an Bord KAISER wiedergegeben.[88]

Bericht des Oberheizers Hugo Zenne auf SMS WIESBADEN

In der Seeschlacht vor dem Skagerrak am 31. V. ist S.M.S. WIESBADEN durch einen Treffer in die Maschinen etwa 8 Uhr abends manövrierunfähig geworden. Ich hatte meine Station in den Abteilungen VIII-IX im Zwischendeck zur Aufsicht der Turbolüfter. Der Treffer in die Maschinen stellte sich für mich folgendermaßen dar: Zuerst

---

[87] Freiherr von Spiegel von und zu Peckelheim: Oberheizer Zenne. Der letzte Mann der WIESBADEN. Nach Mitteilungen des Oberheizers Zenne von Freiherr Spiegel von und zu Peckelsheim, Berlin 1916: Zenne, Hugo: Die letzten Stunden S.M.S. WIESBADEN; In: Auf See unbesiegt. Erlebnisse im Seekrieg erzählt von Mitkämpfern, hrsg. v. Eberhard von Mantey, Bd. 1, München 1922, S. 286-290.
[88] Bericht des Oberheizers Hugo Zenne, WIESBADEN, BA-MA, RM 8/880, Bl. 271-276.

kam der Ruf: „Rauch- und Gasgefahr Abteilung VI." Ich hörte selbst den Dampf im I. Kesselraum ablassen und bemerkte, dass die Turbolüfter langsamer liefen. Hieraus schloss ich, dass das Hauptdampfrohr beschädigt war. Kurz nach Beseitigung der Rauch- und Gasgefahr in Abteilung VI kam durch Melderkette – alle anderen Befehlswege nach den Maschinen waren ausgefallen – von oben Befehl: „beide Maschinen A.K. voraus" und hinterher: „B.B. Maschine A.K. voraus." Als Antwort auf beide Befehle kam nur: „B.B. Maschine gibt keine Antwort, grosse Dampfgefahr!" Das Schiff lag bewegungslos da, denn man hörte kein Schraubengeräusch mehr. An Deck wurde immer noch geschossen. Ab und zu hörte ich auch dumpfe Aufschläge, die von einschlagenden Granaten herrührten.

Etwa eine viertel Stunde nach dem Treffer im Maschinenraum schlug ein Treffer in das Minenhellegat, der das Wrack aufriss, im Zwischendeck aber keinen Schaden anrichtete. Bald darauf folgte eine heftige Erschütterung im Achterschiff, meiner Meinung nach ein Torpedotreffer. Gleich darauf kam Befehl durch Melderkette: „Alle Mann aus dem Schiff." Geschossen wurde zu der Zeit von S.M.S. WIESBADEN nicht mehr.

Als „Alle Mann aus dem Schiff" befohlen wurde, befand ich mich in Abteilung IX und ging von da mit der Heizer-Piquett- und Freiwache an Oberdeck.

An Deck bot sich mir folgendes Bild:

Die Geschützbedienungen der III. Geschütze lagen tot an Deck, teilweise zerrissen. An B.B. Seite beim III. Geschütz war das Deck in einer Länge von 3 m und einer Breite von 1 m aufgerollt. In Höhe des dritten Geschützes war das Deck trichterförmig nach unten durchschlagen. Der Trichter hatte einen Durchmesse von 2-3 m. Hängemattskästen waren durchschlagen, Hängematten und Schwimmwesten lagen auseinandergerissen herum. Das ganze Deck, ebenso wie Tote, Hängematten usw. waren in der Umgebung des Treffers gelb überzogen. Nach vorn zu konnte ich nichts weiter sehen, da aus dem Luftschaft des B.B. vorderen Maschinenraums Dampf strömte. Beide Masten aber waren unversehrt. Aussenbords schwammen verschiedene Leute. Diese hatten sich Schwimmwesten geholt und waren über Bord gesprungen, in der Hoffnung von den herannahenden, eigenen Schiffen, die nach meiner Schätzung etwa

2000 m ab waren, aufgenommen zu werden. Im Wasser mögen etwa 30-50 Leute gewesen sein, die zum grössten Teil ertrunken sind. Einige wurden zurückkehrend von uns hochgezogen, andere von den einschlagenden Granaten im Wasser hochgeschleudert und so getötet. Ich ging mit 4-6 Mann nach achtern und stellte mich beim V. Geschütz auf, das ebenfalls durch einen Treffer unbrauchbar geworden war. Die Bedienung war ausgefallen, die eigenen Schiffe waren von B.B. achteraus aufkommend zu sehen, machten dann jedoch kehrt. Zu dieser Zeit trat eine kleine Feuerpause ein, die meine Kameraden und ich benutzten, um die an dem V. und III. Geschütz noch vorhandenen Kartuschen und Granaten über Bord zu werfen. Als unsere Schiffe zum zweiten Male auf uns zu kamen, lagen wir wieder in schwerem feindlichem Feuer. Durch das gleichnamige Schiessen vieler Schiffe von verschiedenen Seiten ist nach meiner Beobachtung nur ein Treffer an B.B. Seite 1 m über der Wasserlinie erzielt worden.

Gegen Dunkelwerden hörte das Schiessen auf uns auf. Zu dieser Zeit gingen wir nach vorn nach St.B.-Seite bis zum III. Geschütz. Hier konnten wir wegen des brennenden Motorbootes und Hängemattskästen nicht weiter kommen. Wir bahnten uns nun an B.B. Seite durch vollkommen zerschossene Aufbauteile, Schornsteinstücke usw. unseren Weg unter die Back. Von der Brücke war nichts mehr da, als verbogene und zerrissene Reste. Die Geschützmannschaften lagen tot an Deck. Unter der Back waren die ganzen Kleiderspinde auseinandergerissen; die Kleidungsstücke lagen leicht brennend an Deck. Wir gingen den Niedergang, der noch passierbar war, nach Abteilung XIII im Zwischendeck, wo wir unsere Spinde unversehrt wieder fanden. Licht brannte nicht mehr. Wir hatten keine Lampen. Wir holten uns trockenes Unterzeug, blaues Zeug, Überzieher und gingen wieder nach achtern. Hier hatten sich inzwischen alle übrig gebliebenen Leute versammelt, die sich nun gleich mir umzogen.

Vor dem Umziehen schon hatten wir alle Verwundeten nach achtern gebracht und haben sie, so gut es ging, verbunden mit aus Offizierskammern geholtem, reinen Unterzeug und dem Inhalt der übrig gebliebenen Verbandsbeutel. Es handelte sich hauptsächlich um mehr oder weniger schwere Fleischwunden. Verbrennungen waren nicht da, nur zwei verbrühte Leute, die an Deck gelegt wurden. An

178

Nahrungsmitteln hatten wir aus der Kantine einige Stücke Käse und Schinken geholt; ferne zwei Flaschen Wein. Unter den Verwundeten befand sich der am Kopf verletzte 1. Offizier, Kapitänleutnant Berger.

Mittlerweile war es ganz dunkel geworden, etwa 11 Uhr abends. Um diese Zeit kam ein Dampfer. Wir schwenkten die eine Akkumulatorenlampe, die wir noch hatten. Das Fahrzeug kam erst etwas näher, machte dann aber Kehrt und verschwand. Die Nacht verging, ohne dass wir weitere Wahrnehmungen machten. Ich machte auf Vorschlag des Obermaschinistenmaaten Lembecke einen Rundgang durch das Schiff, um zu sehen, wie lange es wohl noch schwimmen könnte. Als Beleuchtung hatte ich die Akkumulatorenlampe bei mir. Als ich dem 1. Offizier Meldung von meinen Beobachtungen gemacht hatte, gab er noch Befehl, die in Abteilung IV verstauten Geheimsachen über Bord zu werfen, wenn das Schiff nicht bald sänke.

Das Schiff lag zu dieser Zeit etwas nach Steuerbord gekränkt. Die Kameraden waren beschäftigt, aus Brettern, Hölzern und Riemen mit Signallaternen ein Floß zusammenzubinden. Die noch heilen Rettungsflöße, zwei Stück, waren bereits zu Wasser gelassen und am Ende festgemacht. Als es dämmrig wurde, wurde das zusammengezimmerte Holzfloß über Bord gebracht und mit einer Leine achtern festgemacht.

Die Krängung nach St.B. wurde grösser, schliesslich legte sich das Schiff ganz auf die St.B. Seite und verschwand so, ohne zu kentern. Kurz vorher waren zwei englische Kriegsschiffe von St.B. achtern auf uns zukommend, in Sicht gekommen. Das erste war ein 4 Schornsteinkreuzer mit 2 Masten, das zweite ein Torpedobootszerstörer mit einem Mast und 4 Schornsteinen, von denen die beiden mittleren höher erschienen. Die beiden Schiffe passierten uns auf etwa nördlichem Kurse. Der geringste Abstand war 3000 m. Die beiden müssen uns bemerkt haben, denn es war ziemlich hell und klar, der noch immer sichtbare Feuerschein des an Oberdeck schwälenden Feuers kann ihnen nicht entgangen sein. Wir winkten mit Taschentüchern und Akkumulatorenlampe, jedoch vergeblich. Sie kamen in nördlicher Richtung aus Sicht. Beim Versinken des Schiffes sprangen wir über Bord und retteten uns auf die Flöße. Die Verwundeten sind

179

nicht mehr auf die Flöße gekommen mit Ausnahme derjenigen, die noch gehen konnten, darunter auch der 1. Offizier. Die See war etwas bewegt, Stärke 2-3. Ich hielt mich mit etwa 6 Kameraden an den Strozzen eines Blechfloßes fest. Auf dem anderen Blechfloß mögen wohl 5 Leute gewesen sein, die übrigen klammerten sich an das Holzfloß an, das einige Stunden zusammenhielt, dann aber vermutlich auseinanderging. Das Holzfloß sah ich zum letzten Male gegen Mittag. Das andere Blechfloß noch gegen Abend mit etwa 3 Menschen daran. Der Seegang nahm während des Tages zu. Unser Floß kenterte mehrmals, hierbei sind nach und nach alle Kameraden durch Schwäche oder Herzschlag umgekommen. Gegen Abend waren wir nur noch zu zweit. Während der Nacht briste es immer mehr auf. Die See ging hoch. Von Zeit zu Zeit kamen Regenschauer. Wir hatten uns auf das Floß gesetzt mit dem Rücken gegeneinander. Da ich mich noch sehr kräftig fühlte, sagte ich dem Kameraden, er solle mal schlafen, ich würde schon aufpassen. Durch die hohe See kenterte das Floß sehr oft, ich schätze 20-30 Mal in dieser Nacht. Wir hielten uns an dem Floß hierbei fest und zogen uns immer wieder rauf. Als es hell wurde, begegneten wir einem englischen Kreuzer mit mehreren Torpedobooten. Diese, wie auch mehrere Handelsschiffe, an denen wir im Laufe des Vormittags vorbeitrieben, bemerkten uns nicht. Etwa gegen Mittag wurde mein Kamerad beim Kentern des Floßes unter das Floß gedrückt. Ich suchte ihn zu greifen, griff jedoch nur seine Mütze. Ich sah ihn später in einiger Entfernung von dem Floß leblos, von der Schwimmweste noch oben gehalten, treiben. Als ich nun alleine auf dem Floß war, dieses also noch geringer belastet war, kenterte es noch mehr als zuvor, so dass ich mich schliesslich auf das Floß hinstreckte, mit dem Rück nach dem Winde; von da ab kenterte es nicht mehr so.

Gegen 5 Uhr nachmittags wurde ich von dem Dampfer WILLY, der von Newcastle nach Drammen mit Kohle unterwegs war, aufgenommen. Mir wurde sehr gute Pflege zuteil, so dass ich mich schnell erholte. Ich wurde am nächsten Tage gegen 10 Uhr von einem Torpedoboot nach Tönsberg auf das U-Bootsmutterschiff ELLIDA gebracht. Ich wurde gut aufgenommen. Am nächsten Tage sagte mir der Kommandant der ELLIDA, dass die deutsche Flotte es gut gemacht habe.

Am Sonntag Nachmittag des 4. Juni kam der deutsche Konsul und sagte mit, dass er für mich sorgen wolle wie ein Vater für einen Sohn. Er erzählte mir, dass die Bevölkerung deutschfeindlich gesinnt sei und bat mich, mich nicht mit den Leuten an Land in Gespräche einzulassen. Die Offiziere und Mannschaften waren meiner Ansicht nach deutschfreundlich gesinnt. Am 15. Juni kam die Nachricht, dass ich freigelassen würde. Ich reiste über Christiania, Helsingborg, Helsingö, Kopenhagen, Ojedser, Warnemünde. Meine Reise verlief ohne Zwischenfälle.

Überlebende der SMS FRAUENLOB

Im Nachgefecht erhielt die FRAUENLOB einen Torpedotreffer in den Backbord-Hilfsmaschinenraum. Das führte zum Ausfall der elektrischen Anlage und zu einem erheblichen Wassereinbruch. Kurz darauf setzten Artillerietreffer im Achterschiff die Bereitschaftsmunition in Brand. Gegen 23.35 Uhr sank das Schiff. 321 Menschen kamen ums Leben. Obermaschinenmaat Siegrist und Heizer Marquardt gehörten zu den acht Überlebenden des Unglücks. Siegrist, Leiter der Lecksicherungsgruppe im Backbord Hilfsmaschinenraum, hatte um Mitternacht für einen beurlaubten Kameraden die Wache in der Steuerbord Hauptmaschine übernommen. Marquardt tat Dienst im zweiten Heizraum. Auf einem Rettungsfloß treibend wurden sie Stunden nach dem Untergang von einem holländischen Dampfer an Bord genommen und an Land interniert. Ende August wurden sie aus der Internierung entlassen und am 4. September im Rahmen einer Kriegsgerichtsverhandlung an Bord STETTIN zum Untergang des Kleinen Kreuzers vernommen. Da es sich um Zeugenaussagen handelt, sind die Berichte in ihrem Wortlaut recht nüchtern. Doch in den Äußerungen von Heizer Marquardt wird der verzweifelte und mehrfach erfolglose Überlebenskampf der Schiffbrüchigen deutlich.[89]

---

[89] Abschriften der Aussagen der Überlebenden von SMS FRAUENLOB befinden sich im Bundesarchiv-Militärarchiv Freiburg, BA-MA, RM 8/881, Bl. 24-27.

Bericht des Obermaschinistenmaaten Siegrist auf SMS FRAUENLOB (Auszug)

Bis 12h39 kamen verschiedene Kommandos von der Brücke; wenige Minuten später erfolge eine heftige Detonation, durch welche beide Maschinen sofort stillstanden. Von der Backbord Hauptmaschine erfolgte auf Anfragen keine Antwort. Der leitende Ingenieur gab Befehl zum Lenzen der Backbord Maschine, aber noch während der Ausführung dieses Befehls kam der Befehl zum Verlassen des Maschinenraums. Die Maschine wurde von mir vollständig abgestellt und der Raum ohne Schwierigkeiten verlassen. Beim Erlöschen des elektrischen Lichtes machte sich der Mangel an Akkumulatoren-Lampen sehr fühlbar. Die Beleuchtung des Raumes war unzureichend und die Ausführung der notwendigsten Handgriffe (Öffnen der Schieber pp.) sehr erschwert, da die durch die Detonation heruntergefallenen Knarren zur Betätigung der Ventilspindeln in der Dunkelheit nicht zu finden waren.

Ich kam durch das Maschinendeckenlicht ungehindert auf das Oberdeck. Das Schiff lag im heftigen feindlichen Feuer, Beschädigungen durch Artillerietreffer habe ich nicht gesehen. Die Schlagseite hatte stark zugenommen, das Wasser lief schon durch das Oberlicht in die Backbord Maschine. Ich frage den Leiter des Lecksicherungsdienstes, Obermaschinist Birmelin, den ich auf dem Oberdeck traf, ob man nicht durch Gegenfluten das Schiff halten könne. Er meinte jedoch, dass dies zwecklos sei, da schon zu viel Wasser im Schiff wäre. Das Schiff erhielt jetzt anscheinend Artillerietreffer, durch die der Wohnraum des Minenpersonals (B.B. Seite, Abt. V, Zwischendeck) voll lief. Am B.B. 4. Geschütz feuerte Bootsmannsmaat Schmidt mit seiner Bedienung, bis an den Bauch im Wasser stehend. Unter dem Geschütz hatte die Bordwand einen großen Riss. Das Schiff legte sich schnell nach Backbord über. Der Kommandant brachte 3 Hurrahs auf Seine Majestät den Kaiser aus. – Ich sprang hiernach nach der Backbordseite über Bord und versuchte, eines der in der Nähe treibenden Flöße zu erreichen. Das erste Floß, welches ich erreichte, war jedoch überlastet. Mir wurde aber zugerufen, dass in der Nähe noch ein leeres Floß treibe. Nachdem ich es erreicht hatte, nahm ich den in der Nähe treibenden Obermaschinisten Müller auf. Hierbei kenterte das Floß. Auch in der Folge mussten wir unsere ganze Aufmerksam-

182

keit auf die Gleichgewichtserhaltung richten. Trotzdem schlug das Floß wiederholt um. Das häufige Wasserschlucken und hinaufklettern auf das Floß ermüdete uns sehr stark. Wir konnten uns schließlich Rücken an Rücken auf das Floß setzen. Infolge des zunehmenden Windes und des Seegangs kenterten wir aber häufiger. Vom Floß aus hatte ich die FRAUENLOB kentern und über den Achtersteven sinken sehen. Wir sahen später wohl das Aufblitzen von Schüssen, aber keine Schiffe mehr. Gegen 2 Uhr Nachts riefen wir einen Zerstörer an, der aber, nachdem er anscheinend auf unsere Zurufe gestoppt hatte, weiterfuhr. Am 1. Juni vormittags gegen 11 Uhr 30 sichteten wir 4 englische Kriegsschiffe. [...] Die Schiff waren von Zerstörern belgeitet. Ungefähr zu derselben Zeit kamen 2 größere und ein kleinerer holländischer Dampfer in Sicht. Der letztere, der Dampfer THAMES, kam an unser Floß heran und nahm uns auf. Die Behandlung auf dem Dampfer war sehr freundlich. Die Besatzungen half uns in jeder Weise mit trockenem Zeug aus. Während ich mich umzog, wurden auch die anderen Überlebenden von den übrigen Flößen gerettet. Am 2. Juni 11 Uhr abends wurden wir in Hoek von Holland gelandet.

Bericht des Heinzers Marquardt auf SMS FRAUENLOB (Auszug)

Ich war am 1. Juni auf Wache im 2. Heizraum. Gegen 12h40 morgens vernahm ich eine heftige Detonation, nach welcher das elektrische Licht sofort erlosch. Von der St.B. Maschine kam die Meldung „Torpedotreffer in B.B. Hilfsmaschine". Die Maschinen stoppten. Das Schiff hatte zunächst nur ganz geringe Schlagseite, die sich jedoch ziemlich schnell verstärke. Auf den Befehl zum Verlassen des Heizraums gingen die meisten durch den Niedergang nach oben, während ich mit dem Heizer Wimmer durch den Windschacht an Deck stieg. Da das Wasser auf dem Backbord Oberdeck bereits bis an die Minenscheinen heran stand, ging ich nach der St.B. Seite rüber und hielt mich dort an dem Rade der Stonespumpe fest. Irgendwelche Zerstörungen auf dem Oberdeck durch Artillerietreffer habe ich nicht wahrgenommen. Der Minen-Oberheizer Barthold, der während des Gefechts Posten Kajüte war, erzählte mir später, dass unter der Hütte Feuer gewesen sei. Ob dieses durch Abbrennen von Bereitschaftsmunition oder auf andere Weise entstanden ist, hat er mir nicht gesagt. Ich wurde später durch eine See nach Backbord Seite über Bord gespült. Beim Auftauchen sah ich ein Rettungsfloß, auf welches ich mich setzte. Kurz darauf kam noch der Obermatrose Gerb, der Steuermannsmaat Deißelberg und der Oberheizer Seitz. Die Aufrechterhaltung des Gleichgewichts auf dem Floß erforderte dauernde Aufmerksamkeit, trotzdem kenterte das Floß wiederholt. Hierbei schluckten wir sehr viel Wasser und wurden stark ermüdet. Ca. 3 Stunden vor unserer Rettung wurde der Oberheizer Seitz vom Floß gespült. Ich selbst war so ermattet, dass ich ihn nicht mehr halten konnte. Auch der Steuermannsmaat Deißelberg starb, wohl infolge von Entkräftung. Schiffe wurden nach dem Untergang FRAUENLOB nicht mehr gesehen, der Feuerschein der Nachtgefechte und das Schießen wohl gesehen und gehört. Gegen 2 Uhr Nachts kam anscheinend ein englischer Zerstörer ganz in unsere Nähe. Auf unsere Anrufe stoppte er, fuhr dann aber weiter. Nach meiner Überzeugung muss er uns gehört haben. Bei Helligkeit sahen wir noch hin und wieder in wechselndem Abstand ein oder mehrere Flöße treiben und hörten auch Pfeifensignale. Gegen 12 Uhr mittags kamen einige englische Kriegsschiffe und drei holländische Dampfer in Sicht. Wir wurden von dem Dampfer geborgen, auf welchem wir trockenes Zeug erhielten und sehr freundlich von der Besatzung aufgenommen wurden. Auf diesem Dampfer befanden sich bereits die übrigen Geretteten von der FRAUENLOB. Am 2. Juni abends waren wir in Hoek von Holland gelandet, wo ich zunächst 14 Tage im Hospital wegen Rheumatismus und Erkältung behandelt wurde.

Fregattenkapitän Rudolf Madlung

Rudolf Madlung trat 1892 in die Kaiserliche Marine ein. Im Oktober 1915 übernahm er das Kommando des Kleinen Kreuzers ELBING. Im Nachtgefecht kam es zu einer Kollision des Schiffes mit dem Großlinienschiff POSEN. Die Folge war ein erheblicher Wassereinbruch in den Kesselräumen; Maschinen wurden beschädigt und das Schiff bekam schnell starke Schlagseite. Da alle Versuche, den Kreuzer zu retten, scheiterten, befahl Kommandant Madlung, das Schiff zu sprengen. Die Besatzung wurde vom Torpedoboot S 53 übernommen und die ELBING um 3 Uhr durch Sprengladungen versenkt. Madlungs

Gefechtsbericht vom 7. Juni 1916 ist eine detaillierte Schilderung der nächtlichen Ereignisse.[90]

Bericht des Fregattenkapitäns Rudolf Madlung auf SMS ELBING (Auszug)

Das Schiff erhält ein Leck und bekommt Schlagseite bis zu 18°. Die St.B. Maschine läuft voll Wasser, anschließend auch die B.B. Maschine. Dadurch kondensiert der Dampf in den Zuleitungen zu Ruder- und Lichtmaschinen. Ruder und Licht (Scheinwerfer und elektrische Befehlsübermittlungsapparate) fallen aus. Das Schiff ist bewegungsunfähig. Die B.B. Batterie wird erst wieder verwendungsbereit, als das Schiff durch Überfluten aufgerichtet wird. 2 Schiffe des I.G. werden durch Morsespruch auf die Havarie von ELBING aufmerksam gemacht, da ELBING wegen Ausfall der F.T. selbst keine Meldung mehr erstatten kann.

An die Mannschaften werden Schwimmwesten verteilt. Hängematten und Leckhölzer werden klargelegt, die Kutter ausgeschwungen. Gegen 3 h werden 2 eigene Torpedoboote gesichtet und darauf aufmerksam gemacht, dass im Kielwasser von ELBING ein anscheinend manövrierunfähiger feindlicher Zerstörer liegt. Die Boote suchen den Zerstörer auf und beschießen ihn. Anschließend daran kommt S 53 längsseits und nimmt die gesamte Besatzung mit Ausnahme des K, I.O, T.O., einer Sprenggruppe und einer Kutterbesatzung an Bord.

Bericht über die Reise des an Bord zurückgebliebenen Besatzungsteils

Ich wollte unter Ausnützung des günstigen Windes versuchen, das Schiff nach Aufbringung eines Notsegels aus der Gegend des Kampfplatzes nach der Jütländischen Küste zu bringen, in der Erwartung, dass am kommenden Abend Hilfe geschickt werden würde. Meine Absicht war, falls feindliche Streitkräfte erschienen, das Schiff zu sprengen. Sofort nach Ablegen von S 53 wurde klargemacht zum Sprengen. Gegen 4h beobachtete ich im Süden eine Reihe von feindlichen Zerstörern und gab daher Befehl zum Sprengen. Das Schiff

---

[90] Gefechtsbericht SMS ELBING, BA-MA, RM 8/880, Bl 222-229.

tauchte mit dem Bug weg. Der Kutter trieb infolge des Windes sofort stark ab. Wir fanden dabei einen Arzt der TIPPERARY, der völlig erschöpft aufgenommen wurde. Jetzt erschien ein englischer Kreuzer und schoss, im Kielwasser der ELBING liegend, mehrere Salven auf das sinkende Schiff.

Der Kutter trieb etwa 100 m weiter und kam in ein Feld, wo etwa 100 treibende Engländer um Hilfe riefen, ein Floß mit etwa 30 Mann war dabei. Ich befahl anzuhalten, beschloss aber doch, den Engländern insoweit zu helfen, als ich durch Abbrennen eines Fackelfeuers die Aufmerksamkeit des Kreuzers hierher zu lenken versuchte. Das Geschrei der Engländer hörte sofort auf, als die Fackel brannte. Vorher hatte ich dem aufgefischten Arzt das Versprechen abgenommen, dem Kommandanten des Kreuzers, der den Kutter jetzt vielleicht finden würde, mitzuteilen, dass das Feuer lediglich zur Rettung der Engländer abgebrannt sei, und dass ich von seinem Ehrgefühl erwartete, dass er mich meine Fahrt ungehindert fortsetzen ließe. Nach Abbrennen des Feuers wurde mit äußerster Kraftanstrengung ausgepullt. Der Kutter wurde nicht bemerkt, vielleicht wurde er mit dem Floß verwechselt.

Ich versuchte, vor der See mit ONO Kurs Land zu gewinnen, das etwa 90 sm entfernt war. Zur Unterstützung der Fahrt wurde ein Notsegel konstruiert. Nach 5 Stunden wurde ein holländischer Fischdampfer – YMUIDEN 122 – gesichtet, der die Besatzung des Kutters äußerst freundlich aufnahm. Der Fischdampfer ließ sich auf meinen Vorschlag, uns gegen Geldentschädigung nach List zu bringen, nicht ein. Den Versuch, ihn dazu zu zwingen, habe ich nicht gemacht, weil ich das für nicht anständig hielt und außerdem die Gewissheit hatte, dass ich als Schiffbrüchiger - genau wie seiner Zeit die L 20-Besatzung – nicht interniert werden würde. [...] Später passierte der Fischdampfer eine Kreuzergruppe, bestehend aus mehreren Schiffen der CRESSY-Klasse, die mit U-Bootssicherung fuhr. Die Schiffe machten einen unbeschädigten Eindruck. Sie fuhren zunächst W, später wieder O Kurs. Als der Kutter das Feld der treibenden Engländer passierte, nahmen wir ohne weiteres an, dass diese Leute ebenfalls zur TIPPERARY-Besatzung gehörten, wie der kurz vorher aufgenommene Arzt. Bei einer späteren Vernehmung des Arztes stellte es sich jedoch heraus, dass diese Leute von EURYALUS stammten. Es ist daher anzunehmen, dass ein Schiff, welches sich brennend in der Nähe der EL-BING befunden hatte, nicht wie von uns allgemein angenommen wurde, der Zerstörer, sondern der EURYALUS gewesen war.

Am 1. Juni 5h Nm. lief der Fischdampfer in Ymuiden ein, nachdem er vorher bei Texel durch ein holländisches Torpedoboot angehalten war. Hierdurch war die Ankunft in Ymuiden bekannt, sodass die Erledigung der Förmlichkeiten sofort nach dem Einlaufen ohne Schwierigkeiten vor sich ging. Der dortige deutsche Vice-Konsul Bakker, ein Holländer, bemühte sich in anerkennendster Weise um das Wohl der Besatzung, für die er alles vorbereitet hatte.

Die Erlaubnis zur Heimreise kam am 2. Juni Nm., die Rückreise wurde am 3. Früh mit dem ersten Zuge angetreten.

Als ich mich von dem Führer des Fischdampfers verabschiedete und mich nochmals bei ihm bedankte, saß der englische Arzt daneben, hielt es aber nicht für nötig, an mich auch nur ein Wort des Dankes zu richten.

Maschinenmaat Franz Warnecke

Maschinenmaat Franz Warnecke erlebte die Skagerrakschlacht auf seiner Station als Reserve für die Rudermaschine. Sehr nüchtern schildert er die Evakuierung der Besatzung des schwer angeschlagenen Schiffes, das schließlich versenkt werden musste. Der von ihm verfasste Bericht trägt den Titel „Meine Erlebnisse während der Skagerrakschlacht" und befindet sich als maschinenschriftliches Manuskript im Archiv des Deutschen Marinemuseums Wilhelmhaven. Spätere Ergänzungen (in Klammern und als Fußnote) zum Verlauf der Schlacht, die offensichtlich nicht Teil des ursprünglichen handschriftlichen Berichtes sind, wurden hier nicht berücksichtigt.[91]

---

[91] Warnecke, Franz: Meine Erlebnisse während der Skagerrakschlacht, maschinenschriftliches Manuskript, o. D.; In: Archiv des Deutschen Marinemuseums Wilhelmshaven, Reg. Nr. 2014-206-002.

Bericht des Maschinenmaaten Franz Warnecke auf
SMS LÜTZOW (Auszug)

Wenn das Schiff in See geht und dasselbe gefechtsbereit sein soll, sind noch mehrere Vorbereitungen nötig. Wenn es auch Kriegsschiffe sind, so daß der Laie denken muss, die Schiffe sind jederzeit vollständig gefechtsbereit, so ist doch etwas Rücksicht genommen worden auf die Wohnlichkeit für die Besatzungen. So haben die Schiffe im Frieden nur hölzerne Backen und Bänke an Bord, was aber im Kriege wegen der großen Brandgefahr nicht angängig ist. Darum sind die hölzernen meist durch eiserne ersetzt, ebenso auch die Stühle. Jedoch sind nicht alle Holzbänke durch eiserne ersetzt worden, sondern (es) sind einige für den Leckdienst an Bord geblieben. Bei den Vorbereitungen zum Klarschiff werden die Backen und Bänke auf bestimmten Plätzen zusammengelegt, da dieselben beim Schießen von der Decke, wo sie sonst verstaut werden, leicht runterfallen und die Besatzungen gefährden. Zur ersten Bekämpfung von Feuer werden in den einzelnen Abteilungen Baljen mit Wasser klargestellt.

Alle diese Vorbereitungen nehmen zirka ½ Stunde Zeit in Anspruch und wurden dieses Mal während der Besprechung ausgeführt. Nachdem das alles gemacht war, befand sich das Schiff in vollständig gefechtsbereitem Zustande, und wir warteten gespannt der Dinge, die da kommen sollten. Gegen Mittemacht kam der Befehl zum Ankerlichten. [...]

Am 31. Mai 4 Uhr 30 Min. nachmittags kam der Feind in Sicht, und der Befehl „An die Geschütze, alle Mann auf Gefechtsstationen!" ging durch das Schiff.

Von der Heizermittelwache waren noch einige Leute in der Badekammer bei der Selbstreinigung. Als aber dieser Befehl durch das Schiff ging, beeilten sich alle, auf ihre Stationen zu gelangen. Meine Station war Reserve für Rudermaschine, und (als) Aufenthaltsraum diente für die Frei- und Piquetwache der Rudermaschine ein Raum vor der Maschinenwerkstatt in Achterschiff, Abteilung IV Bb. Hier befanden sich auch der Oberingenieur und der Maschinist von den Hilfsmaschinen. An Stb. in derselben Abteilung war der achtere Gefechtsverbandsplatz.

Nach dem Sichten des Feindes begann die Verfolgung desselben. Jetzt waren die Nerven gespannt, ob es dieses Mal gelingen würde, den Feind zu fassen, und wie lange die Verfolgung dauern würde, bis es gelungen ist.

Da, kurz vor 6 Uhr, ertönte der erste Schuß, und dieses war zugleich das Zeichen zum Anfang des Gefechts; denn auf den ersten Schuß folgten die einzelnen Salven, und daß diese ihr Ziel erreichten, sollten wir bald erfahren. Kurz nach der Eröffnung des Gefechts kamen auch schon die Meldungen von den feindlichen Verlusten durch die Telefone und Sprachrohre. So auch (von) dem Untergang eines großen feindlichen Schlachtschiffes, und eine weitere Meldung besagte, dass ein feindliches Schiff in Flammen stand. Der Anfang des Gefechts verlief bei uns ohne Verluste. Erst nach einundhalb Stunden war es dem Feinde gelungen, dem bis dahin unbeschädigten LÜTZOW den ersten Treffer beizubringen, welcher auch gleich die Funkentelegraphie unterbrach. Dieser Schaden wurde aber wieder sogleich behoben. Dieser Treffer richtete aber auch unter den Menschen Unheil an, und wir hatten unsere ersten Verwundeten, die nach dem achteren Gefechtsverbandplatz gebracht wurden. Von diesen erfuhren wir die ungefähre Wirkung des ersten Treffers und überhaupt, dass wir einen Treffer hatten, denn von diesem ersten hatte man im Schiff wenig gespürt. Der nächste war aber schon schlimmer, denn den verspürte man deutlich im Achterschiff durch die heftige Erschütterung, den dieser hervorrief. Es war ein Treffer in der Wasserlinie, so daß derselbe dem Schiff zugleich auch ein Leck beibrachte, wodurch der Leckdienst in Tätigkeit trat. Die ersten Leckmeldungen brachten nur ein unklares Bild. Jedoch durch die nächsten Meldungen sollten wir erfahren, daß es im Vorschiff sehr schlecht aussah und daß Treffer gewirkt hatten. […]

Durch die Treffer im Vorschiff hatte das Schiff vorne mit der Zeit soviel Wasser bekommen, daß das Achterschiff aus dem Wasser herauskam und das Schiff nicht mehr die volle Geschwindigkeit entwickeln konnte. Dieses hatte zur Folge, daß der B.d.A. das Schiff wechseln mußte. […]

Im Verlauf des folgenden Gefechts bekamen wir noch einen Treffer in den achteren Gefechtsverbandplatz, bei dem ein Teil der vorher Verwundeten durch den Tod von ihren Schmerzen erlöst wurde. Hier wurden auch die beiden letzten Ärzte verwundet, so daß das Schiff ohne Arzt war. Die Verwundeten waren nun ganz auf die Hilfe ihrer Kameraden angewiesen, die darum auch ihr Bestes hergaben, um die Leiden der Verwundeten zu stillen.

Durch diesen Treffer wurden verschiedene Abteilungen in Mitleidenschaft gezogen, teils durch Granatsplitter, teils durch die sich verbreitenden Gase. Letztere verbreiteten sich auch in dem Raume vor der Werkstatt, in dem ich mich auch befand. Das betreffende Geschoß kam von Bb., durchschlug das Oberdeck und kam auf dem Panzerdeck zum Aufschlag, wo dasselbe krepierte und die Lichtleitungen durchschlug und das Achterschiff in Dunkel hüllte. Gleichzeitig hörte man die Rufe „Hilfe" und „Licht", was auch beides schnellstens besorgt wurde. Nachdem Licht durch Handlampen hergestellt war, wurde festgestellt, daß der Raum völlig verwüstet war. Vorher machten sich aber schon die Gase bemerkbar. Um nun ein Einatmen dieser zu verhindern, band ich mir zum Schutz gegen dieselben meine Gasmaske vor. Mit dieser ausgerüstet begaben wir uns in den benachbarten Raum und mußten hier solange warten, bis unser voriger Raum wieder betretbar war. Mit dem, wo wir in den Raum gelangt waren, folgten uns aber auch die Gase in denselben, und so mußten wir nun erst dafür sorgen, dass erst die Gase aus dem Schiff entfernt wurden. Dieses gelang uns zunächst dadurch, dass wir im Maschinenbureau erstmal die Oberlichter öffneten, denn zu unserm Glück hatten wir Licht mit hineinbekommen, und zwar in Gestalt von Handlampen. Als uns dieses geglückt war, zwangen wir uns mit mehreren durch das Oberlicht und gelangten so auf die Schanze. Jetzt sahen wir erst richtig die Verwüstungen, die die feindlichen Geschosse schon auf unserm Schiff angerichtet hatten. Aber zu Betrachtungen hatten wir jetzt nicht viel Zeit, sondern es mußte so schnell wie möglich frische Luft in die vergasten Räume geschafft werden, weil wir dadurch noch viele Kameraden retten konnten, darum hieß es gleich wieder frisch ans Werk. [...]

Als wir nun alles gemacht hatten, was noch zu machen war, konnten wir uns dann mal etwas näher an Deck umsehen. Jetzt sahen wir erst genau die Verwüstungen, die an Deck herrschten. Hierbei konnten wir noch den Geschützdonner der kämpfenden Schiffe hören. In diesem schwer beschädigten Zustande fuhr LÜTZOW nun unter dem Schutze der Torpedoboote dem Heimathafen zu. An Bord war man immer noch eifrig bemüht, die Lecks zu dichten, was aber infolge der Größe nicht vollständig gelang. Man merkte an Bord immer mehr, wie sich das Schiff vorne neigte und die Back des Schiffes verschwand vollständig unter dem Wasser.

Gegen Morgengrauen ging dann der Befehl durch das Schiff: „Alle Mann auf die Schanze, Verwundete mitbringen." Als der Befehl das Schiff durcheilte, befand ich mich auch schon wieder unter Deck und begab mich nun auch wieder auf die Schanze, wo ich dann auch gleich bemerkte, daß das Schiff gestoppt hatte und die Torpedoboote längsseit kamen, woraus man dann auch schließen konnte, daß das Schiff verlassen werden sollte. Als erste wurden die Verwundeten auf die Boote gebracht und nach diesen stieg denn auch der übrige Teil der Besatzung auf die Boote über bis auf den Kommandanten und [den] Ersten Offizier mit einigen Leuten, die noch erst einen Rundgang durch das Schiff machten und sich überzeugten, daß alle Lebenden aus dem Schiff waren, und sich dann auch auf ein Torpedoboot begaben. Das betreffende Boot fuhr als letztes vom Schiff weg, und zwar zunächst auf eine kleine Entfernung, um dem Schiffe noch den Gnadenstoß zu geben. Mit donnerndem Hurra verschwand das Schiff in die Tiefe, und manchem Seemann wurde es anders ums Herz, als er das stolze Schiff mit manchem treuen Kameraden in die Tiefe verschwinden sah.

Die Torpedoboote fuhren nun weiter und nahmen Kurs auf den Heimathafen. Diesen sollten wir aber nicht so ohne Störung erreichen, denn gar bald sollten wir auch noch auf den Booten ein, ja sogar ein zweites Gefecht erleben. Ich hatte mich auf der von einem Kameraden des Bootes zur Verfügung gestellten Koje gerade lang gemacht, als die Alarmglocken des Bootes ertönten, und ich stand nun auf und setzte mich auf die untere Koje, um hier den Verlauf des Gefechts abzuwarten, denn bei der Überfüllung des Bootes hielten sich die Leute von LÜTZOW am besten dort auf, wo sie bei Alarm gerade waren, und so blieb ich denn auch in dem Raum, wo ich mich gerade befand. Bei Beendigung des Alarms ging ich denn an Deck, um zu sehen, was eigentlich Sache war, und da konnte man den Feind noch abziehen sehen. Dieses Gefecht verlief auf unserer Seite ohne Verluste. Das zweite Gefecht auf dem Boote sollte aber auch bald folgen, nur mit dem Unterschiede, daß bei diesem Gefecht das Torpedoboot, auf welchem ich mich aufhielt, einen Treffer in die Maschine erhielt, der einen Mann tödlich und einen schwer verletzte. Doch auch der Feind hatte Verluste zu beklagen und noch mehr wie wir.

Das sollte dann auch unser letztes Gefecht sein. Das beschädigte Boot wurde in Schlepp genommen. In dieser Zeit war man auf dem Boot beschäftigt, den Schaden notdürftig auszubessern. Als dieses geglückt war, fuhr das Boot wieder mit eigener Kraft. Dann stiegen die LÜTZOW-Leute auf ein anderes Boot und das beschädigte fuhr mit kleiner Fahrt, denn die volle Kraft konnte es nicht mehr ausnutzen, dem nächsten Hafen zu, und die übrigen Boote fuhren den alten Kurs weiter. Inzwischen war uns schon ein Kleiner Kreuzer [REGENSBURG] entgegengeschickt [worden], der uns dann am Nachmittag antraf, mit dem wir dann in ein sicheres Gebiet fuhren. Dieses erreichten wir denn auch bald, und nun sollten wir noch mal übersteigen, was dann auch schnell erledigt wurde. Auf dem Kreuzer wurden zunächst die Verwundeten frisch verbunden, und danach fand eine allgemeine Verpflegung statt, da seit dem Mittag vor der Schlacht die meisten nicht mehr gegessen hatten. Auf LÜTZOW war mit dem Verluste des Vorschiffes auch die Proviantlast ausgefallen. So erreichten wir dann nach Überwinden dieser kleinen Hindernisse am Abend die Außenjade, wo schon wieder alles beim alten war, als wenn nicht viel vorgefallen wäre. Zwei Stunden später fuhr dann der Kleine Kreuzer REGENSBURG in die Schleuse, wo die Verwundeten ausgeladen wurden. Danach wurde die Fahrt fortgesetzt und im Hafen festgemacht, wo wir dann alle ausstiegen und in den Kasernen untergebracht wurden. Diejenigen, die an Land Angehörige hatten, konnten gleich nach Hause gehen.

Torpedofunker Karl Schlegel

Karl Schlegel diente während der Skagerrakschlacht als Torpedofunker auf dem Torpedoboot G 40, das an der Evakuierung der Besatzung des schwer getroffenen Schlachtkreuzers LÜTZOW beteiligt war. Sein ausführlicher Erlebnisbericht wurde 1931 unter dem Titel „Stander Z – Vor. Erlebnisse als Torpedofunker vom Skagerrak bis Scapa Flow" veröffentlicht. Darin schildert er den letztlich erfolglosen Ver-

such, den Schlachtkreuzer über Wasser zu halten. Als das Schiff aufgegeben werden muss, steigen 260 Mann der LÜTZOW-Besatzung auf
G 40 über.[92]

Bericht des Torpedofunkers Karl Schlegel auf Torpedoboot G 40 (Auszug)

Nachdem wir mit LÜTZOW einige Funksprüche gewechselt hatten,
erübrigten sich die umständlichen und zeitraubenden gegenseitigen
Anrufe und Antworten. Die große Nähe der beiden Schiffe sicherte
mühelos eine einwandfreie Verbindung. Es bedurfte nur eines kurzen
Tastendruckes der einen Station, und schon gab die andere Antwort.

Gegen zwölf Uhr meldete LÜTZOW, daß durch die Fahrt über
den tiefliegenden Vordersteven weitere Schotten eingedrückt worden
seien. Er könne jetzt nur noch sieben Seemeilen laufen. Wenige Minuten später funkte er: „Die Fahrt über den Vordersteven ist unmöglich, ich versuche über den Achtersteven zu laufen."

Dem Flottenchef haben wir den Standort und den Zustand
des Schiffes zweimal gemeldet.

Die Fahrt über den Achtersteven gelang nicht mehr. Das Vorschiff war schon so tief gesunken, daß das Hinterschiff und damit
auch die Schiffsschrauben nicht mehr tief genug im Wasser lagen. Die
Schrauben konnten so das schwere Schiff nicht mehr fortbewegen.
Dazu wären Schlepper notwendig gewesen. Auch ein Wassereinbruch
hätte nur noch mit Hilfe eines Pumpendampfers zum Stillstand gebracht werden können. Die große Entfernung zum Heimathafen und
vor allem die Tatsache, daß wir mit dem Schiff im Rücken des Feindes lagen, schloß jede fremde Hilfe und damit auch die Rettung des
Schiffes aus. Das Wasser im Schiff stieg immer weiter. Ein plötzlicher
Untergang war nicht ausgeschlossen. Der Kommandant, Kapitän zur
See Harder, wollte die tapfere Besatzung dieser Gefahr nicht ausset-
zen. Er entschloß sich, sein Schiff zu versenken. Die Feuer wurden
gelöscht. Die Torpedoboote gingen längsseits, um die Besatzung zu

---

[92] Schlegel, Karl: Stander Z –Vor. Erlebnisse als Torpedofunker vom Skagerrak bis
Scapa Flow, Stuttgart, Berlin, Leipzig 1931, S. 32-35.

retten. G 40 legte als drittes Boot an. Vorher mußten wir unsere Torpedorohre mittschiffs stellen.

Die Dünung hatte zugenommen und warf unser Boot heftig gegen den Rumpf des riesigen Schiffes. Erst bei Tag sahen wir die Wirkung dieses Boxkampfes, unsere Bordwand war an vielen Stellen stark eingedrückt. Zu unserem Entsetzen bemerkten wir jetzt, daß bei LÜTZOW das Wasser schon bis an den ersten Geschützturm reichte.

Die Schwerverwundeten mußten zuerst gerettet werden. Sie lagen, auf Tragbahren gebettet, auf dem Oberdeck. Wir wollten sie schnell und schmerzlos herunterholen und nahmen dazu eine Leiter, denn über unser Vorschiff war der Transport viel schwieriger, weil er über die schmale und steile Kommandobrückentreppe führte. Doch schon beim ersten Versuch hob die Dünung unser Boot scharf in die Höhe. Die Leiter verfing sich an der Bordwand der LÜTZOW und zerbrach in mehrere Stücke. Nun mußten die Schwerverwundeten doch auf dem Vorschiff übernommen werden. Mit größter Vorsicht brachten wir sie auf unser Deck und bereiteten ihre endgültige Unterbringung im Matrosendeck vor. Die Kojenmatratzen wurden ausgebreitet, damit die Bewegungen des Schiffes sich nicht unmittelbar auf die Verwundeten übertrugen. Weitere Schwierigkeiten machte es, die Tragbahren durch die engen Türen zu bringen, denn diese waren so schmal, daß sie von einem Mann nur mit einer vorgeschobenen Schulter durchschritten werden konnten. Wir mußten die Tragbahren zusammendrücken und so den Schwerverwundeten erneut Schmerzen bereiten, aber es ging nicht anders.

Nach der Übernahme der Verwundeten sprangen die gesunden Leute rasch auf unser Boot. In einer knappen Viertelstunde hatten wir neben den dreißig Schwerverwundeten noch zweihundertdreißig Mann gerettet. Unser ganzes Oberdeck stand voll mit LÜTZOW-Leuten. Zwischen den Torpedorohren und auf der mittleren Geschützplattform, überall saßen und standen die Leute. Nachdem wir von LÜTZOW abgelegt hatten, ging G 38 bei ihm längsseits und nahm den Rest der Besatzung an Bord. Der Kommandant verließ als letzter sein Schiff.

Der Untergang der LÜTZOW

Jetzt legt auch G 38 ab. V 45, G 37, G 38 und G 40 haben zusammen mehr als zwölfhundertfünfzig Mann gerettet. In kurzer Entfernung warten wir auf den Untergang. LÜTZOW liegt ruhig im dämmernden Morgen. Er sinkt nicht. Todwund trotzt er immer noch den vom Feind erlittenen Schlägen. Er wartet auf den Gnadenschuß seines Kommandanten. Läge das Schiff nicht im Rücken des Feindes, keiner von uns würde an seinen Untergang denken. So aber kann das Unvermeidliche nicht aufgehalten werden. G 38 feuert auf Befehl Kapitän Harders zwei Torpedos auf das stolze Schiff. Eine dumpfe Detonation erschüttert Schiff und See. Ganz langsam bricht das Riesenschiff auseinander. Der Bruch scheint unten am Schiffsboden zu beginnen. Die mächtigen, hintereinanderstehenden Schornsteine neigen sich oben zueinander; gleichzeitig sinkt langsam das Schiff. Mit tosendem Gurgeln dringt das Wasser in den Riesenleib. Es rauscht und zischt und kracht, immer tiefer sinkt das Schiff und bricht weiter auseinander. Die Schornsteine berühren sich beinahe. Ihre Bewegung gegeneinander wird schneller, die Fahrt in die Tiefe gleichfalls. Und jetzt ist es so, wie wenn der Sturm durch den Wald braust und entwurzelte Stämme krachend zersplittern. Nur noch Sekunden kann es dauern, und LÜTZOW wird nicht mehr sein. Die Uhr zeigt drei Uhr fünfundvierzig, da ruft unser Kommandant: „Seine Majestät der Kaiser und sein Schlachtkreuzer LÜTZOW – hurra, hurra, hurra!" Unwillkürlich reiße ich die Knochen zusammen. Alles fällt in den Ruf ein. LÜTZOW, das neueste, größte und stärkste Schiff der deutschen Flotte, fährt, begleitet von unsern Hurrarufen, seine letzte Fahrt, mit ihm hundertfünfzehn deutsche Männer, die in der Schlacht auf ihm gefallen sind.

Das Schiff ist nicht mehr zu sehen, aber immer noch hört man das Brausen aus der Tiefe. Jetzt wird es ruhig. Das Schiff und seine Männer haben ausgekämpft. Sie haben ihren Kampf in Ehren bestanden. DEFENCE und INVINCIBLE, mit neunhundert und mit elfhundert Mann, haben sie vorangehen heißen.

Die Untergangsstelle brennt in der ganzen Länge des Schiffes. Grabesfeuer! Langsam verlöschen die Feuer. Grabesruhe! Und als am Mittag des 1. Juni, am Himmelfahrtsfest 1916, die Sonne anfing zu scheinen, da schien sie auf das nasse Grab von zweitausendfünfhundertfünfzig deutschen und sechstausendeinhundert englischen Helden. Ehre ihnen!

Wir blieben noch einige Minuten an der Untergangsstelle. Dann setzten die vier Boote unter Führung unseres Kommandanten zur Heimfahrt an.

Kapitänleutnant Robert Stecher

Robert Stecher trat 1904 in die Kaiserliche Marine ein. Im Oktober 1913 wurde er Torpedobootskommandant in der 12. Torpedoboots-halbflottille und führte dann in nacheinander die Torpedoboote V 156, V 11, V 45, V 69 und V 49. Auf letztgenanntem nahm er an der Skagerrakschlacht teil. Im Mai 1917 begann er seine Kriegserlebnisse niederzuschreiben – sowohl als Erinnerung für sich selbst als auch „für meine engere und meine weitere Familie; sie sollen von dieser erhalten werden!". Ein maschinenschriftliches Manuskript unter dem Titel „Kriegserinnerungen. Persönliche Eindrücke, Ansichten und Erlebnisse" befindet sich im Archiv der Marineschule Mürwik.[93]

Bericht des Kapitänleutnants Robert Stecher auf V 49 (Auszug)

5 Uhr 5 nachmittags beobachtete ich auf einem der feindlichen Panzerkreuzer (QUEEN MARY) eine gewaltige Explosion. Eine blutrot und schwarz durchsetzte gewaltige Explosionswolke von Schiffslänge und etwa 200 m Höhe stand minutenlang unbeweglich in der Luft. Gewaltige Stichflammen schlugen aus ihr heraus, ein unvergeßlicher Anblick und erhabener Anblick aus dieser gewaltigsten Seeschlacht. Einer der modernsten feindlichen Panzerkreuzer war augenblicklich in Atome zersprengt. Ob dieser Erfolg unserer Artillerie- oder Torpedowaffe gutzubringen ist, wird sich nie feststellen lassen. Beides ist möglich. Ich glaube, daß ein Torpedo eine Munitionskammer getroffen hat, die in die Luft flog. Die sofortige Bekanntgabe dieses glänzenden Anfangserfolges löste bei unseren Besatzungen eine jubelnde Begeisterung aus. Das Gefecht der Panzerkreuzer zog sich weiter nach Südosten. […]

---

[93] Stecher, Robert: Kriegserinnerungen. Persönliche Eindrücke, Ansichten und Erlebnisse, Manuskript, Marineschule Mürwik (WGAZ), Inv.Nr. 17956, S. 9, 12.

Um 9 Uhr 15 abends – es war noch ganz heller Tag – schor LÜTZOW schwer havariert aus der Linie aus.

Wir bekamen Befehl, zu LÜTZOW zu gehen. LÜTZOW lag mit dem Vorschiff zu dieser Zeit schon ganz tief im Wasser, machte kaum noch Fahrt und wurde von den feindlichen Linienschiffen schwer eingedeckt. Ein trauriger Anblick! – Bei LÜTZOW angekommen, erhielten wir Befehl, nur zwei Boote zuzulassen (G 37 v. Trotha, V 45 Lahsmann). Wir V 69 (ich), S 50 (Recke), V 46 (Krumhaar) sollten versuchen, den Anschluß an unsere Flottille wieder zu erreichen. Um LÜTZOW gegen völlige Vernichtung zu schützen, konnte ich noch beobachten, wie sich G 37 und V 75 ohne Befehl zu luvard von ihm hinlegten und durch starkes Schwarzqualmen und -nebeln das gänzlich wehrlose Schiff so einhüllten, daß der Gegner das Feuer alsbald einstellen mußte. Mit innerer, aufrichtiger Bewunderung möchte ich dieser beiden Boote an dieser Stelle gedenken: Im schwersten feindlichen Feuer lagen sie gestoppt da und haben den LÜTZOW vor völliger Vernichtung durch den Feind gerettet.

Beim Marsch zu unserer Flottille passierten wir gewaltige Trümmerfelder von den untergegangenen englischen Schiffen. Prachtvolle Clubsessel und Diplomatenschreibtische mußten wir schweren Herzens fahren lassen. Soweit das Auge reichte, war die ganze Meeresfläche bedeckt mit toten Schellfischen. Ein eigenartiger Anblick. Was sich unseren Augen in diesen Trümmerfeldern sonst noch bot, will ich mit Stillschweigen übergehen, es war grausig, obgleich der Krieg uns abgehärtet hatte. [...]

Gegen 11 Uhr 30 begegneten wir noch einmal dem schwer havarierten Panzerkreuzer LÜTZOW. Er lag bis zur Gallion im Wasser, umgeben von einigen getreuen Torpedobooten, die später die ganze Besatzung an Bord nahmen und das Schiff durch Torpedoschuß versenkten.

Gräber der Gefallenen von SMS DERFFLINGER *und SMS* SEYDLITZ
auf dem Ehrenfriedhof in Wilhelmshaven, 1916
(Sammlung Deutsches Marinemuseum Wilhelmshaven)

Kapitel 10
Nach der Schlacht

Am Nachmittag des 1. Juni 1916 lief der größte Teil der deutschen Hochseeflotte wieder in Wilhelmshaven ein. Es herrschte Jubelstimmung, denn die Nachricht vom deutschen Sieg hatte sich schnell verbreitet. Dabei waren die Seeleute selbst überrascht von diesem Empfang, denn sie waren sich der Wirkung der Schlacht noch gar nicht bewusst. Drei Tage später wurden die Gefallenen der Seeschlacht auf dem Militärfriedhof in Wilhelmshaven in Massengräbern beigesetzt. An der ökumenischen Zeremonie mit Trauerkapelle nahmen Abordnungen der Schiffsbesatzungen teil. In den folgenden Wochen gab es weitere Beisetzungen in Deutschland und im Ausland.[94] Zeitzeugen wie Maschinenoberheizer Erich Meier verschweigen dabei nicht die psychisch belastende Aufgabe, die toten Kameraden zu bergen und zur Beisetzung von Bord zu schaffen.

In den nächsten Tagen wehten überall im Reich Flaggen und die Presse überschlug sich mit Siegesmeldungen. Zahlreiche Admirale kamen nach Wilhelmshaven und wohnten so auch den Ansprachen von Kaiser Wilhelm II. am 5. Juni auf FRIEDRICH DER GROSSE und im Wilhelmshavener Kasino bei. Für die „Skagerraksieger" folgte drei Tage später ein umjubelter Empfang durch die Hamburger Bevölkerung und im Hamburger Rathaus.

Kapitänleutnant Reinhold Knobloch

Reinhold Knobloch trat 1905 in die Kaiserliche Marine ein. Bereits bei Kriegsbeginn diente er auf dem Kleinen Kreuzer ROSTOCK, auf dem er zwei Jahre später als Artillerieoffizier die Skagerrakschlacht miterlebte. Zu dieser Zeit führte er ein Tagebuch, auf dessen Grundlage er seine Erlebnisse in einem zusammenhängenden Text niederschrieb. Das Dokument befindet sich im Archiv der Marine-Offizier-Vereinigung Bonn.

---

94 Hillmann: Seeschlacht vor dem Skagerrak, S. 317ff.

Bericht des Kapitänleutnants Reinhold Knobloch auf SMS ROSTOCK (Auszug)

Nach unserem Festmachen in W'haven werden wir herzlich bewillkommnet. Die ganze Bevölkerung nimmt regen Anteil. Für die Unterkunft unserer Besatzung ist gut gesorgt, da wir ja unseren Untersatz und unsere Heimat, die geliebte Rostock, verloren haben.

Noch lange fiebert in uns die Erregung nach dem Erlebten nach. Wenn wir auch unser Schiff verloren haben, so sind wir stolz, Mitkämpfer an der größten Seeschlacht der Weltgeschichte gewesen zu sein. Wir haben, jeder an seinem Teile, dem stolzen England bewiesen, dass Deutschland auch zur See tapfer seinen Mann steht und selbst dem ruhmreichen britischen Löwen, wenn es die Verteidigung des Vaterlandes äußerst gefährlich werden kann.

Unsere braven gefallenen Kameraden ehren wir durch das tapfere Wort: Navigare necesse est, vivere non est necesse!

Fritz-Otto Busch

Fritz-Otto Busch trat 1912 als Offiziersanwärter in die Kaiserliche Marine ein. Während des Ersten Weltkriegs diente er zumeist auf den Linienschiffen BRANDENBURG und OLDENBURG. Als Leutnant zur See nahm er an Bord der OLDENBURG an der Skagerrak-Schlacht teil. Nach dem Krieg wurde Busch in die Reichsmarine übernommen und schied 1928 aus dem aktiven Dienst aus. Später betätigte er sich sehr erfolgreich als Marineschriftsteller. So veröffentlichte er 1930 unter dem Pseudonym Peter Cornelissen den Erinnerungsbericht „Die Hochseeflotte ist ausgelaufen". Es ist nur eines von mehreren Büchern, in denen er sich als Autor oder Herausgeber der Skaggerakschlacht widmete. Sein Ziel war es, für die breite Öffentlichkeit, insbesondere für junge Leser zu schreiben. So betonte er im Vorwort seines Buches „Skagerrak" von 1938, dass sich die bisher erschienen Skaggerak-Bücher zu sehr auf das Militärische, den taktischen Verlauf konzentriert hätten. Die meisten Leser hingegen seien vor allem am persönlichen Erlebnis interessiert, an der Stimmung, der kämpferischen Haltung, also dem rein Menschlichen. Der folgende Bericht ist dem Buch „Die Hochseeflotte ist ausgelaufen" entnommen. [95]

Bericht des Korvettenkapitäns Fritz-Otto Busch auf SMS OLDENBURG (Auszug)

Der erste dienstfreie Tag nach der Schlacht. Wir gehen an Land. Ahnungslos. Wir wundern uns, dass alle Leute uns so begeistert ansehen, in der Stadt sind die Häuser geflaggt, eine für Wilhelmshaven riesige Menschenmenge drängt sich auf den Straßen. Man weicht uns aus, macht uns bereitwilligst Platz, was hier oben im Norden sonst durchaus nicht üblich ist. Der Zweite Funkoffizier deutet auf die Flaggen, die blau-roten oldenburgischen, die schwarz-weißen preußischen und die schwarz-weiß-blauen Stadtfarben, die neben den Kriegsflaggen und den Farben des Reiches sich überall im Westwind bauschen. „Was ist denn nur los heute? Habt ihr die Zeitung gelesen? Ist ein Sieg bekannt geworden?" Der Zweite Torpedooffizier hebt die lange Nase, wie er es immer tut, wenn er uns väterlich belehren will: „Nee, mein Lieber, diesmal sind wir die Leidtragenden! Die braven W'havener flaggen tatsächlich wegen uns! Im Blättchen stand das heute Morgen. Thedje Süß (= Wilhelmshavener Tageblatt) hat's gesagt, also stimmt's!"

Seltsam, sonst sind wir in diesen Straßen nur unter Flaggen gegangen, wenn die Armee einen Sieg erfochten hatte – nun sind wir's auf einmal selbst. Ganz unwahrscheinlich kommt es einem vor, ordentlich verlegen sind wir und beschließen, zu Wichts Weinstuben zu gehen, diesen Sieg, den wir da augenscheinlich erstritten haben, zu feiern. Uns selbst ist das noch gar nicht so zum Bewußtsein gekommen, wohl haben wir die Bekanntmachungen des Flottenkommandos, den Dank Scheers an die unterstellten Verbände, die englischen Berichte gelesen – aber hier, mitten in der sonst so ruhigen Stadt der Gegenstand von Ovationen zu sein – nein, das ist so ungewohnt, daß wir lieber von der Straße verschwinden! Wir haben mehr das Gefühl, daß wir selbst dankbar sein müssen, daß uns endlich die Gelegenheit gegeben wurde, zu zeigen, daß die Flotte das Vertrauen des Volkes

[95] Cornelissen, Peter, Die Hochseeflotte ist ausgelaufen, München 1930, S. 187.

verdient, daß wir auch können, was man seit Kriegsbeginn von uns erwartet.

Bericht des Matrosen Rupert Berger auf SMS Nassau[96] (Auszug)

Alles atmete auf, als um 12.30 Helgoland in Sicht kam. Um 4.30 nachmittags ankerten wir auf W'haven Rede, gaben die Toten und Verwundeten an Land und gingen dann auf Vorposten. [...]

Am Freitag Abend kamen wir wieder auf W'haven Reede und gingen dann am Dienstag in die Werft, um unsere Beschädigungen auszubessern. Zwei Tage nach der Seeschlacht gab der Engländer bekannt, daß der Panzerkreuzer Hampshire, der Kitchner mit einer wichtigen Mission nach Rußland bringen sollte, bei den Orkney-Inseln gesunken sei. Von der ganzen Besatzung, ungefähr 800 Mann, sind nur 13 Überlebende geborgen worden, worunter Kitchner sich nicht befindet. Dieser Bericht hört sich ganz schön an, aber bei uns herrscht die Meinung, daß das Schiff in der Seeschlacht gesunken ist und der Panzerkreuzer, den wir nachts durch Artilleriefeuer zum Sinken brachten, sah auch genauso aus wie Hampshire. Aber schließlich ist es auch egal, die Hauptsache ist und bleibt, daß dieser saubere Lord und das Schiff weg sind. Ferner gibt der Engländer bekannt, daß die Häfen Great Yarmouth, Rowestoft, Glasgow, Kirkwall und noch einige andere für den Verkehr gesperrt sind. Warum, das kann man sich an 5 Fingern abzählen, weil sie alle voll schwer beschädigter Schiffe liegen. Nach dem Bericht eines deutschen Spions liegt in einem Hafen, dessen Namen ich vergessen habe, ein Schiff der Queen Mary-Klasse, dem die beiden achteren Türme weggeschossen sind. Außerdem hat der Engländer weder eigene Leute noch Deutsche gerettet. [...]

Ich war jetzt neun Tage im Urlaub. Im ganzen Reich herrscht Jubel und Begeisterung über unseren Sieg. Überall wo man hinkommt wird man gefragt und soll erzählen. Das wird einem ekelhaft (Bayerische Mundart für unangenehm) und am liebsten würde man sich überhaupt niemandem zeigen. Es ist nur schade, daß der Urlaub so kurz war.

---

[96] Weitere Informationen zum Autor und zu seinem Bericht: siehe Kapitel 7.

Bericht des Maschinenoberheizers Erich Meier auf SMS Derfflinger[97]

Am Abend gingen wir auf der Außenreede vor Anker. Um möglichst wenig Aufsehen in der Bevölkerung zu erregen, wurden wir erst um 2.^{00} nachts durchgeschleust und lagen am anderen Morgen den 2. VI. friedlich im Hafen an der Pier. – Wilhelmshaven hatte Flaggenschmuck angelegt und die Kirchenglocken läuteten zu uns herüber. Doch für uns gab es kein Ausruhen. Vor allem galt es jetzt die Leichen aus den ausgefallenen Munitionskammern der 30,5 cm Geschütztürme zu bergen. Furchtbar verstümmelt werden sie nebeneinander auf die Back gelegt. Die Erkennungsmarke, d. h. wo sie noch vorhanden ist, liegt obenauf und läßt die toten Körper erkennen. Teilweise ist nur der Rumpf vorhanden. Kopf, Arme und Beine sind abgerissen. Unkenntliche Fleischklumpen werden in Haufen zusammen gelegt. Es ist furchtbare Arbeit. Die Leichenberger erhalten Schnaps zu trinken, damit sie in betrunkenem Zustand weniger aufnahmefähig sind. Teilweise sind sie leichenvergiftet und müssen mittels Sauerstoffapparate ins Bewusstsein zurückgerufen werden. Schaurige Szenen spielen sich zeitweise an Deck ab.

Um 10.^{30} vormittags kommt Befehl: Alle Mann auf die Back. Es ist Gottesandacht nach der Schlacht. Der Pfarrer hält eine ergreifende Ansprache an die Besatzung. Am Nachmittag wird das Bergen der Leichen fortgesetzt. Ununterbrochen werden sie aus den Todeskammern heraufgeholt. In Hängematten werden sie durch je vier Mann von Bord getragen. Der Bootsmannsmaat pfeift „Seite" und der wachhabende Offizier erweist jedem toten Krieger beim letzten von Bord tragen, salutierend die letzte Ehre. Es ist herzzerreißend wie sie hochaufeinander geschichtet Wagen auf Wagen davon gefahren werden. Um 3.^{00} nachmittags: „Alle Mann voraus!" Unser Befehlshaber der Aufklärungsgruppe, Vizeadmiral Hipper, kommt an Bord. Er hält eine kurze Ansprache an die Besatzung und spricht uns seine Anerkennung aus. – Es ist mittlerweile Abend geworden und wir sollen noch heute ins Dock gehen. Der Leichenbergung wegen verzögert es sich immer länger. Fast acht Stunden dauert nun schon die furchtbare Arbeit, doch immer noch werden tote Körper aus den Todes-

---

[97] Weitere Informationen zum Autor und zu seinem Bericht: siehe Kapitel 7.

kammern herausgeschafft. Ich bin auch mal unten gewesen und habe das Schreckliche gesehen. Sie mußten furchtbar gelitten haben. An einzelnen Stellungen konnte man ihren letzten Willen erkennen als sie der Tod ereilte. – Endlich wird doch „losgeworfen", das Bergen wird abgebrochen und unser DERFFLINGER wird ins Dock geschleppt. Beim Passieren der einzelnen, im Hafen liegenden Schiffe werden wir von den Besatzungen mit Hurra's begrüßt. Gegen 6.°° abends lagen wir im Dock. Die letzten Toten wurden von Bord gegeben. Es waren im Ganzen 163 Tote an Bord und zwar: 1 Offizier, 22 Unteroffiziere und ungefähr 140 Mannschaften. Einige werden noch vermißt. Vom Maschinenpersonal waren es nur 1 Unteroffizier und 3 Heizer, alle anderen gehörten zum seemännischen Personal. […]

Der Kaiser kommt!

Anlässlich der Seeschlacht stattete Se. Majestät der Kaiser und Ihre Majestät die Kaiserin der Flotte einen Besuch ab. Unser DERFF-LINGER liegt z.Zt. schon im Dock als die hohen Herrschaften bei uns eintrafen. Am Morgen des 5.VI. besichtigte Se. Majestät Schiff und Mannschaft. Wir hatten an Deck Aufstellung genommen, als der Kaiser tief unten das Dock betrat, und wir riefen ihm drei Hurra's zu. Darauf rief Se. Majestät drei Hurra's für die Besatzung des DERFF-LINGER zu uns herauf. Das war eine ganz besondere Ehre für uns DERFFLINGER-Besatzung und ich sehe ihn noch immer oben von Deck aus wie er tief unten im Dock zu uns heraufrief. Es war ein ehrenvoller Moment. Darauf begab sich Se. Maj. an Bord des Flotten-chefs FRIEDRICH DER GROSSE wo er eine Ansprache an die Flotte hielt und den Flottenchef Vizeadmiral Scheer zum Admiral ernannte und ihm sowie unserem Befehlshaber der I. Aufklärungsgruppe (Pan-zerkreuzer), Vizeadmiral Hipper, den Orden Pour-le-Merite verlieh. Auch unserem Kommandanten hat er einen hohen Orden verliehen. Den Verwundeten in den Lazaretten heftete Ihre Maj. die Kaiserin selbst das „Eiserne Kreuz" an. Zu erwähnen hätte ich noch die Bei-setzungsfeierlichkeit aller gefallenen Skagerrakkämpfer am 3.6. an der nur Deputationen der einzelnen Besatzung der Schiffe und Verbände der Flotte teilnahmen. – Während unseres Aufenthalts in Wilhelms-haven hatten wir fast täglich Besuch. Unser DERFFLINGER ist durch die Skagerrakschlacht eine große Sehenswürdigkeit geworden. Die gesamte Admiralität sowie ein Teil der Heeresleitung und die höchsten Spitzen des Reiches kamen zu uns an Bord. Auch Prinz Heinrich, der Großherzog von Mecklenburg sowie die Großherzogin von Oldenburg mit Gefolge und Heerführer und Generale der Armee u.a. hatten unseren wunden DERFFLINGER besichtigt.

Bericht des Korvettenkapitäns Richard Foerster auf SMS SEYDLITZ (Auszug)[98]

Am Sonntag Nachmittag, dem 4. Juni, vereinigten sich Abordnungen aller Schiffe und Fahrzeuge der Hochseeflotte, alle Marineteile und deren Angehörige auf dem Ehrenfriedhof in Rüstringen bei Wilhelmshaven, um die in der Skagerrakschlacht gefallenen Kameraden zur letzten Ruhe zu betten. Unter ungeheurer Beteiligung der ganzen Bevölkerung der Jade-Städte fand diese ernste erhebende Feier statt. Die Schulkinder aller Schulen beider Städte hatten in den Tagen vorher das weite Feld der Grüften, die die Toten aufnehmen sollten, in ein Meer von Blumen verwandelt; darin standen nun, von Kriegsflaggen bedeckt, die Särge der Gefallenen, im Tode vereint, wie sie im Leben Schulter an Schulter gekämpft hatten. Nach kurzen Ansprachen der Geistlichen krachten die Ehrensalven über die Gräber und wir nahmen Abschied von unseren guten Kameraden.

„Drauf Seydlitz!"

Ansprache des Marinepfarrers Deipser bei der Skagerrak-Gedächtnisfeier auf dem Ehrenfriedhof zu Altengroden bei Wilhelmshaven am 31. Mai 1919[99]

Sprüche Salomos Kapitel 10, Vers 7:

Das Gedächtnis der Gerechten bleibt im Segen.

---

[98] Weitere Informationen zum Autor und zu seinem Bericht: siehe Kapitel 5.
[99] Abdruck der Ansprache des Marinepfarrers Deipser bei der Skagerrak-Gedächtnisfeier auf dem Ehrenfriedhof zu Altengroden bei Wilhelmshaven am 31.5.1919. Privatbesitz.

Wiederum ein letzter Maientag, hier der Soldatenfriedhof am Nordseestrand, heute hier Skagerrak-Gedächtnisfeier!

Woran denken wir an dieser Stätte? An unsere Schiffe in England drüben, die an ihren Ankerketten zerren, an jene großen und kleinen Kameraden, mit denen wir zusammengewachsen sind in Hoffen und Harren, in Kampf und Sieg? Gewiß ist das unvergeßlich, wie sie damals hinaufqualmten nach Norden, wie sie sich hoben und senkten, unsere Rohre, wie sie zitterten, die Schiffsleiber, wie sie höher schlugen, unsere Herzen. Unvergeßlich ist das alles, aber unwiederbringlich – das ist vorbei.

Woran denken wir alle in dieser Stunde? An den Jubelsturm, der damals durch die deutschen Lande brauste, an des Kaisers Majestät, der uns hier das Vaterlandes Dank aussprach, daran, daß sie damals so volkstümlich wurden, die blauen Jungens, wie nie zuvor? Daran dürfen wir noch viel weniger denken. Die blaue Farbe ist heute freilich noch viel volkstümlicher – nur spricht man nicht mehr von der blauen Farbe ...

Woran denken wir heute hier? In erster Linie an die Tränen, die hier geflossen sind. Und nicht nur hier. Ein paar Tage nach der Schlacht schrieb ein altes Müttchen an mich oben von der Danziger Küste, wo jetzt der Feind an die Tore pocht: „Jetzt stehe ich wie ein verlassener Baum unter dem Himmel. Wie den das Wetter trifft, so trifft mich heute alles. Ein Schwert geht durch mein Herz." Ja ein Schwert ist heute hindurchgedrungen durch uns alle, durch den Volkskörper hindurch bis ins Herz. Gerade heute, wo es Millionen ungeweinte Tränen gibt, denken wir an die Tränen um die Toten.

Um die Toten! Geh einmal hier durch die Gräberreihen hindurch! Kaum ein Schiff, kaum ein Boot, das nicht Herzblut hergegeben hat. Und doch gibt's einen größeren Friedhof. Wo die weißen Nordsee-Schaumkämme leuchten wie die Friedhofsblumen in der Maiensonne, wo die steife Nordseebrise steht wie ein Monument, das der Toten Namen kündet, wo sie liegen in langen, langen Reihen – bis unter die Friedhofsmauer hin, die Küste Süd-Norwegens und Dänemarks, dort ist der größere Ehrenfriedhof, wo wir heute stehen wollen mit Gedanken und Gedenken.

Woran — das ist die Kernfrage heute —, woran denken wir unter unseren Toten? Daran, daß es meist junge Männer gewesen sind? Daß sie noch zukunftsfreudig gewesen sind? Gewiß etwas Besonderes heute. Daß sie schaffenskräftig gewesen sind? Auch das ist etwas Besonderes. Mehr noch aber denken wir daran, daß sie aus allen Teilen unsers Vaterlandes stammten. Aus Nord und Süd, aus Ost und West sind sie gekommen: Ja wir Deutschen hatten einen weiten Horizont, eine große Heimat, die nun zerblättert, abblättert wie ein Stamm im Herbst. Am meisten aber denken wir unter unseren Toten daran: Die Treue haben sie gehalten, die sie dieser Flagge hier vor Gott geschworen haben. Ja vor Gott! In unserer Flagge steht das Kreuz! Wie Er gefallen ist für die Heimat im Himmel — selbstverständlich, unbezahlt, so heißt das Andenken unserer Toten. —

Und nun eine Doppelschlußfrage an Dich ganz persönlich: Was bedeutet das Andenken der Toten für Dich? Einen Fluch oder einen Segen?

Einen Fluch dann, wenn Du nur an Dich denkst, an deine Partei, wenn Du noch etwas herausschlagen willst für Dich aus dem Bankrott unseres Volkes. Sie, die Toten, sind nicht gefallen für eine Partei, auch nicht für die Regierung, nein fürs Vaterland.

Einen Segen aber nimmst Du mit von den Toten, wenn Du eins bedenkst. Als wir auf der POMMERN das letzte Mal zusammen Kirche hielten, drei Tage vor der Schlacht, da stärkten wir uns damit, daß unser Denken und Dichten nicht das letzte Wort hat, daß Gott größer ist als unsere Menschenseele. Gott ist größer als unsere Seele, die Heimat größer als unsere Seele, Treue bis in den Tod größer als unsere Seele: Wer davon einen Hauch verspürt, der ist ein gesegneter Mensch! Ja hebe die Hände, Du stiller und stummer Kamerad, segne mich Lebenden, „Bleib Du im ew'gen Leben mein guter Kamerad!" Amen.

Tagesbefehl des Flottillenchefs der VI. Torpedoboots-Flottille an seine Boote[100]

Kommando der VI. Flottille
G.41, den 5. Juni 1916

Flottillentagesbefehl Nr.125

Mein sehnlichster Wunsch den Besatzungen der Boote der VI. Flottille persönlich das auszusprechen, was ich auf dem Herzen habe, lässt sich in der nächsten Zeit leider nicht verwirklichen. Ich muss es daher auf diesem Wege tun. Die erste große Seeschlacht gegen die englische Flotte ist von uns erfolgreich durchkämpft. Sie endete mit einem großen Erfolg der deutschen Hochseeflotte. Auf den günstigen Ausgang der Schlacht haben die Angriffe der VI. Flottille im Verein mit denen der IX. Flottille einen ausschlaggebenden Einfluss ausgeübt. Die Torpedobootswaffe hat die Hoffnungen, die man in sie setzte, erfüllt.

Es war schwere Arbeit, die in dieser Schlacht von den Booten geleistet werden musste. Die Halbflottillen und Boote sind jedoch von ihren Chefs und Kommandanten so glänzend geführt worden, dass sie an der richtigen Stelle die Waffe zum Angriff bringen konnten. Der Umstand, dass trotz der schwierigsten Lagen kein Zusammenstoß vorgekommen ist, gibt mir die schöne Zuversicht, dass das seemännische Können auf der höchsten Stufe der Ausbildung steht. Die Besatzungen haben mit schönster Todesverachtung im schwersten Feuer ihren Dienst vom ältesten Offizier bis zum jüngsten Rekruten mustergültig versehen. Ich bin stolz, der Chef einer solchen Flottille zu sein, und spreche allen meine höchste Anerkennung aus. Wir beklagen den Verlust zweier treuer Kameraden und viele haben bluten müssen und doch sind die Verluste außerordentlich gering im Verhältnis zu der Gefahr, in der die Boote sich im feindlichen schweren Feuer befunden haben. Hierfür und für den guten Ausgang der Schlacht wollen wir dem Herrn der Herrscharen dankbar sein, der uns so gnädig geführt hat.

---

[100] Stecher, Robert: Kriegserinnerungen, S. 20

Seine Majestät der Kaiser hat mir am 5. Juni die allerhöchste Anerkennung für die Leistungen der Flottille in der Schlacht ausgesprochen und mir das Ritterkreuz des königlichen Hausordens von Hohenzollern zu verleihen die Gnade gehabt. Er hat ferner den ältesten Deckoffizier der Besatzungen Tp.Ob. Steuermann Uhlig das Eiserne Kreuz I. Klasse zu verleihen geruht, der es für die ganzen Besatzungen tragen wird. Weitere Auszeichnungen werden in den nächsten Tagen folgen. Sie sollen uns ein Ansporn sein, weiterhin daran zu arbeiten, unser Können auf die höchste Stufe zu bringen, damit wir bei der nächsten Gelegenheit, die noch höhere Anforderungen an uns stellen kann, mit Ruhm und Erfolg bestehen können.

Dieser Befehl ist der Besatzung bekannt zu geben.

gez. Max Schultz

An alle Boote der VI. Flottille

Matrose Erwin Lang

Erwin Lang gehörte während der Skagerrakschlacht zur Besatzung des Torpedobootes V 69. In einem Brief an seine Familie vom 12. Juni 1916 berichtet er voll Stolz und überschwänglichem Enthusiasmus von der erfolgreich verlaufenen Schlacht. Der Brief wurde in dem 1931 von Wolfgang Foerster herausgegebenen Sammelband „Kämpfer an vergessenen Fronten. Feldzugsbriefe, Kriegstagebücher und Berichte".[101]

Bericht des Matrosen Erwin Lang auf Torpedoboot V 69

Ihr könnt mir glauben, daß ich Euch heute stolz über unsere herrliche Schlacht schreibe. Ich bin glücklich, solch ein bedeutendes Ereignis hinter mir zu haben. Es gehört so in unser deutsches Leben hinein, um die Heimat doppelt liebzugewinnen. Es war ein fröhliches Siegen.

Es war ein herrlicher Mittwochabend, als wir nach Norden, wenige Seemeilen von Korns Riff, vorstießen. Bedachtsam peilten wir den blutigroten Horizont ab. Friedlich, fast windstill lag die Weite.

---

[101] Brief von Erwin Lang, 12.6.1916; In: Foerster, Wolfgang: Kämpfer an vergessenen Fronten. Feldzugsbriefe, Kriegstagebücher und Berichte, Berlin 1931, S. 321-322.

Kein Herz dachte an Krieg. Wir fuhren für den Kleinen Kreuzer FRANKFURT A-Boots-Sicherung. […]

Überall auf den Seiten neue Rauchwolken, eigene und viel, viel mehr feindliche. Donnern und Krachen. Einschläge lassen Wasserstrahlen bis zum Himmel hinter sich. Pulverqualm und Rauch. Schade, daß unser Herz noch warten muß. Aufblitzen der Geschütze. Unsere Boote stampfen und schlingern in der unruhig gewordenen See. Ah, endlich geht's los. Torpedorohre geschwenkt, eingestellt, klar. Schnell ist unser roter Heinrich gehißt. Dieser blutigrote Stander heißt „Vorgehen und durchbrechen". Mit äußerster Kraft geht's vor, genau auf die schnell größer werdenden Kreuzer. Unser Herz pocht, und der Atem ist gestockt. Achtung! Klar! Hart Steuerbord! Los! Hurra, wie die Torpedos in die Flut hineinschießen. Heil ihnen, sie werden treffen. Schwerer Eisenregen. So schnell wie möglich zurück. Unsere Pflicht ist getan. Überall um uns schlägt es ein. Wir denken noch schnell treu an die Lieben und ans herrliche Heimatland. Für Euch und für Dich. Stumme Minuten, und wir leisten Ungeheures.

Glücklich gesichert. Sofort formiert mit unseren noch sämtlich erhaltenen Booten. Unser Halbflottillenchef lacht. Stolz meldet unser Führerboot: „Befehl ausgeführt mit Erfolg. XII. Halbflottille zu neuem Durchbruch bereit." So gehen wir noch zweimal vor, und Gott war mit uns.

11 Uhr nachts. Noch hell im Norden. Zu unserem Glück dafür etwas neblig. Wir sind zwei Boote.

Befehl: „Feind suchen und vernichten!" Alles klar. Scharf peilen wir. Scharf wird beobachtet. Keiner nimmt das Glas von seinen Augen. Wer zuerst sieht, gewinnt. Da, ganz nah Umrisse. Englischer Bau.

Hart Backbord. Torpedo los. Rauchlos fahren. Da, ein aufleuchtender, getroffener Kreuzer. Blinde Schüsse wirft er in das Dunkel hinaus. Es lacht uns ein herrlicher Morgen. Stolz fahren wir der Heimat zu. Inniger Dank im Herzen. Unser Kommandant blickt uns so freudig an. Wir erwidern seine Blicke.

So, das war so ein kleiner Ausschnitt für Euch. Kein Engländer ist mehr stolz auf seine Flotte. Der Kaiser war hier und hat unserer Flottille seinen höchsten und wärmsten Dank geschenkt. Für die

210

Tapferkeit bekam jeder Kommandant das E.K. I. Kl. Es soll von ihnen für die Mannschaft getragen werden. Unsere Mannschaften werden in den nächsten Tagen ausgezeichnet. Seid nun zufrieden mit dem. Ich hoffe, daß die blutjunge Lisel recht bald wieder einen Tag freibekommt. Wir Matrosen werden ihr dazu verhelfen.

Heil, Sieg und Frieden!

Bericht des Leutnants zur See Hans Langsdorff auf SMS GROSSER KURFÜRST (Auszug) [102]

Groß waren die Ehrungen des Schiffes nach der Schlacht. KÖNIG und DER GROSSE KURFÜRST waren die einzigen Schiffe, auf die der Flottenchef selbst beim Einlaufen drei Hurras ausbrachte.

Später kamen dann nicht weniger als 417 eiserne Kreuze II. Klasse. Die Leute haben aber eine Auszeichnung ganz besonders verdient, weil beispielsweise ein großer Teil der Heizer zum Abdichten der Lecks und zum Abstützen des Schiffes gebraucht wurde und es nicht möglich war, die Wache vor den Kesseln abzulösen, so haben denn diese Heizer 23 Stunden vor den Kesseln gestanden. Was das heißt, kann nur ermessen, wer selbst einmal vier Stunden vor den Kesseln gestanden. Die Leckwehr und die Feuerwehr har zum Teil sogar über 27 Stunden in Einem durch gearbeitet, denn besonders für erstere hörte die Arbeit ja mit dem Schießen nicht auf, sondern begann da erst richtig.

Nun will ich diesen Bericht schließen, der natürlich in seinen Einzelheiten nur für Euch bestimmt ist. Finis.

Bericht des Maschinisten Karl Leppert auf SMS KÖNIG (Auszug) [103]

11 Uhr Hurra, Helgoland. Um 4²⁰ nachm. hatten wir endlich die Sperre von Schilligreede passiert. Die schwer beschädigten Schiffe gingen

[102] Die Autoren danken Hans-Jürgen Kaack, Berlin, für die Zurverfügungstellung dieses Briefes von Leutnant zur See Hans Langsdorff an seine Familie vom 20.6.1916. Weitere Informationen zum Autor und zu seinem Bericht: siehe Kapitel 7.

[103] Leppert, Karl: Tagebuch, Deutsches Marinemuseum Wilhelmshaven, S. 14-16. Weitere Informationen zum Autor und zu seinem Bericht: siehe Kapitel 8.

sofort in die Werft. Das I. Geschwader mit Ausnahme der OSTFRIES-LAND, die auf eine Mine gelaufen war, blieb auf Vorposten liegen. Um 4.[45] liegen wir in der Schleuse, kurz vor der Schleuse lag FRIEDRICH DER GROSSE, Flottenflaggschiff, und begrüßte uns mit „3 Hurras für die Helden von KÖNIG". Nach Verlassen der Schleuse wurden wir wieder mit Hurra begrüßt, von einigen Hilfskreuzern und Lazarett-schiffen. In der Ausrüstungswerft machen wir fest. Die Verwundeten wurden gleich in der Schleuse von Bord gegeben. Die Toten, d.h. ein Teil, von der Werft aus. Ich borgte mir dann Zeug zusammen und bekam die Hose vom Ob.Hz. [Name?] und Mantel vom Ob.Masch. [Name?]. Mütze vom Kopf des Masch. [Name?]. Vor der Sperre noch meldete ich mich mit Erbrechen u. Kopfschmerzen, der Arzt stellte Gasvergiftung fest. Um ½ 7 ^{h} abends ungefähr ging ich dann an Land. Vor dem Tor 12 fuhren schon Leichentransportwagen. Es war Him-melfahrtstag, viele Leute im Sonntagsstaat, es kam uns komisch vor. Eilte natürlich schnell nach Hause, Leni war nicht da, die Frau aus dem Konsum sagte mir aber, daß Leni mit den Kindern fortgegangen wäre, mich zu erwarten. Ich wollte dann zu Rodas, da kam mir Roda schon entgegen und erzählt, daß Leni u. die Kinder vor Angst u. Sor-ge bald vergingen u. mich erwarten. Leni war auch noch mehr tot als lebendig, nach der ersten Begrüßung gingen wir dann zu unserer Wohnung. Ich war vollständig gemütskrank, hatte keine Ruhe im Hause, die Kinder lachten u. weinten immer wieder sehr. Als sie zu Bett lagen, fragte mich Hella noch Verschiedenes aus und auch vom Beten war die Rede, sie bildete sich nun ein, daß ihr abendliches Be-ten geholfen hat mich zu retten. Ich ging mit Leni zur Stadt, erst zur Post u. sandte ein Telegramm nach Hause (Landsberg) u. einige Kar-ten. Waren um 10 ^{h} auf der Post u. nach 11 ^{h} zu Hause. Zu Hause mußte ich weinen u. schreien als ich die Kinder liegen sah oder Leni an mich kam. Mein Gestank muß fürchterlich gewesen sein.

2. VI. Morgens ½ 8 ^{h} war ich an Bord. An Bord schlief noch alles, zum Teil an Oberdeck, vor dem Schiff standen Feuerwehrleute Wache, um Ruhe zu halten damit die Mannschaft nicht gestört wird. Um 10 ^{h} war Wecken. Es wurde nun eine Kommission gebildet, die die Treffer zählen und aufnehmen mußte, bestehend aus dem I. A.O. Kptl. [Name?], dem Korv.Kpt. Fröbe, dem Adj. Kptl. Sommeling, dem Pumpenmeister [Name?], ich u. der Mstr. sowie einige Menschen

von der Werft. Die Zerstörungen waren fürchterlich. Aus die B.B. I. Kasematte wurden die Toten an Außendeich hingelegt, in Transportmatten einzuzurrt. Zum Teil waren fast alle zu erkennen, aber ein grauenhafter Anblick, es standen auch zwei Kopfendstücke mit Fleischteilen dabei. Das ganze Schiff war von Gasen vergiftet, überall der bittersüße Mandelgeruch. Wir hatten 11 schwere Treffer festgestellt u. 47 Tote. Das Schiff wurde provisorisch abgedichtet u. sollte nach Kiel zur Reparatur. Ich ärgerte mich sehr. Ein wunderbarer Sommer wäre das schon geworden. Nachm. ging ich an Land.

3. VI. Morgens an Bord, die Aufräumarbeiten begannen. Trümmer von Kammereinrichtungen, Motore, Spills, Eisen- und Blechfetzen liegen haufenweise vor dem Schiff. Unserem Wachtmeister, Fritz Mittendorf, und Masch. Albert Japp, die schon an Land im Exerzierschuppen der II. [To.S.?] lagen, holen wir zurück an Bord u. nehmen sie mit nach Kiel. Ich bin noch ganz hin. Um 9^{30} gehe ich an Land, 10 ^{h} abends zurück. Ich melde mich krank u. soll im Lazarett bleiben.

4. VI. […] Um ½ 6 ^{h} Uhr abends sind wir in Altenau. Mit Musik laufen wir in die Schleuse ein, auch in den Hafen mit Musik. Von den Schiffen im Kieler Hafen werden wir mit 3 Hurras empfangen, es ist ordentlich feierlich. An Land, in der [Messe.. ?] u. auf den Brücken ist es schwarz vor Menschen. Wir gehen sofort ins Schwimmdock. Es war ½ 8 ^{h} Abends. Gehe denn an Land. Ich muss im Gesicht doll aussehen. Jede Bekannte [?] man, Ich möchte immer noch schreien.

Rede Kaiser Wilhelm II. am 5. Juni 1916 in Wilhelmshaven an die an Land angetretenen Abordnungen der an der Skagerrakschlacht beteiligten Schiffe und Boote[104]

So oft ich in den vergangenen Jahren Meine Marine in Wilhelmshaven besucht habe, jedes Mal habe Ich Mich in tiefster Seele gefreut über den Anblick der sich entwickelnden Flotte, des sich erweiternden Hafens. Mit Wohlgefallen ruhte Mein Auge auf der jungen Mannschaft, die im Exerzierschuppen aufgestellt war, bereit, den Fahneneid zu leisten. Viele Tausende von euch haben dem Obersten Kriegsherrn

---

[104] Amtliche Kriegs-Depeschen. Nach Berichten des Wolff'schen Telegr.-Bureaus, Bd. 4, Nationaler Verlag, Berlin 1916.

ins Auge geschaut, als sie den Eid leisteten. Er hat euch aufmerksam gemacht auf eure Pflicht, auf eure Aufgabe. Vor allen Dingen darauf, daß die deutsche Flotte, wenn es einmal zum Krieg kommen sollte, gegen eine gewaltige Übermacht zu kämpfen haben würde. Dieses Bewußtsein ist in der Flotte zur Tradition geworden, ebenso wie es im Heere gewesen ist schon von Friedrichs des Großen Zeiten an: Preußen wie Deutschland sind stets umgeben gewesen von übermächtigen Feinden. Darum hat sich unser Volk zu einem Block zusammenschweißen lassen müssen, der unendliche Kräfte in sich aufgespeichert hat, bereit, sie loszulassen, wenn Not an den Mann käme. Aber so gehobenen Herzens wie am heutigen Tage habe Ich noch nie eine Fahrt zu euch gemacht. Jahrzehntelang hat sich die Mannschaft der deutschen Flotte aus allen deutschen Gauen zusammengesetzt und zusammengeschweißt in mühevoller Friedensarbeit – immer mit dem einen Gedanken: Wenn es losgeht, dann wollen wir zeigen, was wir können! Und es kam das große Jahr des Krieges. Neidische Feinde überfielen unser Vaterland. Heer und Flotte waren bereit. Aber für die Flotte kam nur eine schwere Zeit der Entsagung. Während das Heer in heißen Kämpfen gegen übermächtige Feinde allmählich die Gegner niederringen konnte, einen nach dem andern – wartete und harrte die Flotte vergeblich auf den Kampf. Die vielfachen einzelnen Taten, die ihr beschieden waren, sprachen deutlich von dem Heldengeist, der sie beseelte. Aber so, wie sie es ersehnte, konnte sie sich doch nicht betätigen. Monate um Monate verstrichen, große Erfolge auf dem Lande wurden errungen, und noch immer hatte die Stunde für die Flotte nicht geschlagen. Vergebens wurde ein Vorschlag nach dem ändern gemacht, wie man es anfangen könne, den Gegner herauszubringen. Da endlich kam der Tag. Eine gewaltige Flotte des meerbeherrschenden Albion, das seit Trafalgar hundert Jahre lang über die ganze Welt den Bann der Seetyrannei gelegt hatte, den Nimbus trug der Unüberwindbarkeit – da kam sie heraus. Ihr Admiral war wie kaum ein anderer ein begeisterter Verehrer der deutschen Flotte gewesen. Ein tapferer Führer an der Spitze einer Flotte, die über ein vorzügliches Material und tapfere alte Seeleute verfügte – so kam die übermächtige englische Armada heran, und die unsere stellte sie zum Kampf. Und was geschah? Die englische Flotte wurde geschlagen! Der erste gewaltige Hammerschlag ist getan, der Nimbus der engli-

214

schen Weltherrschaft geschwunden. Wie ein elektrischer Funke ist die Nachricht durch die Welt geeilt und hat überall, wo deutsche Herzen schlagen, und auch in den Reihen unserer tapferen Verbündeten beispiellosen Jubel ausgelöst. Das ist der Erfolg der Schlacht in der Nordsee. Ein neues Kapitel der Weltgeschichte ist von euch aufgeschlagen. Die deutsche Flotte ist imstande gewesen, die übermächtige englische Flotte zu schlagen. Der Herr der Heerscharen hat eure Arme gestählt, hat euch die Augen klar gehalten. Aber Ich stehe heute hier als euer Oberster Kriegsherr, um tiefbewegten Herzens euch Meinen Dank auszusprechen.

Ich stehe hier als Vertreter und im Namen des Vaterlandes, um euch seinen Dank, und im Auftrage und im Namen Meines Heeres, um euch den Gruß der Schwesterwaffe zu überbringen. Jeder von euch hat seine Pflicht getan, am Geschütz, am Kessel, in der Funkenbude. Jeder hatte nur das große Ganze im Auge, niemand dachte an sich, nur ein Gedanke beseelte die ganze Flotte: Es muß gelingen; der Feind muß geschlagen werden. So spreche Ich den Führern, dem Offizierkorps und den Mannschaften vollste Anerkennung und Dank aus. Gerade in diesen Tagen, wo der Feind vor Verdun anfängt, langsam zusammenzubrechen und wo unsere Verbündeten die Italiener von Berg zu Berg verjagt haben und immer noch weiter zurückwerfen, habt ihr diese herrliche große Tat vollbracht. Auf alles war die Welt gefaßt, auf einen Sieg der deutschen Flotte über die englische nie und nimmermehr. Der Anfang ist gemacht. Dem Feind wird der Schreck in die Glieder fahren! Kinder! Was ihr getan habt, das habt ihr getan für unser Vaterland, damit es in alle Zukunft auf allen Meeren freie Bahn habe für seine Arbeit und seine Tatkraft. So ruft denn mit Mir aus:

Unser teures, geliebtes, herrliches Vaterland:
Hurra, Hurra, Hurra.

Felix Schwormstädt: Im Torpedoraum, 1915 (Ausschnitt)
(Sammlung Eberhard Kliem)

Kapitel 11
Schlussbetrachtung

Unmittelbar nach dem Einlaufen der Hochseeflotte in ihre Heimathä-fen erstellten die Befehlshaber und Geschwaderchefs, Kommandan-ten und Flottillenchefs die dienstlich geforderten Kriegstagebücher, Gefechtsberichte, Verlustlisten und Zusammenstellung der Beschädi-gungen an ihren Einheiten. Auf der Basis dieser Berichte und weiterer Informationen entstanden die Einschätzungen der höheren Dienst-stellen über die strategischen, operativen und taktischen Schlussfolge-rungen. Diese Berichte waren zumeist geheim und daher nur einem sehr eingeschränkten Leserkreis zugänglich.

Parallel dazu schrieben die Beteiligten der Seeschlacht Briefe, Feldpostkarten und persönliche Berichte an Familie, Freunde und Bekannte. Diese Zeugnisse vermitteln ein sehr individuelles Bild des Schlachtgeschehens. Je nach Position und Verantwortungsbereich des Schreibers ist dieses zeitlich und räumlich beschränkt oder gibt nur spezielle Aspekte der mehrstündigen Auseinandersetzung wieder. Denn umfassende Analysen und Überblicksdarstellungen standen den Zeitzeugen so kurz nach dem Ereignis noch gar nicht zur Verfügung. Die späteren Niederschriften – für eine Veröffentlichung oder für private Lebenserinnerungen – zeigen, dass sich die Autoren in der Regel nachträglich über den Verlauf der Schlacht informiert haben.

Doch ob nun die ersten euphorischen Briefe oder die späteren ausführlicheren Darlegungen, alle Berichte enthalten teils sehr persön-liche Offenbarungen von Angst, Unsicherheit, Erschütterung, Trauer, Erleichterung, aber auch Freude und Begeisterung. Die Spuren der Schlacht und die menschlichen Opfer werden in ungeschönter Deut-lichkeit beschrieben. In ihrer Gesamtheit bieten die Berichte einen seltenen Einblick in das Schlachterleben aus der Perspektive eines Einzelnen. Und sie zeigen die große Bandbreite von persönlichen Erfahrungen und Erkenntnissen. Ungeachtet dieser Vielschichtigkeit lassen sich aber einige generelle Aussagen treffen.

So hatten die Besatzungen der Schiffe und Boote der Hoch-seeflotte den Kriegsausbruch zumeist nicht mit überschäumender Begeisterung begrüßt. Dem nüchternen Betrachter waren die britische

Überlegenheit an schweren Schiffseinheiten sowie die sehr gute geographische Ausgangslage und die lange Tradition der Royal Navy durchaus bewusst. Andererseits fühlte man sich selbst gut ausgebildet, hatte Vertrauen in die Führung auf allen Ebenen und sah mit Stolz auf den hohen operativen und technischen Standard der eigenen Einheiten.

Die ersten zwei Jahre des Seekrieges in der Nordsee brachten dann jedoch nur wenige und zum größten Teil unglücklich verlaufene Gefechte, bei denen die Besatzungen ihr Können kaum angemessen zeigen konnten. Die eigene Führung handelte nach allgemeinem Empfinden – das sich quer durch alle Dienstgradgruppen zeigte – eher zögerlich, scheute das Risiko und nutzte die sich bietenden Möglichkeiten nicht aus. Das Auslaufen in die Deutsche Bucht beschränkte sich auf wenige Stunden und die hohe Kampfmoral der Besatzungen wurde ein ums andere Mal enttäuscht. Frust und Enttäuschung machten sich breit. Daher beginnen die meisten Berichte der Skagerrak-Zeitzeugen eher pessimistisch und voll zurückhaltender Erwartung. Umso größer war dann die Freude, als sich ein eher zufälliges Treffen mit der britischen Grand Fleet zur größten Seeschlacht des Ersten Weltkrieges entwickelte. Zumeist ohne Wachablösung verblieben die Besatzungsmitglieder von Gefechtsbeginn am 31. Mai gegen 16 Uhr bis zur Feuereinstellung am 1. Juni gegen 4 Uhr morgens – in Teilen bis zum Einlaufen – auf ihren Gefechtsstationen. Sie leisteten in vielen Bereichen mehr als von ihnen erwartet werden konnte. Wiederholt wurden die hohe Motivation und die unermüdliche Einsatzbereitschaft gelobt. Bei Ausfall des Vorgesetzten übernahm man wie selbstverständlich dessen Aufgaben in eigener Verantwortung. Während der Schlacht war die Begeisterung für eine erfolgreiche eigene Aktion oder die Meldung über die Versenkung eines Gegners groß und wurde mit „einem brausenden Hurra begrüßt". Eher selten liest man hämische oder herablassende Kommentare. Auch die Leistungen der Gegner wurden anerkannt und gewürdigt.

Die Angst vor gegnerischen Artillerie- oder Torpedo-Treffern, die Furcht vor dem Untergang des eigenen Schiffes, vor Verwundung und Tod, aber auch die Trauer um gefallene Kameraden fehlen in kaum einem der persönlichen Berichte.

Deutlich wird die Last der Ungewissheit über den allgemeinen Fortgang der Schlacht und die Ereignisse auf dem eigenen Schiff, besonders für die Soldaten, die ohne Sicht auf das Gefechtsfeld unter Deck oder in den Geschütztürmen nur wenig von den Geschehnissen mitbekamen. Bei Treffern im eigenen Schiff oder abrupten Kurs- und Fahrtänderungen, bei Feuereröffnung oder -einstellung erfuhren sie kaum die Ausmaße, die Gründe oder die zu erwartenden Folgen. So konnten die Ärzte auf ihren abgeschirmten Gefechtsverbandplätzen nur aufgrund der wachsenden Zahl der Verwundeten und der Art der Verletzungen ahnen, was „draußen" vor sich ging. Der Drang nach näheren Informationen war bei einigen Zeitzeugen so groß, dass sie ihre Gefechtstationen ohne Befehl verließen – wohl wissend, dass dies streng verboten war – und sich an Oberdeck begaben, natürlich auch, um nach Rückkehr ihren Kameraden Bericht zu erstatten. Anfragen an die Brücke und die Kommandanten bzw. Wachoffiziere wurden von dort zumeist kurz und eher unwillig beantwortet. „Kurs Süd-Süd-Ost" lautete die lapidare Antwort an den Hauptmaschinenraum eines Linienschiffes auf die Frage des Leitenden Ingenieurs, was denn passiert sei und was zu erwarten wäre.

Hier zeigte sich ein großes Manko bei der Führung der Untergebenen durch die verantwortlichen Offiziere, die nicht erkannten, wie wichtig die stete Information der Besatzung über den Verlauf eines Gefechtes ist und welchen Einfluss dies auf das Verhalten und die Befindlichkeit der Soldaten hatte.

Nach dem Einlaufen in Wilhelmshaven gingen nahezu alle Briefschreiber in ihren persönlichen Berichten von einem Sieg der Hochseeflotte aus – allenfalls ein Unentschieden wurde der Grand Fleet zugestanden. Die Begeisterung und die Freude über diese Leistung waren groß und wurden verstärkt durch den Besuch Kaiser Wilhelms II. bei der Flotte, durch zahlreiche anerkennende Berichte, Beförderungen und Ordensverleihungen – letztere blieben allerdings eher unberechtigt auf Offiziersränge beschränkt.

Umso enttäuschender empfanden es die Besatzungen, dass auch nach einer so überzeugenden Gefechtsleistung die Marineführung die positive Stimmung in der Hochseeflotte nicht für weitere mutige Vorstöße nutzte, sondern schnell wieder in die überwunden geglaubte Monotonie und Einfallslosigkeit der vergangenen Monate zurückfiel. So verwundert es nicht, dass es gute 12 Monate später auf einigen Einheiten der Hochseeflotte zu Unruhen und Befehlsverweigerungen kam.

Schiffsbeschreibungen

SMS ELBING

Der auf der Schichau-Werft in Danzig gebaute Kleine Kreuzer lief am 21. November 1914 vom Stapel und wurde am 4. November 1915 in Dienst gestellt. Bei einer Länge von 135,3 m, einer Breite von 13,6 m und einem Gewicht von 5252 t betrug die maximale Geschwindigkeit 27,5 Knoten. 442 Mann gehörten zur Besatzung. Die Bewaffnung bestand aus acht Schnellkanonen des Kalibers 15 cm, vier Flakgeschützen und zwei Torpedorohren. Während der Skagerrakschlacht führte Fregattenkapitän Madlung den Kleinen Kreuzer ins Gefecht. Im Nachtgefecht kam es zu einer Kollision mit dem Großlinienschiff POSEN. In der Folge kam es zu einem erheblichen Wassereinbruch in den Kesselräumen und das Schiff bekam schnell Schlagseite. Da alle Rettungsversuche scheiterten, befahl Kommandant Madlung, das Schiff zu sprengen. Die Besatzung wurde vom Torpedoboot S 53 übernommen und die ELBING um 3 Uhr durch Sprengladungen versenkt.

SMS DERFFLINGER

Der Schlachtkreuzer DERFFLINGER lief am 6. Juni 1913 bei der Hamburger Werft Blohm und Voss vom Stapel und trat nach eingehenden Erprobungen erst nach Kriegsbeginn Mitte November 1914 zum Verband der Aufklärungsstreitkräfte und wurde der II. Aufklärungsgruppe zugeteilt. Schwesterschiffe waren die Schlachtkreuzer LÜTZOW und HINDENBURG. Voll ausgerüstet hatte das Schiff bei 210 m Länge und 29 m Breite ein Gewicht von 31.300 t. Die schwere Artillerie bestand aus vier Doppeltürmen des Kalibers 30,5 cm, die Mittelartillerie aus 12 Einzeltürmen des Kalibers 15,0 cm. Als Antrieb erhielt der Schlachtkreuzer einen Turbinenantrieb mit insgesamt 14 Marinedoppelkesseln, die eine Höchstgeschwindigkeit von 26,5 Knoten ermöglichten. Diese Konstruktion bewährte sich in Frieden und Krieg außerordentlich. Die Besatzung hatte eine Stärke von knapp unter 1200 Mann. In der Skagerrakschlacht war Kapitän zur See Johannes Hartog Kommandant des Schiffes.

SMS FRAUENLOB

Der Kleine Kreuzer FRAUENLOB gehörte zu einer Serie von insgesamt sieben Schiffen der GAZELLE-Klasse. FRAUENLOB lief am 22. März 1902 bei der A.G. Weser in Bremen vom Stapel. Voll ausgerüstet hatte das Schiff bei einer Länge von fast 105 m und einer Breite von 12,4 m ein Gewicht von 3299 t. Die Besatzung betrug abhängig vom Einsatz im In- oder Ausland zwischen 270 und 330 Mann. Die Bewaffnung bestand aus zehn Einzelgeschützen vom Kaliber 10,5 cm als Hauptbewaffnung und etlichen Kanonen des Kalibers 3,7 cm. Als Höchstgeschwindigkeit konnten 21,5 Knoten erreicht werden. Nach der Indienststellung am 17. Februar 1903 wurde das Schiff der Aufklärungsgruppe des 1. Geschwaders in Kiel zugeteilt. Mit Kriegsbeginn kam FRAUENLOB zur IV. Aufklärungsgruppe in Wilhelmshaven. Im Gefecht in der Deutschen Bucht am 28. August 1914 wurde der Kreuzer durch zehn Treffer beschädigt, zwang aber auch einen britischen Kreuzer zum Abdrehen. In den folgenden Monaten nahm FRAUENLOB an fast allen Einsätzen der Hochseeflotte teil. In der Skagerrakschlacht geriet das Schiff gegen Abend und auch während des Nachtmarsches nach Süden in schwere Kämpfe gegen britische Kreuzer- und Torpedoverbände. Dabei erhielt es einen Torpedotreffer in den B.B Hilfs-Maschinenraum, der einen schweren Wassereinbruch zur Folge hatte. Gegen 24 Uhr sank das Schiff unter hohen Personalverlusten. Die einzigen acht Überlebenden wurden von einem holländischen Dampfer gerettet und nach Holland an Land gebracht.

SMS FRIEDRICH DER GROSSE

Der ursprünglich als Linienschiff klassifizierte Neubau der KAISER-Klasse war am 6. November 1911 bei der A.G. Vulcan in Hamburg vom Stapel gelaufen. Nach der Indienststellung wurde das Schiff dem III. Geschwader in Wilhelmshaven zugeteilt. Es war von vornherein als Flaggschiff konzipiert, um den Flottenstab aufzunehmen. Dazu erhielt das Schlachtschiff eine gesonderte Admiralsbrücke mit zusätzlichen Befehls- und Signaleinrichtungen. Mit 24.000 t Gewicht voll ausgerüstet war das Schiff 172 m lang und 29,0 m breit. 16 Marinekessel mit Ölzusatzfeuerung ermöglichten eine Höchstgeschwindigkeit von 22 Knoten. Die Bewaffnung bestand zum Zeitpunkt der

Skagerrakschlacht aus fünf Doppeltürmen des Kalibers 30,5 cm als Hauptbewaffnung und 14 Einzeltürmen des Kalibers 15 cm als Nebenbewaffnung. Die Besatzungsstärke lag bei knapp unter 1100 Mann. Kommandant war 1916 der Kapitän zur See Theodor Fuchs. Beim Auslaufen am 31. Mai befand sich der gesamte nominelle Flottenstab mit seinem Befehlshaber Vizeadmiral Reinhard Scheer an Bord. Das Schiff war organisatorisch dem III. Geschwader und hier der 6. Division zugeordnet. Das bedeutet, dass das FRIEDRICH DER GROSSE – obwohl nominell Flottenflaggschiff – in der nach Norden dampfenden Flotte nicht an der Spitze, sondern als achtes Schiff in der Kiellinie fuhr.

SMS GROSSER KURFÜRST

Das Schlachtschiff GROSSER KURFÜRST lief als zweites Schiff der KÖNIG-Klasse am 5. Mai 1913 bei der Vulcan A.G. in Hamburg vom Stapel und trat am 12. August 1914 mit Zuteilung zum III. Geschwader zur Hochseeflotte. Mit insgesamt fast 29.000 t voll ausgerüstet, 175 m Länge und gute 9 m Breite und einer Besatzung von fast 1100 Mann gehörte es zu den größten und kampfstärksten Schiffen der Kaiserlichen Marine. Insgesamt 15 Marinekessel erbrachten eine Höchstgeschwindigkeit von 21 Knoten. Ein geplanter Einbau von einem MAN-Zweitaktdiesel kam nicht zu Stande. Die Hauptartillerie bestand aus fünf Doppeltürmen des Kalibers 30,5 cm und einer Mittelartillerie mit 14 Einzelgeschützen des Kalibers 15 cm, dazu etliche 8,8 cm Geschütze für unterschiedliche Zwecke. Kommandant während der Skagerrakschlacht war der Kapitän zur See Ernst Goette.

SMS HESSEN

Das Linienschiff HESSEN lief am 19. September 1903 bei der Germania Werft in Kiel vom Stapel. Nach Beendigung der Probefahrten trat das Schiff zum II. Geschwader mit Heimathafen Wilhelmshaven. Damit erreichte der Verband erstmals die angestrebte Stärke. Nach Konstruktion und Bewaffnung gehörte die HESSEN zu den Einheiten der sogenannten „Vor-DREADNOUGHT"-Klasse. Bei einer Länge von 127 m und einer Breite von 22 m erreichte das Schiff ein Gewicht von knapp 14400 t. Insgesamt 16 Kessel mit Ölzusatzfeuerung erbrachten eine Höchstgeschwindigkeit von 18 Knoten. Die Besatzungsstärke betrug bis zu 743 Mann. Die Hauptbewaffnung setzte sich aus vier Doppeltürmen mit einem Kaliber von 28 cm und 14 Einzeltürmen mit einem Kaliber von 17 cm zusammen. Hinzu kam eine Mittelartillerie von bis zu 20 Einzelgeschützen des Kalibers 8,8 cm. Kommandant war Kapitän zur See Rudolf Bartels.

SMS KÖNIG

Das Linienschiff KÖNIG war das erste einer Serie von vier Schiffen. Es lief am 1.3.1913 in der Kaiserlichen Werft Wilhelmshaven vom Stapel. Später folgten die Schwesterschiffe GROßER KURFÜRST, MARKGRAF und KRONPRINZ. Das am 9. August 1914 in Dienst gestellte Schiff hatte eine Länge von 174,7 m und eine Breite von 29,5 m, bei einem Gewicht von 25.800 t. Zur Besatzung gehörten gut 1130 Mann. Die maximale Geschwindigkeit betrug 21 Knoten. Die Hauptartillerie bestand aus fünf Doppeltürmen des Kalibers 30,5 cm. Die Mittelartillerie war – anders als bei der vorhergehenden KAISER-Klasse – in der Mittelschiffslinie angeordnet. Sie bestand aus 14 Einzelgeschützen des Kalibers 14,4 cm, dazu 10 Schnellfeuerkanonen des Kalibers 8,8. Während der Skagerrakschlacht war KÖNIG das Flaggschiff von Konteradmiral Paul Behncke, dem Chef des III. Geschwaders.

SMS LÜTZOW

Der Schlachtkreuzer LÜTZOW war das zweite Schiff einer Dreierserie, Schwesterschiffe waren DERFFLINGER und HINDENBURG. Das Schiff lief am 29. November 1913 bei der Schichau-Werft in Danzig vom Stapel und wurde am 8. August 1915 in Dienst gestellt. Bei einem Gewicht von fast 3200 t, einer Länge von 210 m und einer Breite von 29 m bestand die Bewaffnung aus vier Doppeltürmen des Kalibers 30,5 cm und 14 Einzelgeschützen des Kalibers 15,0 cm. Der Turbinenantrieb gab dem Schiff eine Höchstgeschwindigkeit von 26 Knoten. Die Besatzung erreichte einen Bestand von fast 1200 Mann. Nach dem Absolvieren der Probefahrten wurde LÜTZOW im März 1916 der I. Aufklärungsgruppe zugeteilt, mit der sie von Wilhelmshaven aus erste Einsätze in der Nordsee durchführte. In der Skagerrakschlacht führte der Befehlshaber der Aufklärungsstreitkräfte (B.d.A.) Vizeadmiral Hipper, seinen Verband von der LÜTZOW aus, die auch während des ersten Teils der Schlacht an der Spitze der Linie stand.

SMS MÜNCHEN

Der Kleine Kreuzer gehört zu den sieben Kreuzern der ersten Städteklasse und lief am 30. April 1904 in der A.G. Weser-Werft in Bremen vom Stapel. Die Indienststellung erfolgte am 10. Januar 1905. Die Länge des Schiffes betrug 111,1 m, die Breite 13,2 m. Voll ausgerüstet erreichte München ein Gewicht von 3816 t. Die Geschwindigkeit wird mit 22,5 Knoten angegeben. Die Bewaffnung bestand aus zehn Schnellkanonen des Kalibers 10,5 cm und zwei Torpedorohren. Die bis zu 313 Mann starke Besatzung stand im Frühjahr 1916 unter dem Kommando von Korvettenkapitän Böcker. Während der Skagerrakschlacht erhielt der Kleine Kreuzer vier Treffer, was insgesamt 8 Todesopfer zur Folge hatte.

SMS NASSAU

Das erste „Schnelle Linienschiff" der Kaiserlichen Marine und damit in gewisser Weise die Antwort auf den britischen DREADNOUGHT-Typ waren die Schlachtschiffe der NASSAU-Klasse. Das Typschiff NASSAU lief am 7. März 1908 bei der Kaiserlichen Werft Wilhelmshaven vom Stapel und wurde am 3. Mai 1910 dem I. Geschwader der Hochseeflotte zugeteilt. Voll ausgerüstet kam das Schiff mit 146 m Länge und 27 m Breite bei einer Besatzung von bis zu 1000 Mann auf fast 21.000 t und war damit deutlich größer als alle vorher gebauten Linienschiffe der Marine. Die Bewaffnung bestand aus sechs Doppeltürmen des Kalibers 28 cm und 12 Einzelgeschützen des Kalibers 15 cm. Das Schiff nahm – unterbrochen von notwendigen Werftliegezeiten – in den ersten zwei Kriegsjahren an nahezu allen Einsätzen der Hochseeflotte teil. In der Skagerrakschlacht wurde es bei dem nächtlichen Rückmarsch von britischen Zerstörern mehrfach angegriffen und rammte dabei den Zerstörer SPITFIRE. Nachfolgend verlor die NASSAU zeitweise den Anschluss an das deutsche Gros, erreichte aber ohne weitere Kämpfe Wilhelmshaven am Morgen des 1. Juni. Zusätzlich zu den nicht unerheblichen Schäden des Rammstoßes hatte das

Schiff noch zwei schwere Artillerietreffer erhalten und beklagte insgesamt 11 Tote und 16 verwundete Besatzungsmitglieder.

SMS OLDENBURG

Das Schlachtschiff OLDENBURG zusammen mit den Schwesterschiffen HELGOLAND, OSTFRIESLAND und THÜRINGEN stellte die zweite Viererserie der deutschen DREADNOUGHT-Klasse dar. OLDENBURG wurde bei der Schichau-Werft in Danzig am 30. Juni 1910 vom Stapel gelassen. Mit fast 25.000 t bei 176 m Läge und 28,5 m Breite und einer Besatzung von fast 1220 Mann war diese Klasse deutlich größer als die vorhergehende NASSAU-Klasse. Auch das Kaliber der vier Doppeltürme war auf 30,5 cm gesteigert. Am 1. Mai 1912 wurde das Schiff in Dienst gestellt. Von vornherein waren an Bord Einrichtungen für die Aufnahme eines Geschwaderstabes vorgesehen. Am 17. September 1912 trat das Schiff zum I. Geschwader. In diesem Verband verblieb das Schiff während des gesamten Krieges einschließlich der Teilnahme an der Skagerrakschlacht.

SMS OSTFRIESLAND

Das Schlachtschiff OSTFRIESLAND war wie seine Schwesterschiffe HELGOLAND, OLDENBURG und THÜRINGEN Teil der zweiten Viererserie der deutschen DREADNOUGHT-Klasse. OSTFRIESLAND wurde bei der Kaiserlichen Werft in Wilhelmshaven am 30. September 1909 vom Stapel gelassen. Es hatte die gleichen technischen Daten wie seine Schwesterschiffe. Am 1. August 1911 wurde das Schiff in Dienst gestellt. Von vornherein waren an Bord Einrichtungen für die Aufnahme eines Geschwaderstabes vorgesehen. Am 22. September 1911 trat das Schiff daher als Flaggschiff zum I. Geschwader. In dieser Funktion nahm es auch als Spitzenschiff seines Geschwaders an der Skagerrakschlacht teil.

SMS ROSTOCK

Der Kleine Kreuzer lief einen Tag nach seinem Schwesterschiff KARLSRUHE am 12. November 1912 in den Howalts-Werken Kiel vom Stapel. Am 5. Februar 1914 kam es zur Indienststellung. Mit einer Länge von 142,2 m und einer Breite von 13,7 m hatte das Schiff voll ausgerüstet ein Gewicht von 6191 t und eine Besatzung von 373 Mann. Fregattenkapitän Otto Feldmann kommandierte die ROSTOCK in der Skagerrakschlacht, unter der Führung des an Bord eingeschifften I. F.d.T. Beim Abdrehen und beim Durchbruch erhielt das Schiff einen Torpedotreffer. Zunächst konnte die Fahrt vorgesetzt werden. Als die Gefahr einer Begegnung mit überlegenen feindlichen Kräften laut wurde, übernahmen Torpedoboote die Besatzung des Kleinen Kreuzers, der anschließend mit drei Torpedos versenkt wurde. 14 Besatzungsmitglieder waren im Laufe der Schlacht gefallen. ROSTOCK hatte 500 10,5-Granaten verschossen, die höchste Zahl aller deutschen Schiffe.

SMS SEYDLITZ

Der Große Kreuzer SEYDLITZ, der am 30. März 1912 bei Blohm & Voss in Hamburg vom Stapel lief, war eine gelungene Weiterentwicklung der MOLTKE-Klasse. Mit 200,6 m war er rund 14 m länger, jedoch mit 28,5 m rund 1 m schmaler. Die Erhöhung des Vorschiffes sollte sich als entscheidend für das Überstehen der Skagerrakschlacht erweisen. Das Schiff hatte mehrere schwere Treffer erhalten und konnte nur mit großer Mühe den Heimathafen erreichen – ein Verdienst der engagierten Führung des Kommandanten, Kapitän zur See von Egidy, und der unermüdlichen Arbeit des Leckdienstpersonals. Das letztlich über den Achtersteven laufende Schiff wurde vom Kleinen Kreuzer PILLAU in Schlepp genommen. Von der 1140 Mann starken Besatzung kamen 98 ums Leben.

SMS THÜRINGEN

Das Schlachtschiff THÜRINGEN gehört zusammen mit den Schwesterschiffen HELGOLAND, OLDENBURG und OSTFRIESLAND zur zweiten Viererserie der deutschen DREADNOUGHT-Klasse. Es wurde bei der A.G. Weser in Bremen am 27. November 1909 vom Stapel gelas-

sen. Es hatte die gleichen technischen Daten wie seine Schwesterschiffe. Am 1. Juli 1911 wurde das Schiff in Dienst gestellt und dem
I. Geschwader in Wilhelmshaven zugeteilt. In diesem Verband nahm
das Schiff auch an der Skagerrakschlacht teil.

Torpedoboote G 41

G 41 lief am 24. April 1915 vom Stapel und wurde am 14. Oktober
desselben Jahres in Dienst gestellt. Es war bereits als Führerboot einer Flottille vorgesehen und deswegen etwas größer als das Schwes-
terboot G 42. Mit 83 m Länge, 8,36 m Breite und 3,40 m Tiefgang
kam G 41 auf insgesamt 1.147 t. Dieses Gewicht änderte sich im Laufe der Zeit, da die Kriegserfahrungen Ein- und Ausbauten an Schiffskörper, Waffensystemen und Antriebsanlagen unausweichlich machten. Zum ersten Mal im Bereich der Torpedowaffe bestand der
Schiffsantrieb ausschließlich aus drei Marine-Ölkesseln, die zwei Turbinen antrieben und mit zwei Wellen eine Höchstgeschwindigkeit von
33,5 Knoten ermöglichten. Mit dem Übergang zur reinen Ölfeuerung
machte die Kaiserliche Marine einen Modernisierungssprung, der im
Kriegseinsatz die zeitraubenden und aufwendige Kohleübernahme
und die notwendige ständige Kesselreinigung überflüssig machte.
Zudem erlaubte die Ölfeuerung eine schnell erreichbare Höchstgeschwindigkeit und eine hohe Dauergeschwindigkeit. Die Reichweite
von G 41 lag bei 20 Knoten bei ca. 1700 Seemeilen, bei 17 Knoten
bei knapp 2000 Seemeilen. Das war den Erwartungen einer Seeschlacht in der Deutschen Bucht angemessen, erlaubte aber keine
Einsatzoperation etwa bis auf die Höhe der Orkney Inseln. Die Bewaffnung bestand aus drei 8,8 cm Schnellfeuergeschützen sowie sechs
Rohren für 50,0 cm Torpedos in je drei Zweierrohrsätzen. Eine Zula-
dung von insgesamt 24 Minen war möglich. Organisatorisch wurde
G 41 der VI. Torpedobootsflottille zugeordnet, die in Wilhelmshaven
stationiert war. Flottillenchef war der Korvettenkapitän Max Schultz.
Die VI. Flottille gehörte ihrerseits zur II. Aufklärungsgruppe (II.
A.G.) im Verband des Befehlshabers der Aufklärungsstreitkräfte, Vizeadmiral Franz Hipper. Da G 41 in der Skagerrakschlacht das Führerboot der VI. Torpedobootsflottille war, kamen in diesem Fall noch
der Flottillenchef und sein Stab hinzu. Kommandant war zu diesem
Zeitpunkt der Kapitänleutnant Hermann Boehm. Auf Grund seines

taktischen und operativen Könnens bestimmte ihn der Flottillenchef der VI. Flottille im Frühjahr 1916 zu seinem Flaggleutnant und damit engstem Berater im Gefecht. Gleichzeitig wurde er damit Kommandant des Führerbootes G 41 der Flottille.

SMS WIESBADEN

Der Kleine Kreuzer WIESBADEN lief am 30. Januar 1915 bei der A.G. Weser in Danzig vom Stapel, wurde bereits am 1. September desselben Jahres in Dienst gestellt und der II. Aufklärungsgruppe zugeteilt. Bei 145 m Länge und 13 m Breite erreichte der Kreuzer ein Gewicht von 6600 t und war damit einer der größeren Kleinen Kreuzer der Flotte. Er wurde daher auch als erstes Schiff dieses Typs mit 10 Geschützen des Kalibers 15,0 cm an Stelle des bisher verwendeten 10,5 cm Kalibers als Hauptbewaffnung ausgerüstet. Nach der Indienststellung nahm die WIESBADEN an fast allen Einsätzen der Hochseeflotte von Wilhelmshaven aus teil – so auch am 31. Mai 1916 in der Skagerrakschlacht. Noch in der zweiten Phase der Schlacht geriet sie in das Feuer der schweren Artillerie der britischen Schlachtschiffe und wurde mehrfach getroffen. Versuche der deutschen Flottenführung, ihre Situation durch eigene Gegenangriffe zu entlasten, waren nicht erfolgreich. Nach Mitternacht sank die WIESBADEN unter hohen Personalverlusten. Oberheizer Hugo Zenne war der einzige Überlebende der 589-Mann-Besatzung.

Quellen und Literatur

Abkürzungen

BA-MA	Bundesarchiv-Militärarchiv Freiburg i. Br.
DMM	Deutsches Marinemuseum Wilhelmshaven
IMMH	Internationales Maritimes Museum Hamburg
M.Dv.	Marine-Dienstvorschrift
MGFA	Militärgeschichtliches Forschungsamt, heute Zentrum für Militärgeschichte und Sozialwissenschaften der Bundeswehr (ZMS Bw)
MSM	Marineschule Mürwik
WGA	Wehrgeschichtliches Ausbildungszentrum der Marineschule Mürwik

Quellen, gedruckt

Amtliche Kriegs-Depeschen. Nach Berichten des Wolff'schen Telegr.-Bureaus, Bd. 4, Nationaler Verlag, Berlin 1916.

Berger, Rupert: Kaiserliche Marine. Erster Weltkrieg. Tagebuch, hrsg. von Ernst Lahner, Selbstverlag, Traunstein 2015.

Foerster, Richard: Die Seeschlacht vor dem Skagerrak am 31. Mai 1916, Manuskript, Bibliothek der MSM, Invent. Nr. 22395

Katsch, Hermann: SMS THÜRINGEN in der Skagerrakschlacht, Sonderdruck der Schwarzburg-Rudolfstädtischen Landeszeitung, Rudolstadt 1916.

Gefechtsberichte, Berichte, Operationsbefehl Nr. 6 des Kommandos der Hochseestreitkräfte, Presseberichte u.a., BA-MA, RM 3/4717, RM 5/4752, RM 8/878-887.

Marine-Offizier-Vereinigung, Mitgliederverzeichnisse verschiedener Jahrgänge.

M. Dv. Nr.13, Teil I, Heft B: Fahrvorschrift für Torpedoboote, Berlin 1925.

M.Dv. Nr. 352, Prüfnummer 36, Dienstvorschrift Nr. 11: Die Verwendung der Torpedowaffe in dem Schlachtkreuzergefecht auf der Doggerbank und in der Skagerrakschlacht, Berlin 1930.

Meendsen-Bohlken, Wilhelm, Brief an seinen Bruder Franz, vom 15. Juni 1916. In: Marineforum, H. 5, Mai 1968, S. 29-30.

Rangliste der Kaiserlich Deutschen Marine für das Jahr 1903, Berlin 1903.

Rangliste der Kaiserlich Deutschen Marine für das Jahr 1914, Berlin 1914.

Rangliste der Kaiserlich Deutschen Marine für das Jahr 1918, Berlin 1918.

Rangliste der Reichsmarine des Deutschen Reiches 1926, Berlin 1926.

Rangliste der Deutschen Kriegsmarine, nach dem Stande vom September 1944 (M. Dv. Nr. 293), Berlin o. D.

Taktische und strategische Dienstvorschriften des Oberkommandos der Marine, Nr. IX: Allgemeine Erfahrungen aus den Manövern der Herbstübungsflotte, Berlin, 16. Juni 1894, BA-MA, Sign. RM 4/176.

Toeche Mittler, Siegfried: Die deutsche Kriegsflotte 1914, Berlin 1914.

Quellen, ungedruckt

Albrecht, Conrad: Erinnerungen. Ungedrucktes Manuskript, Hamburg 1967, Archiv IMMH.

Boehm, Hermann: Bericht des Kommandanten S.M. Torpedoboot V 69 über das Gefecht am 23. Januar 1917, Privatbesitz.

Boehms, Hermann: Beurteilungen. Persönliche handschriftliche Abschriften aller Offizier-Beurteilungen Hermann Boehms von 1903 bis 1933, Privatbesitz.

Boehm, Hermann: Familienforschung. Ungedrucktes Manuskript, Mittelmeer 1937, Ergänzung Eutin-Fissau 1956, Privatbesitz.

Boehm, Hermann: Nachlass, BA-MA, N 172/1 bis N 172/76, einschließlich Unterlagen.

Boehm, Hermann: Persönliche Erinnerungen. Ungedrucktes Manuskript nur für die Familie geschrieben, Marutendorf und Eutin 1947, Privatbesitz.

Boehm, Hermann: Rede zum 50-jährigen Crewfest, Kiel 13. Juni 1953, Privatbesitz.

Boehm, Hermann: Abschiedsrede als Flottillenchef II. Torpedoboots-Flottille, Herbst 1928, Privatbesitz.

Boehm, Hermann: Sammlung von persönlichen Notizen, Buchauszügen, Zitaten, Privatbesitz.

Boehm, Hermann: Reden anlässlich der 50. Jahrfeier der Torpedowaffe, Wilhelmshaven 10. Oktober 1937, Privatbesitz.

Boehm, Hermann: Personalakte, BA-MA, MA 6/2384.

Boehm, Hermann: Dokumentation 1936-1939, zusammengestellt von Dr. Werner Rahn, MSM, WGAZ, Sign. Nr.20755.

Deipser, Marinepfarrer: Ansprache bei der Skagerrak-Gedächtnisfeier auf dem Ehrenfriedhof zu Altengroden bei Wilhelmshaven am 31. Mai 1919, Privatbesitz.

Dübeler, Rolf: Brief an seinen Brüder Arthur vom 3. Juni 1916, Archiv MSM, Invent. Nr. 04010.

Egidy, Moritz: Bericht des Kommandanten von SMS SEYDLITZ über Rückfahrt und Bergung des Schiffes vom 1.-6. Juni 1916, MSM, WGAZ, Inv.Nr. 11256.

Gefechtsbericht, Torpedoboot V 69, BA-MA, RM 52/133, Bd. 2

Glatzer, Otto: Kriegserinnerungen, Breitenhain 1920, Archiv des DMM.

Kaiserlich Deutsche Gesandtschaft, Marineattaché: Verhandlung, Haag, 21. Juni 1916, BA-MA RM, 5/4753 I.

Kölnsche Volkszeitung, Nr. 73, Sonntag, 11. Juni 1916 .

Kriegstagebuch, VI. Torpedobootsflottille 1916, RM 5/4758.

Langsdorff, Hans, Brief an seine Familie, 20. Juni 1916, Privatbesitz.

Leppert, Karl: Tagebuch, Archiv des DMM.

Marineschule Mürwik: Skagerrak. 31. Mai 1916. Verlauf und Analyse einer Seeschlacht, Flensburg Mürwik, Stand 9. Mai 2006.

Meier, Erich, Tagebuch, Archiv des DMM.

Rothe, Gertrude: Familiengeschichte. Persönliche Aufzeichnungen, um.1950, Privatbesitz.

Sauerbeck, Gudrun: Archiv Marineoffizierscrew, 1903.

Schubert, Margarete: Familiengeschichte. Persönliche Aufzeichnungen um 1946, Privatbesitz.

Stecher, Robert: Kriegserinnerungen. Persönliche Eindrücke, Ansichten und Erlebnisse, Manuskript, MSM, Signatur 17956.

Warnecke, Franz: Meine Erlebnisse während der Skagerrakschlacht Juni 1916, Archiv des DMM, Reg. Nr. 2014-206-002.

Literatur

Amelung, Robert: Erlebnisse eines Schiffsarztes in der Seeschlacht vor dem Skagerrak. In: Mantey, Eberhard von (Hrsg.): Auf See unbesiegt. 30 Einzeldarstellungen aus dem Seekrieg, Berlin 1921, S. 222-231.

Anonym: Faust zur See. Der Tragödie Dritter Teil, Wilhelmshaven 1912.

Bald, Detlef: Der deutsche Offizier. Sozial- und Bildungsgeschichte des deutschen Offizierkorps im 20. Jahrhundert, München 1982.

Becher, H. Manfred: Das Memorandum on Naval Defence Requirements. In: Schiff und Zeit, 2008, H. 86, S. 40-48.

Breyer, Siegfried: Schlachtschiffe und Schlachtkreuzer 1905-1970, München 1970.

Busch, Fritz Otto: Die Schlacht am Skagerrak, Leipzig 1933.

Busch, Fritz Otto: Das Volksbuch vom Skagerrak. Augenzeugenberichte von deutschen und englischen Mitkämpfern, Berlin 1938.

Campbell, N.J.M.: Jutland. Analysis of the Fighting, London 1986.

Clark, Christopher: Wilhelm II. Die Herrschaft des letzten deutschen Kaisers, München 2008.

Cornelissen, Peter: Die Hochseeflotte ist ausgelaufen, München 1930.

Das Deutsche Reich und der Zweite Weltkrieg. Bd. 1. Ursachen und Voraussetzungen der Deutschen Kriegspolitik, hrsg. vom MGFA, Stuttgart 1979.

Das Deutsche Reich und der Zweite Weltkrieg. Bd. 2. Die Errichtung der Hegemonie auf dem Europäischen Kontinent, hrsg. vom MGFA, Stuttgart 1979.

Deutsches Marine Institut (Hrsg.): Marineschule Mürwik, Herford 1985.

Deutsches Marine Institut (Hrsg.): Seemacht und Geschichte. Festschrift zum 80. Geburtstag von Friedrich Ruge, Bonn und Bad Godesberg 1975.

Deist, Wilhelm: Militär, Staat und Gesellschaft. Studien zur preußisch-deutschen Militärgeschichte, München 1991.

Deist, Wilhelm: Auflösungserscheinungen in Armee und Marine als Voraussetzung der deutschen Revolution. In: Vorträge zur Militärgeschichte, Bd. 2, Menschenführung in der Marine, Herford 1981, S. 35-50.

Die Deutsche Marine. Historisches Selbstverständnis und Standortbestimmung, hrsg. vom Deutschen Marineinstitut und der Deutschen Marine-Akademie, Herford 1983.

Dierks, Wulf: Der Einfluss der Personalsteuerung auf die deutsche Seekriegsführung 1914-1918. In: Militärgeschichtliche Beiträge, MGFA, Herford und Bonn 1988.

Dönitz, Karl: Zehn Jahre und zwanzig Tage. Erinnerungen 1935-1945, Koblenz 1997.

Drascher, Wahrhold: Zur Soziologie des deutschen Seeoffizierkorps. In: Wehrwissenschaftliche Rundschau, 1962, H. 10, S. 555-569.

Dülffer, Jost: Weimar, Hitler und die Marine. Reichspolitik und Flottenbau 1920-1939, Düsseldorf 1973.

Dülffer, Jost: Determinanten in der deutschen Marine-Entwicklung in der Zwischenkriegszeit 1920-1939. In: Marine-Rundschau, 1975, H. 1, S. 8-19.

Duppler, Jörg: Die Anlehnung der Kaiserlichen Marine an Großbritannien 1870 bis 1890. In: Rahn, Werner (Hrsg.) Die Deutschen Marinen im Wandel. Vom Symbol nationaler Einheit zum Instrument internationaler Sicherheit, München 2005, S. 91-111.

Ehrensberger, Konrad: 100 Jahre Organisation der deutschen Marine, Bonn 1993.

Die Entwicklung des Flottenkommandos. Vorträge der 7. Historisch-Taktischen Tagung der Flotte am 5. und 6. Dezember 1963, (Beiträge zur Wehrforschung, Bd. 4), Darmstadt 1964.

Enzensberger, Hans Magnus: Hammerstein oder der Eigensinn, Frankfurt am Main 2008.

Epkenhans, Michael; Hillmann, Jörg; Nägeler, Frank (Hrsg.): Skagerrakschlacht. Vorgeschichte-Ereignis-Verarbeitung, München 2009.

Epkenhans Michael: Die wilhelminische Flottenrüstung 1908-1914. Weltmachtstreben, industrieller Fortschritt, soziale Integration, München 1991.

Epkenhans Michael: Clio und die Marine. In: Rahn, Werner (Hrsg.): Die deutschen Marinen im Wandel, München 2005, S. 362-396.

Ferguson, Nial: Der falsche Krieg. Der erste Weltkrieg und das 20. Jahrhundert, Stuttgart 1999.

Fischer, Andreas: Unter flatternden Fahnen. Die Seeschlacht vor dem Skagerrak, Berlin o. J.

Fock, Harald: Z - Vor. Internationale Entwicklung und Kriegseinsätze von Zerstörern und Torpedobooten 1914-1939, Herford 1989.

Foerster, Wolfgang: Kämpfer an vergessenen Fronten. Feldzugsbriefe, Kriegstagebücher und Berichte, Berlin 1931.

Frost, Holloway, Grand Fleet und Hochseeflotte im Weltkrieg, Berlin 1930.

Goering, Reinhard: Seeschlacht. Tragödie, Berlin 1917.

Görlitz, Walter: November 1918. Bericht über die deutsche Revolution, Oldenburg und Hamburg, 1968.

Graubohm, Herbert: Die Ausbildung in der deutschen Marine von ihrer Gründung bis zum Jahre 1914. Militär und Pädagogik im 19. Jahrhundert, Düsseldorf 1977.

Gröner, Erich: Die Deutschen Kriegsschiffe 1815-1945, Bd. 1 und 2, München 1966.

Güth, Rolf: Von Revolution zu Revolution, Herford, 1978.

Güth, Rolf: Und was tun Sie, wenn sie nicht kommen?. In: Schiff und Zeit, 1999, H. 10, S. 51-59.

Güth, Rolf: Erich Raeder und die Englische Frage, Privatdruck, Boppard 1995.

Güth, Rolf: Die Marine des Deutschen Reiches 1919-1939, Frankfurt am Main 1972.

Güth, Rolf: Seestrategische Grundlagen und Überlegungen. In: Schiff und Zeit, 1984, H. 19, S. 52-58.

Güth, Rolf: Die Organisation der deutschen Marine in Krieg und Frieden 1913-1939. In: Handbuch zur deutschen Militärgeschichte 1648-1939, hrsg. MGFA, 6 Bde, Bd. 5, Abschnitt VI-II, München 1983.

Hase, Georg von: Die zwei weißen Völker! (Kiel und Skagerrak). Deutsch-englische Erinnerungen eines deutschen Seeoffiziers, Leipzig 1923.

Handbuch zur deutschen Militärgeschichte 1648-1939, hrsg. von MGFA, Bd. 4, Abschnitt VII und VIII, München 1979.

Hartwig, Dieter: Dönitz – Versuch einer kritischen Würdigung. In: Deutsches Schiffahrtsarchiv, 1989, H. 12, S. 133-152.

Hempel, Dirk: Selbstzeugnisse als historische Quelle. In: Schweinitz, Hermann Graf von: Das Kriegstagebuch eines kaiserlichen Seeoffiziers, Bochum 2003.

Hermann, Carl Hans: Die bewaffnete Macht des Kaiserreiches in der Epoche des Imperialismus (1871-1918). In: Deutsche Militärgeschichte. Eine Einführung, München 1997, S. 249-344.

Herwig, Holger: Das Elitekorps des Kaisers. Die Marineoffiziere im Wilhelminischen Deutschland, Hamburg 1977.

Hormann, Jörg; Kliem Eberhard: Die Kaiserliche Marine im Ersten Weltkrieg. Von Wilhelmshaven nach Scapa Flow, München 2015

Hildebrand, Hans: Die organisatorische Entwicklung der Marine nebst Stellenbesetzung 1849-1945, 3 Bde, Osnabrück 1999.

Hildebrand, Hans; Röhr, Albert; Steinmetz, Hans-Otto: Die Deutschen Kriegsschiffe. Biographien. Ein Spiegel der Marinegeschichte von 1815 bis zur Gegenwart, Bd. 1-7, Herford 1981.

Hillmann, Jörg; Scheiblich, Reinhard: Das rote Schloss am Meer. Die Marineschule Mürwik seit ihrer Gründung, Hamburg 2002.

Hillmann, Jörg: Die Seeschlacht vor dem Skagerrak in der deutschen Erinnerung. In: Skagerrakschlacht. Vorgeschichte-Ereignis-Verarbeitung, (Beiträge zur Militärgeschichte, Bd. 66), hrsg. v. Michael Epkenhans, Jörg Hillmann und Frank Nägeler, München 2009, S. 309-350.

Hubatsch, Walter: Die Ära Tirpitz, Göttingen 1955.

Hubatsch, Walter: Kaiserliche Marine. Aufgaben und Leistungen, München 1975.

Immediatbericht des Kommandos der Hochseestreitkräfte über die Seeschlacht vor dem Skagerrak vom 4.7.1916, BA-MA, RM 5/4754, Bl. 6-36 .

Jellicoe, John: Englands Flotte im Weltkrieg, Berlin 1937.

Joll, James: The Origins of World War I, London und New York 1984.

Jung, Hermann A.K.: Skagerrak. Mit Schlachtkreuzer LÜTZOW an der Spitze. Erlebnisbericht, Leipzig 1937.

Keegan, John: Der Erste Weltkrieg. Eine europäische Tragödie, Reinbek 2000.

Kemp, Peter: Victory at Sea 1939-1945, London 1957.

Kliem, Eberhard: Generaladmiral Hermann Boehm. Ein deutscher Marineoffizier im 20. Jahrhundert, Oldenburg 2011.

Kliem, Eberhard: Generaladmiral Hermann Boehm. In: Militär und Geschichte, Nr. 59, Oktober/November 2011, S. 20-25.

Kliem, Eberhard: Das Linienschiff SMS OLDENBURG im Ersten Weltkrieg. Tochter des Großherzogs war Taufpatin. In: Kulturland Oldenburg. Zeitschrift der Oldenburgischen Landschaft, Ausgabe 4-2008, Nr. 138, Oldenburg, S. 24-27.

Köhlers Flottenkalender. Internationales Jahrbuch der Seefahrt, 96. Jg., 2007/2008, Hamburg 2007.

Krause, Andreas: Scapa Flow. Die Selbstversenkung der Wilhelminischen Flotte, München 2001.

Kühlwetter, Friedrich von: Skagerrak! Der Ruhmestag der deutschen Flotte, Berlin 1933, neu bearbeitet von H.O. Philipp, Bonn 1935.

Lohmann, Walter; Hildebrand, Hans: Die Deutsche Kriegsmarine 1939-1945, Bd. 1-3, Bad Nauheim 1956.

Lützow A. D.: Der Nordseekrieg. Doggerbank - Skagerrak, Oldenburg 1931.

Mahan, Alfred Thayer: The influence of seapower upon history, London 1890.

Mantey, Eberhard von (Hrsg.): Auf See unbesiegt. 30 Einzeldarstellungen aus dem Seekrieg, Berlin 1921.

Marder, Arthur J.: From Dreadnought to Scapa Flow. The Royal Navy in the Fisher era, 1904-1919, 5 Bde., Oxford 1961-1970.

Marinearchiv (Hrsg.): Der Krieg zur See 1914-1918. Bd. 1, Der Krieg in der Nordsee. Vom Kriegsbeginn bis zum September 1914, Berlin 1920.

Marinearchiv (Hrsg.): Der Krieg zur See 1914-1918, Bd. 5: Der Krieg in der Nordsee. Von Januar bis Juni 1916, Berlin 1925.

Marinearchiv (Hrsg.): Der Krieg zur See 1914-1918. Bd. 6, Nordsee, Berlin 1937.

Massie, Robert K.: DREADNOUGHT. Britain, Germany and the Coming of the Great War, London 1991.

Meurer, Alexander: Seekriegsgeschichte in Umrissen. Seemacht und Seekriege vornehmlich vom 16. Jahrhundert ab, Berlin und Leipzig 1925.

Militärgeschichtliche Zeitschrift, 2015, 74. Jg., H. 1-2.

Militärhistorisches Museum; Deutsches Marinemuseum: Die Flotte schläft im Hafen ein. Kriegsalltag 1914-1918 in Matrosentagebüchern. Katalog der gleichnamigen Ausstellung vom 11. Mai bis 31. Oktober 2014 in Wilhelmshaven, Dresden 2014.

Mönch, Winfried: Bericht des Kapitänleutnants Hans Kersten. In: Jordan, Alexander; Mönch, Winfried: Namen-Bilder-Schatten. Treibgut der Wilhelminischen Marine bis 1918 in Baden und Württemberg, Begleitband zur Sonderausstellung, Wehrgeschichtliches Museum Rastatt, 2012, S. 104-113.

Mutius, Theodor von: Der Befehlshaber in See. In: Die Entwicklung des Flottenkommandos, Vorträge der 7. Historisch-taktischen Tagung der Flotte am 5.- 6. Dezember 1963, Beiträge zur Wehrforschung, Bd. 4, Darmstadt 1964.

Nitschke, Anja: Helfen im Menschenschlachthaus? Tätigkeit und Selbstverständnis des deutschen Sanitätspersonals im Ersten Weltkrieg, Berlin 2003.

Nöldeke, Harmut: Sanitätsdienst an Bord. Ein Beitrag zur Organisation und ärztlichen Tätigkeit auf Kriegsschiffen, hrsg. vom Deutschen Marine Institut, Herford 1981.

Plievier, Theodor: Des Kaisers Kulis. Roman der deutschen Kriegsmarine, Berlin 1930.

Potter, Elmar; Nimitz, Chester W.: Seemacht. Von der Antike bis zur Gegenwart, hrsg. von Jürgen Rohwer, Hersching 1982.

Rahn, Werner: Reichsmarine und Landesverteidigung 1919-1928. Konzeption und Führung der Marine in der Weimarer Republik, München 1976.

Rahn, Werner: Die Kaiserliche Marine 1917/1918. Führungsprobleme und Zusammenbruch. In: Marineforum, 1978, H. 9/10, S. 248-255.

Rahn, Werner: Menschenführung in der Reichsmarine 1920-1933. In: Vorträge zur Militärgeschichte, Bd. 2 Menschenführung in der Marine, Herford 1981, S. 69-83.

Raeder, Erich: Mein Leben, Bd. 1 und 2, Tübingen 1956/57.

Rahn, Werner (Hrsg.): Deutsche Marinen im Wandel. Vom Symbol nationaler Einheit zum Instrument internationaler Sicherheit, im Auftrag des MGFA, München 2005.

Rohwer, Jürgen; Hümmelchen, Gerhard: Chronologie des Seekrieges 1939 -1945, Oldenburg und Hamburg 1968.

Salewski, Michael: Selbstverständnis und historisches Bewusstsein der deutschen Kriegsmarine. In: Marine-Rundschau, 1970, H. 67, S. 65-89.

Salewski, Michael: Die Deutschen und die See. Studien zur deutschen Marinegeschichte des 19. und 20. Jahrhundert, Teil 1 und 2, Stuttgart 1998/2002.

Schiel, Rüdiger: Die vergessene Partnerschaft. Kaiserliche Marine und k.u.k. Kriegsmarine 1871-1914, Bochum 2014.

Schlegel, Karl: Stander Z – Vor. Erlebnisse als Torpedofunker vom Skagerrak bis Scapa Flow, Stuttgart, Berlin, Leipzig 1931.

Silex, Karl: Mit Kommentar. Lebensbericht eines Journalisten, Frankfurt a. M. 1968.

Spiegel von und zu Peckelsheim, Edgar Freiherr von: Oberheizer Zenne. Der letzte Mann der WIESBADEN. Nach Mitteilungen des Oberheizers Zenne, Berlin 1916.

Stolzmann, Walter: Die letzten Acht. S.M.S. Frauenlob, Stuttgart 1925.

Strohbusch, Erwin: Kriegsschiffbau seit 1848, Bremerhaven 1977.

Tirpitz, Alfred von: Erinnerungen, Leipzig 1919.

Uhle-Wettler, Franz: Alfred von Tirpitz in seiner Zeit, Hamburg, Berlin und Bonn 1998.

Van Crefeld, Martin: Die Gesichter des Krieges, München 2006.

Vorträge zur Militärgeschichte. Menschenführung in der Marine, hrsg. vom MGFA, Herford 1981.

Wegener, Wolfgang: Die Seestrategie des Weltkrieges, Berlin 1926.

Wolf, Albert: Die Gliederung der deutschen Kriegsmarine, Stand 1935. In: Das deutsche Wehrwesen in Vergangenheit und Gegenwart, Stuttgart 1936.

Wolz, Nicolas: Das lange Warten. Kriegserfahrungen deutscher und britischer Seeoffiziere 1914 bis 1918, Paderborn, München, Wien und Zürich 2008.

Zu den Autoren

Eberhard Kliem, geboren 1941 in Bad Warmbrunn/Schlesien trat 1961 nach dem Abitur in die Bundesmarine ein und wurde 1997 in Brüssel als Fregattenkapitän pensioniert.

Nach einer dreijährigen Tätigkeit als Geschäftsführer des Deutschen Marinemuseums in Wilhelmshaven übernahm er unterschiedliche organisatorische und administrative Aufgaben im Ostfriesischen Landesmuseum in Emden und anderen vergleichbaren Organisationen. Er hat mehrere Bücher zur Marinegeschichte und -malerei veröffentlicht. Er ist nun freiberuflich tätig und wohnt in Rastede.

Kathrin Orth, geboren 1971 in Berlin, studierte Geschichte und Sozialwissenschaften an der Humboldt-Universität zu Berlin und dem King's College in London. Sie war für das Deutsche Technikmuseum in Berlin tätig und mehrere Jahre Mitarbeiterin im Internationalen Maritimen Museum Hamburg und im Historischen Museum Bremerhaven. Kathrin Orth hat Aufsätze zu verschiedenen Themen der Marinegeschichte veröffentlicht. Sie arbeitet zurzeit als professionelle Erbenermittlerin in Berlin.

Carola Hartmann Miles-Verlag

Politik, Gesellschaft, Militär

Uwe Hartmann, *Innere Führung. Erfolge und Defizite der Führungsphilosophie für die Bundeswehr,* Berlin 2007.

Hans Joachim Reeb, *Sicherheitskultur als kommunikative und pädagogische Herausforderung – Der Umgang in Politik, Medien und Gesellschaft,* Berlin 2011.

Hans-Christian Beck, Christian Singer (Hrsg.), *Entscheiden – Führen – Verantworten. Soldatsein im 21. Jahrhundert,* Berlin 2011.

Reiner Pommerin (ed.), *Clausewitz goes global. Carl von Clausewitz in the 21ˢᵗ Century,* Berlin 2011.

Eberhard Birk, Heiner Möllers, Wolfgang Schmidt (Hrsg.), *Die Luftwaffe zwischen Politik und Technik. Schriften zur Geschichte der Deutschen Luftwaffe, Bd. 2,* Berlin 2012.

Eberhard Birk, Winfried Heinemann, Sven Lange (Hrsg.), *Tradition für die Bundeswehr. Neue Aspekte einer alten Debatte,* Berlin 2012.

Holger Müller, *Clausewitz' Verständnis von Strategie im Spiegel der Spieltheorie,* Berlin 2012.

Angelika Dörfler-Dierken, *Führung in der Bundeswehr,* Berlin 2013.

Cornelia Fedtke, Kai-Uwe Hellmann, Jan Hörmann, *Migration und Militär. Zur Integration deutscher Soldaten mit Migrationshintergrund in der Bundeswehr,* Berlin 2013.

Torsten Konopka, *Afrikanische Wehrsysteme und ihre Entwicklung zwischen 1990/91 und 2011,* Berlin 2014.

Wolf Graf von Baudissin, *Grundwert Frieden in Politik – Strategie – Führung von Streitkräften,* hrsg. von Claus von Rosen, Berlin 2014.

Wolf Graf von Baudissin, *Der Widerstand. „... um nie wieder in die auswegslose Lage zu geraten...",* hrsg. von Claus von Rosen, Berlin 2014.

Marcel Bohnert, Lukas J. Reitstetter (Hrsg.), *Armee im Aufbruch. Zur Gedankenwelt junger Offiziere in den Kampftruppen der Bundeswehr,* Berlin 2014.

Arjan Kozica, Kai Prüter, Hannes Wendroth (Hrsg.), *Unternehmen Bundeswehr? Theorie und Praxis (militärischer) Führung,* Berlin 2014.

242

Angelika Dörfler-Dierken, Robert Kramer, *Innere Führung in Zahlen. Streitkräftebefragung 2013,* Berlin 2014.

Eberhard Birk, Heiner Möllers (Hrsg.), *Luftwaffe und Luftkrieg,* Berlin 2015.

Phil C. Langer, Gerhard Kümmel (Hrsg.), *„Wir sind Bundeswehr." Wie viel Vielfalt benötigen/vertragen die Streitkräfte?,* Berlin 2015.

Jéronimo L. S. Barbin, *Imperialkriegführung im 21. Jahrhundert. Von Algier nach Bagdad. Die kolonialen Ursprünge der COIN-Doktrin,* Berlin 2015.

Dirk Freudenberg, *Counterinsurgency. Aufstandsbekämpfung als Phase zur Überwindung schwacher Staatlichkeit und zur Etablierung des Aufbaus einer stabilen Nachkriegsordnung,* Berlin 2016.

Marcel Bohnert, Björn Schreiber (Hrsg.), *Die unsichtbaren Veteranen. Kriegsheimkehrer in der deutschen Gesellschaft,* Berlin 2016.

Alois Bach, Walter Sauer (Hrsg.), *Schützen, Retten, Kämpfen – Dienen für Deutschland,* Berlin 2016.

Christian Göbel, *Glücksgarant Bundeswehr? Ethische Schlaglichter auf einige neuere Studien des ZMSBw im Kontext von Sinn und Glück des Soldatenberufs, Innerer Führung und Einsatz-Ethos,* Berlin 2016.

Jahrbuch Innere Führung

Uwe Hartmann, Claus von Rosen, Christian Walther (Hrsg.), *Jahrbuch Innere Führung 2009. Die Rückkehr des Soldatischen,* Eschede 2009.

Helmut R. Hammerich, Uwe Hartmann, Claus von Rosen (Hrsg.), *Jahrbuch Innere Führung 2010. Die Grenzen des Militärischen,* Berlin 2010.

Uwe Hartmann, Claus von Rosen, Christian Walther (Hrsg.), *Jahrbuch Innere Führung 2011. Ethik als geistige Rüstung für Soldaten,* Berlin 2011.

Uwe Hartmann, Claus von Rosen, Christian Walther (Hrsg.), *Jahrbuch Innere Führung 2012. Der Soldatenberuf zwischen gesellschaftlicher Integration und suis generis-Ansprüchen,* Berlin 2012.

Uwe Hartmann, Claus von Rosen (Hrsg.), *Jahrbuch Innere Führung 2013. Wissenschaften und ihre Relevanz für die Bundeswehr als Armee im Einsatz*, Berlin 2013.

Uwe Hartmann, Claus von Rosen (Hrsg.), *Jahrbuch Innere Führung 2014. Drohnen, Roboter und Cyborgs – Der Soldat im Angesicht neuer Militärtechnologien*, Berlin 2014.

Uwe Hartmann, Claus von Rosen (Hrsg.), *Jahrbuch Innere Führung 2015. Neue Denkwege angesichts der Gleichzeitigkeit unterschiedlicher Krisen, Konflikte und Kriege*, Berlin 2015.

Einsatzerfahrungen

Kay Kuhlen, *Um des lieben Friedens willen. Als Peacekeeper im Kosovo*, Eschede 2009.

Sascha Brinkmann, Joachim Hoppe (Hrsg.), *Generation Einsatz, Fallschirmjäger berichten ihre Erfahrungen aus Afghanistan*, Berlin 2010.

Artur Schwitalla, *Afghanistan, jetzt weiß ich erst… Gedanken aus meiner Zeit als Kommandeur des Provincial Reconstruction Team FEYZABAD*, Berlin 2010.

Uwe Hartmann, *War without Fighting? The Reintegration of Former Combatants in Afghanistan seen through the Lens of Strategic Thought*, Berlin 2014.

Rainer Buske, *KUNDUZ. Ein Erlebnisbericht über einen militärischen Einsatz der Bundeswehr in Afghanistan im Jahre 2008*, Berlin [2]2016.

Standpunkte und Orientierungen

Daniel Giese, *Militärische Führung im Internetzeitalter – Die Bedeutung von Strategischer Kommunikation und Social Media für Entscheidungsprozesse, Organisationsstrukturen und Führerausbildung in der Bundeswehr*, Berlin 2014.

Dirk Freudenberg, *Auftragstaktik und Innere Führung. Feststellungen und Anmerkungen zur Frage nach Bedeutung und Verhältnis des inneren Gefüges und der Auftragstaktik unter den Bedingungen des Einsatzes der Deutschen Bundeswehr*, Berlin 2014.

Uwe Hartmann (Hrsg.), *Lernen von Afghanistan. Innovative Mittel und Wege für Auslandseinsätze*, Berlin 2015.

Fouzieh Melanie Alamir, *Vernetzte Sicherheit – Quo Vadis?*, Berlin 2015.

Hartwig von Schubert, *Integrative Militärethik. Ethische Urteilsbildung in der militärischen Führung*, Berlin 2015.

Uwe Hartmann, *Hybrider Krieg als neue Bedrohung von Freiheit und Frieden. Zur Relevanz der Inneren Führung in Politik, Gesellschaft und Streitkräften*, Berlin 2015.

Klaus Beckmann, *Treue.Bürgermut.Ungehorsam. Anstöße zur Führungskultur und zum beruflichen Selbstverständnis in der Bundeswehr*, Berlin 2015.

Militärgeschichte

Peter Heinze, *Bundeswehr „erobert" Deutschlands Osten*, Berlin 2010.

Dieter E. Kilian, *Adenauers vergessener Retter – Major Fritz Schliebusch*, Berlin 2011.

Ingo Pfeiffer, *Gegner wider Willen. Konfrontation von Volksmarine und Bundesmarine auf See*, Berlin 2012.

Dieter E. Kilian, *Kai-Uwe von Hassel und seine Familie. Zwischen Ostsee und Ostafrika. Militär-biographisches Mosaik*, Berlin 2013.

Peter Heinze, *Berliner Militärgeschichten*, Berlin 2013.

Ingo Pfeiffer, *Seestreitkräfte der DDR*, Berlin 2014.

Ulrich C. Kleyser, *Lazare Carnot. "Le Grand Carnot". Ein Charakterbild*, Berlin 2016.

Eberhard Birk, *"Auf Euch ruht das Heil meines theuern Württemberg!" Das Gefecht bei Tauberbischofsheim am 24. Juli 1866 im Spiegel der württembergischen Heeresgeschichte des 19. Jahrhunderts*, Berlin 2016.

Erinnerungen

Blue Braun, *Erinnerungen an die Marine 1956–1996*, Berlin 2012.

Harald Volkmar Schlieder, *Kommando zurück!*, Berlin 2012.

Reinhart Lunderstädt, *Aus dem Leben eines Hochschullehrers. Persönlicher Bericht*, Berlin 2012.

Wulf Beeck, *Mit Überschall durch den Kalten Krieg. Mein Leben für die Marine*, Berlin 2013.

Jan Becker, *Aufgewühltes Wasser*, 3 Bde., Berlin 2014.

Klaus Grot, *So war's, damals. Dienstchronik eines Pionieroffiziers im Kalten Krieg 1954–1991,* Berlin 2014.

Gustav Lünenborg, *Bürger und Soldat. Innere Führung hautnah 1956–1993, 1993–2015,* Berlin 2015.

Adolf Brüggemann, *Als Offizier der Bundeswehr im Auswärtigen Dienst. Meine Erinnerungen als Militärattaché in Seoul (Republik Korea) 1978–83 und in Prag (Tschechoslowakei/Tschechien) 1988–1993,* Berlin 2015.

Rainer Buske, *Eine Reise ins Innere der Bundeswehr. Wundersame Geschichten aus einer anderen Welt,* Berlin 2016.

Monterey Studies

Uwe Hartmann, *Carl von Clausewitz and the Making of Modern Strategy,* Potsdam 2002.

Zeljko Cepanec, *Croatia and NATO. The Stony Road to Membership,* Potsdam 2002.

Ekkehard Stemmer, *Demography and European Armed Forces,* Berlin 2006.

Sven Lange, *Revolt against the West. A Comparison of the Current War on Terror with the Boxer Rebellion in 1900-01,* Berlin 2007.

Klaus M. Brust, *Culture and the Transformation of the Bundeswehr,* Berlin 2007.

Donald Abenheim, *Soldier and Politics Transformed,* Berlin 2007.

Michael Stolzke, *The Conflict Aftermath. A Chance for Democracy: Norm Diffusion in Post-Conflict Peace Building,* Berlin 2007.

Frank Reimers, *Security Culture in Times of War. How did the Balkan War affect the Security Cultures in Germany and the United States?,* Berlin 2007.

Michael G. Lux, *Innere Führung – A Superior Concept of Leadership?,* Berlin 2009.

Marc A. Walther, *HAMAS between Violence and Pragmatism,* Berlin 2010.

Frank Hagemann, *Strategy Making in the European Union,* Berlin 2010.

Ralf Hammerstein, *Deliberalization in Jordan: the Roles of Islamists and U.S.-EU Assistance in stalled Democratization,* Berlin 2011.

Jochen Wittmann, *Auftragstaktik,* Berlin 2012.

Michael Hanisch, *On German Foreign und Security Policy. Determinants of German Military Engagement in Africa since 2011,* Berlin 2015.

Grégoire Monnet, *The Evolution of Strategic Thought Since September 11, 2011. A Swiss Perspective on Clausewitz, Classical und Contemporary Theories,* Berlin 2016.

www.miles-verlag.jimdo.com